Guttentag'sche Sammlung
Nr. 31. Deutscher Reichsgesetze. Nr. 31.
Text-Ausgaben mit Anmerkungen.

Das Reichsgesetz,
betreffend
die Gewerbegerichte.

Vom 29. Juli 1890.

Text-Ausgabe mit Anmerkungen und Sachregister

von

Leo Mugdan,
Stadtrath zu Berlin

Vierte vermehrte Auflage,

bearbeitet von

Cuno,
Stadtrath und stellvertr. Vorsitzenden des Gewerbegerichts zu Königsberg i. Pr.

Berlin SW48.
Wilhelmstr. 119/120.
J. Guttentag, Verlagsbuchhandlung,
G. m. b. H.
1899.

Guttentag'sche Sammlung

Deutscher Reichsgesetze.

Text-Ausgaben mit Anmerkungen. Taschenformat.

---

1. **Verfassung** des Deutschen Reichs. Gegeben Berlin, den 16. April 1871. Von Dr. **L. von Rönne.** Achte neubearbeitete Auflage von **Paul von Rönne,** Landrath. 1 M. 60 Pf.

2. **Strafgesetzbuch** für das Deutsche Reich. Nebst den gebräuchlichsten Reichs-Strafgesetzen: Presse, Personenstand, Nahrungsmittel, Entziehung elektrischer Arbeit, Kranken-, Unfall-, Invalidenversicherung, Gewerbeordnung, unlauterer Wettbewerb, Depot- und Börsengesetz u. s. w. Von Dr. **H. Rüdorff.** Zwanzigste Auflage von Dr. **H. Appelius,** Kammergerichtsrath. Gebunden in ganz Leinen 1 M. 20 Pf.

3. **Militärstrafgerichtsordnung** nebst Einführungsgesetz und Gesetz, betr. die Dienstvergehen der richterlichen Militärjustizbeamten und die unfreiwillige Versetzung derselben in eine andere Stelle oder in den Ruhestand. Von Dr. **P. Herz,** Geh. Admiralitätsrath. Zweite Auflage. Geb. in ganz Leinen 3 M.

4. **Handelsgesetzbuch vom 10. Mai 1897** unter Ausschluß des Seerechts. Mit den ergänzenden Vorschriften des Bürgerlichen Gesetzbuchs und Erläuterungen herausgegeben von **F. Litthauer**, Justizrath. Zwölfte Auflage. Geb. in ganz Leinen 2 M. 80 Pf.

5. Allgemeine Deutsche **Wechselordnung.** Siebente Auflage von Dr. **E. Ball**, Rechtsanwalt, und das Reichsgesetz über die **Wechselstempelsteuer.** Sechste Auflage von Reg.-Assessor **P. Loeck.** 1897. 2 M.
Neue Auflage in Vorbereitung.

6. **Gewerbeordnung** für das Deutsche Reich in der Fassung der Bekanntmachung vom 26. Juli 1900 nebst Ausführungsbestimmungen. Von **T. Ph. Berger**, fortgeführt von Dr. **Wilhelmi**, Geh. Ober-Regierungsrath. Sechszehnte vermehrte Auflage. Im Druck.

7. Die deutsche **Post- und Telegraphen-Gesetzgebung.** Nebst dem Weltpostvertrag und dem internationalen Telegraphenvertrag. Von Dr. **P. D. Fischer**, Unterstaatssekretär im Reichs-Postamt. Vierte Auflage. 1895. 2 M. 60 Pf.

8. Die Reichsgesetze über den **Unterstützungswohnsitz** in der Fassung der Novelle vom 12. März 1894 **die Freizügigkeit**, den **Erwerb** und **Verlust** der

Bundes- und Staatsangehörigkeit, nebst allen landesgesetzlichen Bestimmungen. Von Geheimrath Dr. **J. Krech,** Mitglied des Bundesamtes für das Heimathwesen. Vierte Auflage. 2 M. 25 Pf.

9a. Sammlung **kleinerer privatrechtlicher Reichsgesetze.** Von **F. Vierhaus,** Geh. Ober-Justizrath. Zweite Auflage in Vorbereitung.

9b. Sammlung **kleinerer strafrechtlicher Reichsgesetze.** Von **M. Werner,** Geh. Ober-Regierungsrath. Zweite Auflage in Vorbereitung.

10. Das **Reichsbeamtengesetz** vom 31. März 1873 und seine Ergänzungen. Erläutert von **J. Pieper,** Geh. Ober-Regierungsrath. Zweite Auflage. Geb. in ganz Leinen. Im Druck.

11. **Civilprozeßordnung mit Einführungsgesetzen,** Nebengesetzen und Ergänzungen. In der Fassung des Gesetzes vom 17. Mai 1898. Unter besonderer Berücksichtigung der Entscheidungen des Reichsgerichts herausgegeben mit Anmerkungen von **R. Sydow,** Direktor im Reichs-Postamt und **L. Busch,** Kammergerichtsrath. Achte Auflage. 8°. Geb. in ganz Leinen 4 M.

Dieser Band ist in größerem Format erschienen!

12. **Strafprozeßordnung und Gerichtsverfassungsgesetz** in der vom 1. Januar 1900 ab geltenden Fassung, nebst dem **Gesetz, betreffend die Entschädigung der im Wiederaufnahmeverfahren freigesprochenen Personen.** Von **A. Hellweg**, Reichsgerichtsrath. Elfte Auflage. Geb. in ganz Leinen 2 M.

13. **Konkursordnung und Anfechtungsgesetz** mit Einführungs- und Nebengesetzen. In der Fassung der Gesetze vom 17. Mai 1898. Unter besonderer Berücksichtigung der Entscheidungen des Reichsgerichts herausgegeben mit Anmerkungen von **R. Sydow**, Direktor im Reichs-Postamt und **L. Busch**, Kammergerichtsrath. Achte Auflage. Geb. in ganz Leinen 1 M. 80 Pf.

14. **Gerichtsverfassungsgesetz** mit Einführungsgesetz, Nebengesetzen und Ergänzungen. In der Fassung des Gesetzes vom 17. Mai 1898. Unter Berücksichtigung der Entscheidungen des Reichsgerichts herausgegeben von **R. Sydow**, Direktor im Reichs-Postamt und **L. Busch**, Kammergerichtsrath. Achte Auflage. 1 M. 20 Pf.

15. **Das deutsche Gerichtskostengesetz nebst den Gebührenordnungen für Gerichtsvollzieher, Zeugen und Sachverständige.** In der Fassung vom 20. Mai 1898. Unter besonderer Berücksichtigung der Entscheidungen

des Reichsgerichtes herausgegeben mit Anmerkungen und Kostentabellen von **R. Sydow**, Direktor im Reichspostamt und **L. Busch**, Kammergerichtsrath. Sechste vermehrte Auflage. Geb. in ganz Leinen 1 M. 50 Pf.

16. **Rechtsanwaltsordnung.** Von **R. Sydow**, Direktor im Reichspostamt. Vierte Auflage von Dr. **E. Mosler**, Gerichtsassessor. Geb. in ganz Leinen 1 M. 20 Pf.

17. Die **Deutsche Gebührenordnung für Rechtsanwälte und das Preußische Gebührengesetz** vom 27. September/6. Oktober 1899. Von **R. Sydow**, Direktor im Reichspostamt und **L. Busch**, Kammergerichtsrath. Sechste Auflage. Geb. in ganz Leinen 1 M. 50 Pf.

18. **Reichsstempelgesetz (Börsensteuergesetz)** v. 14. Juni 1900, mit den Ausführungsbestimmungen, einem Auszug aus den Gesetzes-Materialien und den Entscheidungen der Verwaltungsbehörden und des Reichsgerichts. Achte Auflage von **P. Loeck**, Regierungsrath. Geb. in ganz Leinen 3 M. 30 Pf.

19. Die **Seegesetzgebung** des Deutschen Reiches. Nebst den Entscheidungen des Reichsoberhandelsgerichts, des Reichsgerichts und der Seeämter. Von Dr. **W. E. Knitschky**, Landgerichtsrath. Zweite Auflage. 3 M. 80 Pf.

20. **Krankenversicherungsgesetz** vom 15. Juni 1883 in der Fassung der Novelle vom 10. April 1892. Von Dr. **E. von Woedtke,** Direktor im Reichsamt des Innern. Achte Auflage. Geb. in ganz Leinen. Im Druck.

21. Die **Konsulargesetzgebung** des Deutschen Reiches. Von Professor Dr. **Ph. Zorn.** Zweite Auflage im Druck.

22a. **Patentgesetz. Gesetz, betreffend den Schutz von Gebrauchsmustern. Gesetz, betreffend das Urheberrecht an Mustern und Modellen.** Nebst Ausführungsbestimmungen unter eingehender Berücksichtigung der Rechtsprechung des Reichsgerichts und der Praxis des Patentamts. Erläutert von Dr. **R. Stephan,** Regierungsrath, Mitglied des Kaiserlichen Patentamts. Fünfte vermehrte Auflage. Geb. in ganz Leinen 2 M.

22b. **Gesetz zum Schutz der Waarenbezeichnungen.** Nebst Ausführungsbestimmungen. Von Dr. **R. Stephan,** Regierungsrath, Mitglied des Kaiserlichen Patentamts. Vierte vermehrte Auflage. 1 M.

23. **Gewerbe-Unfallversicherungsgesetz** und Gesetz, betr. die Abänderung der Unfallversicherungsgesetze vom 30. Juni 1900 in der Fassung der Bekanntmachung vom 5. Juli 1900 nebst Ausführungsverordnungen. Von Dr. **E. v. Woedtke,** Direktor im Reichsamt des Innern. Sechste umgearbeitete Auflage. Geb. in ganz Leinen 2 M. 50 Pf.

24. **Aktiengesellschaft und Kommanditgesellschaften auf Aktien.** (Handelsgesetzbuch, II. Buch, Abschnitt 3 und 4.) Mit erläuternden Anmerkungen von **H. Keyssner,** Kammergerichtsrath und Dr. **H. Veit Simon,** Rechtsanwalt. Fünfte Auflage. Bearbeitet von Dr. **Hugo Keyssner** u. **L. Keyssner.** Geb. in ganz Leinen 2 M. 25 Pf.

25. Reichsgesetz wegen **Erhebung der Brausteuer** vom 31. Mai 1872 mit Ausführungsvorschriften. Von **E. Bertho,** Regierungsrath. 1885. 1 M. 60 Pf.

26. Die Reichsgesetzgebung über **Münz- und Notenbankwesen,** Papiergeld, Prämienpapiere und Reichsschulden. Von Dr. jur. **R. Koch,** Präsident des Reichsbankdirektoriums. Vierte Auflage. Geb. in ganz Leinen 3 M.

27. Die Gesetzgebung, betr. das **Gesundheitswesen** im Deutschen Reich für **Behörden,** Aerzte 2c. Von Dr. jur. **C. Goesch** und Dr. med. **J. Karsten.** 1888. 1 M. 60 Pf.

28. **Bau-Unfallversicherungsgesetz.** Vom 30. Juni 1900 in der Fassung der Bekanntmachung vom 5. Juli 1900. Von **R. Chrzescinski,** Kaiserl. Regierungsrath a. D., ehemaligem ständigen Mitglied des Reichs-Versicherungsamts. Dritte Auflage. Geb. in ganz Leinen 2 M.

29. Reichsgesetz, betr. die **Erwerbs- und Wirthschaftsgenossenschaften.** In der vom 1. Januar 1900 ab geltenden Fassung. Von **L. Parisius** und Dr. **H. Crüger.** Achte Auflage. Geb. in ganz Leinen. 1 M. 50 Pf.

30. **Invalidenversicherungsgesetz** vom 13. Juli 1899, in der Fassung der Bekanntmachung vom 19. Juli 1899. Von Dr. **E. v. Woedtke,** Director im Reichsamt des Innern. Achte erweiterte Auflage. Geb. in ganz Leinen 2 M. 50 Pf.

31. Reichsgesetz, betr. die **Gewerbegerichte.** Von **L. Mugdan.** Vierte Auflage. Bearbeitet von **Cuno,** Stadtrath und stellvertretender Vorsitzender des Gewerbegerichts zu Königsberg i. Pr. 1 M. 80 Pf.

32. Reichsgesetz, betr. die **Gesellschaften mit beschränkter Haftung.** In der vom 1. Januar 1900 ab geltenden Fassung. Von **L. Parisius** und Dr. **H. Crüger.** Fünfte Auflage. 1 M.

33. Das **Vereins- und Versammlungsrecht** in Deutschland. Von Dr. **E. Ball,** Rechtsanwalt. 2 M. 25 Pf.

34. Reichsgesetz, betreffend die **Abzahlungsgeschäfte.** Vom 16. Mai 1894. Von **J. Hoffmann,** Geheimer Regierungsrath. 95 Pf.

35. **Die Reichs-Eisenbahngesetzgebung.** Von **W. Coermann,** Kaiserl. Amtsrichter. 1895. 2 M. 25 Pf.

36. Gesetze, betr. die **privatrechtlichen Verhältnisse der Binnenschiffahrt und der Flößerei.** Nach den Materialien erläutert von **H. Makower.** Unter Berücksichtigung der am 1. Januar 1900 in Kraft tretenden Reichsgesetze bearbeitet von **E. Löwe,** Landgerichtsrath. Zweite veränderte Auflage. 2 M.

37. **Gesetz zur Bekämpfung des unlauteren Wettbewerbes.** Vom 27. Mai 1896. Von Dr. **R. Stephan,** Regierungsrath. Zweite Auflage. 80 Pf.

38/39. **Bürgerliches Gesetzbuch nebst Einführungsgesetz.** In Verbindung mit Professor Dr. **André,** Geh. Justizrath **Greiff,** Amtsrichter **Ritgen,** I. Staatsanwalt Dr. **Unzner,** s. Z. Schriftführer bei der Kommission für die zweite Lesung des Entwurfs eines Bürgerlichen Gesetzbuchs, herausgegeben von Reichsgerichtsrath Dr. **A. Achilles,** s. Z. Kommissar des Reichs-Justizamts bei derselben Kommission. Dritte vermehrte und verbesserte Auflage. 8°. Geb. in ganz Leinen 6 M.

Dieser Band ist in größerem Format erschienen!

40. **Gesetz,** betr. die **Pflichten der Kaufleute bei Aufbewahrung fremder Werthpapiere (Depotgesetz).**

Vom 5. Juli 1896. Mit Erläuterungen, Einleitung und Sachregister. Von **F. Lusensky**, Geh. Regierungsrath. 90 Pf.

41. **Börsengesetz.** Vom 22. Juni 1896. Nebst den dazu erlassenen Ausführungsbestimmungen. Unter Mitwirkung des Geh. Ober-Regierungsrathes **A. Wermuth** bearbeitet von **H. Brendel,** Gerichts-Assessor, Hülfsarbeiter im Reichsamt des Innern. 1 M. 50 Pf.

42. **Grundbuchordnung** für das Deutsche Reich nebst den preußischen Ausführungsbestimmungen. Mit Einleitung von Professor Dr. **O. Fischer.** Zweite Auflage. Geb. in ganz Leinen 1 M. 80 Pf.

43. Die Gesetzgebung, betr. die **Zwangsvollstreckung in das unbewegliche Vermögen** im Reiche und in Preußen. Text-Ausgabe mit Einleitung, Anmerkungen, Kosten- und Gebührentabellen und Sachregister. Von Dr. **J. Krech,** Kaiserl. Geh. Regierungsrath und Professor Dr. **O. Fischer.** Dritte Auflage. Geb. in ganz Leinen 2 M.

44. Das Reichsgesetz über das **Auswanderungswesen** vom 9. Juni 1897 nebst Ausführungsverordnungen und Anlagen. Nach den Materialien und unter Benutzung amtlicher Quellen erläutert von Professor Dr. **Felix Stoerk.** 2 M. 25 Pf.

45. **Das Entmündigungsrecht** unter Berücksichtigung der für Preußen geltenden Vorschriften nebst der preußischen Justiz-Ministerial-Verfügung vom 28. November 1899. Text der civil- und prozeßrechtlichen Bestimmungen mit Erläuterungen von Landgerichtsrath Dr. **P. Koll** in Cöln. Geb. in ganz Leinen 1 M. 50 Pf.

46. Die Gesetze des Reiches und Preußens über die **freiwillige Gerichtsbarkeit.** Mit Einleitung von **Herm. Jastrow,** Amtsgerichtsrath. Zweite, erweiterte Auflage. Geb. in ganz Leinen 2 M. 80 Pf.

47. Das **deutsche Vormundschaftsrecht** und das preuß. Gesetz über die Fürsorgeerziehung Minderjähriger vom 2. Juli 1900 nebst den dazu gehörigen preußischen Nebengesetzen und allgemeinen Verfügungen. Mit Einleitung und Erläuterungen von **Max Schultzenstein,** Oberverwaltungsgerichtsrath und Amtsgerichtsrath Dr. **Paul Köhne.** Zweite Auflage. Geb. in ganz Leinen. Im Druck.

48. Gesetze und Verordnungen, betreffend den **Drogen-, Gift- und Farbenhandel** außerhalb der Apotheken, unter besonderer Berücksichtigung des Königreichs Preußen. Von Dr. **Broh,** Rechtsanwalt. 1 M. 25 Pf.

49. Die **Kolonialgesetzgebung.** Von Prof. Dr. **Philipp Zorn.** Geb. in ganz Leinen. Im Druck.

50. Der **Viehkauf** (Viehgewährschaft) nach dem Bürgerlichen Gesetzbuche. Mit Erläuterungen und Sachregister von Dr. **Hans Stölzle,** Rechtsanwalt in Kempten. Nebst einem Anhang: Verordnung, betreffend die Hauptmängel und Gewährsfristen beim Viehhandel. Vom 27. März 1899. Erläutert von **Heinrich Weiskopf,** Königl. Kreisthierarzt in Augsburg. Zweite Auflage. Geb. in ganz Leinen 2 M.

51. **Hypothekenbankgesetz** vom 13. Juli 1899. Von Dr. **H. Göppert,** Gerichts-Assessor. Geb. in ganz Leinen 1 M. 80 Pf.

52. Gesetz, betreffend die gemeinsamen **Rechte der Besitzer von Schuldverschreibungen.** Vom 4. Dezember 1899. Von Dr. **Heinrich Göppert,** Gerichts-Assessor. Geb. in ganz Leinen 2 M.

53. **Reichspreßgesetz** vom 7. Mai 1874 nebst den einschlägigen Bestimmungen des Strafgesetzbuchs, der Gewerbeordnung 2c. Kommentar von **A. Born,** Polizeiassessor. Geb. in ganz Leinen 1 M. 50 Pf.

54. Die Reichsgesetzgebung über den Verkehr mit **Nahrungsmitteln, Genußmitteln** und **Gebrauchsgegenständen.** Von Dr. **Lebbin,** Nahrungsmittelchemiker. Geb. in ganz Leinen 2 M. 25 Pf.

55. Das Recht der **Beschlagnahme von Lohn- und Gehaltsforderungen.** Auf Grundlage der Reichsgesetze vom 21. Juni 1869 u. 29. März 1897 und der Civil-

prozeßordnung. Von Rechtsanwalt **Georg Meyer.** Geb. in ganz Leinen 1 M. 50 Pf.

56. Gesetz, betr. die **Bekämpfung gemeingefährlicher Krankheiten.** Vom 30. Juni 1900. Nebst Ausführungsbestimmungen. Von Geh. Regierungsrath Dr. **Burkhardt.** Geb. in ganz Leinen 1 M. 40 Pf.

57. **See-Unfallversicherungsgesetz** vom 30. Juni 1900 in der Bekanntmachung des Reichskanzlers vom 5. Juli 1900. Vom Oberlandesgerichtsrath **Dr. Mittelstein** in Hamburg. Geb. in ganz Leinen. 2 M.

58. **Das Recht der unehelichen Kinder.** Text-Ausgabe aller einschlägigen Bestimmungen des Bürgerlichen Gesetzbuches von **Hermann Jastrow,** Amtsgerichtsrath zu Berlin. Geb. in ganz Leinen 1 M. 80 Pf.

Guttentag'sche Sammlung

Preußischer Gesetze.

Text-Ausgaben mit Anmerkungen. Taschenformat.

1. Die **Verfassungs-Urkunde** für den Preußischen Staat. Mit Einleitung, vollständigem Kommentar und Anlagen von Prof. Dr. **Adolf Arndt.** Vierte, gänzlich umgearbeitete und verbesserte Auflage. Geb. in ganz Leinen 2 M. 50 Pf.

2. Preußische **Beamten-Gesetzgebung.** Enthaltend die wichtigsten Beamtengesetze in Preußen. Von **C. Pfafferoth.** Dritte Auflage. 1 M. 50 Pf.

3. Die Preuß. Gesetzgebung, betr. die **Zwangsvollstreckung in das unbewegliche Vermögen.** Von Dr. **J. Krech,** Kais. Geh. Regierungs-Rath und Prof. Dr. **O. Fischer.** Dritte Auflage. Vergriffen.
Siehe: Reichsgesetze Nr. 43.

4. **Gebührenordnung** für **Notare** vom 25. Juni 1895 in der Fassung der Bekanntmachung vom 6. Oktober 1899 nebst den einschlägigen Vorschriften des Preußischen Gerichtskostengesetzes. Von **R. Sydow,** Direktor im Reichspostamt. Zweite Auflage bearbeitet von Dr. **E. Mosler,** Gerichtsassessor. Geb. in ganz Leinen. 1 M. 50 Pf.

5. **Gesetz vom 24. April 1854 (betr. die außereheliche Schwängerung)** und die daneben geltenden Bestimmungen des Allgemeinen Landrechts nebst nebst dazu ergangenen Präjudikaten. Von Dr. **Schulze.** 75 Pf. Seit dem 1. Januar 1900 gültiges Recht siehe Reichsgesetze: Nr. 58.

6. Die Preußischen **Ausführungsgesetze und Verordnungen zu den Reichs-Justizgesetzen.** Von **R. Sydow.** Dritte vermehrte Auflage. 2 M. 40 Pf.

7. **Allg. Gerichtsordnung** vom 6. Juli 1793 und Preuß. **Konkursordnung** vom 8. Mai 1885. Von **F. Vierhaus,** Geh. Ober-Justizrath. **Vergriffen.**

8. **Vormundschaftsordnung** vom 5. Juli 1875, **nebst** allen Nebengesetzen und den dazu erlassenen Allgemeinen Verfügungen. Von Oberverwaltungsgerichtsrath **Schultzenstein.** Dritte Auflage. 1 M. 50 Pf. Seit dem 1. Januar 1900 gültiges Recht siehe: Reichsgesetze Nr. 47.

9. Die Preußische **Grundbuchgesetzgebung.** Mit Einleitung, Formularen, Kosten- und Stempeltabellen. Von Prof. Dr. **Fischer.** Dritte Auflage. Vergriffen. Siehe: Reichsgesetze Nr. 42.

10. **Einkommensteuergesetz.** Vom 24. Juni 1891. **Von** Geheimrath **Meitzen.** Vierte vermehrte Auflage von **A. Fernow,** Ober-Regierungsrath. 1 M. 50 Pf.

11. **Gewerbesteuergesetz.** Vom 24. Juni 1891. **Von A. Fernow,** Ober-Regierungsrath. Dritte vermehrte Auflage. 1 M. 25 Pf.

12. **Allgemeines Berggesetz** für die preußischen Staaten. Vom 24. Juni 1865, und die auf dasselbe bezüglichen Gesetze und Verordnungen. **Von E. Engels,** Ober-Bergrath. Zweite Auflage. 1 M. 60 Pf.

13. **Ergänzungssteuergesetz** (Vermögenssteuergesetz). Vom 14. Juli 1893. Von **A. Fernow,** Ober-Regierungsrath. Zweite vermehrte Auflage. 1 M.

14. **Kommunalabgabengesetz.** Vom 14. Juli 1893 **und** Gesetz wegen Aufhebung direkter Staatssteuern. Vom 14. Juli 1893. Von **F. Adickes,** Oberbürgermeister. Zweite Auflage. 1 M. 25 Pf.

15. Die **Kreisordnungen** für den Preußischen Staat. Von **O. Kolisch,** Landgerichtsrath. 1894. 4 M.

16. Preuß. Ausführungs-Anweisung zu §§. 16 u. ff. der Reichs-Gewerbe-Ordnung, betr. **Genehmigung gewerblicher Anlagen.** Von Dr. **von Rüdiger,** Regierungs- und Gewerberath. 1895. 1 M. 50 Pf.

17. Preußisches **Gerichtskostengesetz.** Vom 25. Juni 1895. In der Fassung der Bekanntmachung vom 6. Oktober 1899. Mit Kostentabellen. Von Dr. **P. Siméon,** Landrichter. Dritte Auflage. Geb. in ganz Leinen 1 M. 80 Pf.

18. Preußisches **Stempelsteuergesetz.** Vom 31. Juli 1895. Nebst den Entscheidungen des Reichsgerichts und Erlassen der Verwaltungsbehörden und ausführlichen Tabellen. Von **B. Gaupp,** Geh. Regierungsrath und Regierungsassessor **P. Loeck.** Vierte Auflage. 3 M. 30 Pf.

19. **Das Jagdscheingesetz** vom 31. Juli 1895. Mit ausführlichen Erläuterungen nebst der Ausführungsverfügung vom 2. August 1898 und den Gesetzgebungsmaterialien. Von **F. Kunze,** Wirklichem Geh. Ober-Regierungsrath. Zweite Auflage. Geb. in ganz Leinen 2 M.

20. **Gesetz, betr. die Erbschaftssteuer.** Vom 19./24. Mai 1891 unter Berücksichtigung der Novelle vom 31. Juli 1895. Mit ausführlichen Erläuterungen von **P. Loeck,** Regierungsassessor. 1 M. 80 Pf.

21. **Gesetz über die Handelskammern.** Vom 19. August 1897. Mit Erläuterungen, geschichtlicher Einleitung sowie einer Uebersicht des Bestandes der kaufmännischen Vertretungen. Von **F. Lusensky,** Geh. Regierungsrath und vortragender Rath im Ministerium für Handel und Gewerbe 3 M.

22. **Gesetz, betr. Anstellung und Versorgung der Kommunalbeamten.** Vom 30. Juli 1899. Mit einem Anhang, enthaltend die preußische Ausführungsanweisung. Von Dr. **W. Ledermann,** Magistratsassessor zu Berlin. 1 M. 25 Pf.

23. **Ausführungsgesetz zum Bürgerlichen Gesetzbuche** vom 20. September 1899. Von Landrichter Dr. **P. Siméon.** Geb. in ganz Leinen 1 M. 60 Pf.

24. Die **Hinterlegungsordnung** vom 14. März 1879 in der Fassung des Preußischen Ausführungsgesetzes zum Bürgerlichen Gesetzbuche vom 20. September 1899 nebst Ausführungsbestimmungen. Unter Benutzung der amtlichen Erlasse und Entscheidungen des Finanzministers. Von Regierungsassessor Dr. **Georg Bartels.** Geb. in ganz Leinen 1 M. 50 Pf.

25. **Preußische Kommunalbeamtengesetzgebung**, enthaltend die wichtigsten Bestimmungen über die Rechtsverhältnisse der Beamten der preußischen Landgemeinden, Landbürgermeistereien, Aemter, Amtsbezirke, Städte, Kreise, Bezirksverbände, Provinzen sowie der Gemeindeforstbeamten mit Ausschluß der Kommunalbeamten der Hohenzollernschen Lande. Text-Ausgabe mit kurzen Anmerkungen, einem chronologischen Verzeichniß der abgedruckten Gesetze, Verordnungen und sonstigen Bestimmungen. Von Magistratsassessor Dr. jur. **Kremski.** Im Druck.

26. Die **Preußischen Gesetze** über das **Diensteinkommen der Lehrer und Lehrerinnen, ihren Ruhegehalt und die Fürsorge für ihre Hinterbliebenen** nebst den zugehörigen Ausführungsbestimmungen, sonstigen Ministerialerlassen und den wichtigsten einschlägigen Gesetzen sowie einer Tabelle zur Berechnung der Ruhegehalts-, Wittwen- und Waisenbezüge. Text-Ausgabe mit Einleitung, Anmerkungen und Sachregister von Dr. **Ed. Cremer,** Beigeordneter. Geb. in ganz Leinen 2 M. 40 Pf.

27. Gesetz, betreffend die **Waarenhaussteuer.** Vom 18. Juli 1900. Von Geh. Ober-Finanzrath Dr. **G. Strutz.** Geb. in ganz Leinen 1 M. 20 Pf.

28. Gesetz über die **Fürsorgeerziehung Minderjähriger.** Vom 2. Juli 1900. Nebst Ausführungsanweisung. Von Landgerichtsrath Dr. **Aschrott.** Geb. in ganz Leinen. In Vorbereitung.

Guttentag'sche Sammlung von Text-Ausgaben mit Sachregister ohne Anmerkungen.

Handelsgesetzbuch nebst **Einführungsgesetz.** Vom 10. Mai 1897. 1 M. 80 Pf.

Gesetz, betr. die **Abänderung der Gewerbeordnung** (Neues Handwerkergesetz). Vom 26. Juli 1897. 90 Pf.

Gewerbeordnung für das Deutsche Reich. In der Fassung der Bekanntmachung vom 26. Juli 1900. (Reichs-Gesetzblatt Nr. 47, ausgegeben am 15. Oktober 1900.) Zweite Auflage. 1 M. 20 Pf.

Militärstrafgerichtsordnung für das Deutsche Reich, nebst **Einführungsgesetz** und Gesetz, betr. die Dienstvergehen der richterlichen Militärjustizbeamten und die unfreiwillige Versetzung derselben in eine andere Stelle oder in den Ruhestand. Vom 1. Dezember 1898. 1 M. 50 Pf.

Die Preußischen Ausführungsgesetze zum Bürgerlichen Gesetzbuche, zum Gesetz, betr. Aenderung der Civilprozeßordnung vom 17. Mai 1898, zum Gesetz über die Zwangsversteigerung und die Zwangsverwaltung, zur Grundbuchordnung und zum Handelsgesetzbuch. Preuß. Gesetz über die freiwillige Gerichtsbarkeit und Gesetz, enthaltend die landesgesetzlichen Vorschriften über die Gebühren der Rechtsanwälte und der Gerichtsvollzieher. Fünfte Auflage. 1 M. 80 Pf.

Reichsstempelgesetz (Börsensteuergesetz) in der Fassung der Bekanntmachung vom 14. Juni 1900. Mit Ausführungsbestimmungen, einem Anhang, enthaltend Tabellen zur Berechnung der Reichsstempelabgaben und Sachregister. 1 M. 50 Pf.

J. Guttentag, Verlagsbuchhandlung, G. m. b. H. in Berlin W 35.

Bürgerliches Gesetzbuch

nebst

Einführungsgesetz.

Für Preußen zusammengestellt unter Einfügung der sämmtlichen preußischen Ausführungsbestimmungen.

Text-Ausgabe mit ausführlichem Sachregister

bearbeitet von

Dr. Paul Winter,

Landrichter.

8°. Geb. in ganz Leinen Preis 5 M.

Die Preußischen Ausführungsgesetze

zum

Bürgerlichen Gesetzbuche

und den anderen Reichs-Justizgesetzen

nebst den zugehörigen

Verordnungen, Ministerialerlassen und Geschäftsordnungen.

Text-Ausgabe mit ausführlichem Sachregister

nach Materien geordnet unter Anleitung von

L. Busch,

Kammergerichtsrath.

8°. Geb. in ganz Leinen Preis 7 M. 50 Pf.

Adickes, F., Oberbürgermeister in Frankfurt a. M. Das Kommunalabgabengesetz vom 14. Juli 1893. Für den praktischen Gebrauch mit einer geschichtlichen Einleitung und Erläuterungen versehen, sowie mit einem die Ausführungsanweisung berücksichtigenden Nachtrag. 8°. Kartonnirt 6 M.

Arndt, Dr. Adolf, Oberbergrath und Prof. Verfassung des Deutschen Reichs. Mit Einleitung und Kommentar. 8°. Kartonnirt 3 M.

Friedrichs, K., Oberverwaltungsgerichtsrath. Das Gesetz betreffend die Anlegung und Veränderung von Straßen und Plätzen in Städten und ländlichen Ortschaften vom 2. Juli 1875. Nach dem Tode des Verfassers in vierter Auflage bearbeitet von Dr. jur. **Hugo v. Strauß und Torney,** Oberverwaltungsgerichtsrath. 8°. Geb. 4 M. 50 Pf.

Hauß, C., Geh. Ober-Reg.-Rath. Das Gesetz zur Bekämpfung des unlauteren Wettbewerbes. Vom 27. Mai 1896. Für die gerichtliche und gewerbliche Praxis erläutert. 8°. Geb. in Leinen 3 M.

Holtgreven, Dr. A., Geh. Ober-Justizrath und vortragender Rath im Justizministerium. Das Wildschadengesetz vom 11. Juli 1891. Kommentar. Dritte Auflage. 8°. Kartonnirt 3 M.

Jerusalem, Herm., Landgerichtsrath, Mitglied des Hauses der Abgeordneten. Das Gesetz über Kleinbahnen und Privatanschlußbahnen vom 28. Juli 1892 nebst der Ausführungsanweisung zu diesem Gesetze vom 22. August 1892. gr. 8°. 2 M.

Kamptz, W. v., Verwaltungsgerichtsdirektor. Das Gesetz, betreffend die Vertheilung der öffentlichen Lasten bei Grundstückstheilungen und die Gründung neuer Ansiedelungen in den Provinzen Preußen, Brandenburg, Pommern, Posen, Schlesien, Sachsen und Westfalen vom 25. August 1876. 8°. Kartonnirt 2 M. 50 Pf.

Koch, Georg, Hauptmann a. D. Gesetz, betreffend die Prüfung der Läufe und Verschlüsse der Handfeuerwaffen vom 19. Mai 1891 nebst den Ausführungsbestimmungen des Bundesrathes vom 22. Juni 1892. 8°. Kartonnirt 1 M. 50 Pf.

Könige, H., Landgerichtsrath, Vorsitzender der Kammer I für Handelssachen am Landgericht Mannheim. Handelsgesetzbuch vom 10. Mai 1897 nebst Abdruck des Gesetzes über die Angelegenheiten der freiwilligen Gerichtsbarkeit und Gerichtsverfassungsgesetz (Titel 7, Kammern für Handelssachen). Verglichen mit dem Allgemeinen Deutschen Handelsgesetzbuch, dem Bürgerlichen Gesetzbuch und der Rechtsprechung des Reichsgerichts und Reichs-Oberhandelsgerichts. Zu praktischem Gebrauch dargestellt. 8°. Geb. in ganz Leinen 4 M. 50 Pf.

Laß, Dr. L., Kaiserl. Regierungsrath, Strafrecht der Berufsgenossenschaften nach den Unfallversicherungsgesetzen vom 30. Juni 1900. Unter Benutzung amtlichen Materials zum praktischen Gebrauche dargestellt. Geb. in Leinen 3 M.

Laurisch, O., Königl. Gewerbeinspektor, Gewerberecht und Arbeiterschutz. Führer für Arbeitgeber und Arbeiter durch die Gewerbe- und Arbeiterschutz-Gesetze. Kartonnirt 1 M. 80 Pf.

Nußbaum, Dr. A., Die freiwillige Gerichtsbarkeit im Reiche und in Preußen. Ein Leitfaden. 8°. Geb. in ganz Leinen 4 M.

Dieses Buch enthält eine gedrängte systematische Darstellung der freiwilligen Gerichtsbarkeit einschließlich des Notariats nebst einer Zahl erläuternder Formulare für öffentliche Register, Protokolle u. dergl. Reichsrecht und Landesrecht, von letzterem vorzugsweise das preußische, sind gleichmäßig berücksichtigt worden. Eine solche systematische Darstellung fehlte bisher, ist aber bei der hier besonders weit gehenden Zersplitterung des Rechtsstoffes eine Notwendigkeit sowohl für den Lernenden, für dessen Bedürfnisse auch durch Darlegung der allgemeinen Gesichtspunkte und der historischen Entwickelung Sorge getragen ist, als auch für den Praktiker, namentlich den angehenden, da dieser in der ersten Beschäftigungszeit vorwiegend mit Angelegenheiten der freiwilligen Gerichtsbarkeit befaßt ist.

Ottermann, Carl, Stadtrath in Dortmund. Das Fluchtliniengesetz vom 2. Juli 1875. Erläuternde Abhandlung. 8°. 1 M. 25 Pf.

Stephan, Dr. R., Geh. Regierungsrath u. Mitglied des Kais. Patentamts. Gesetz, betreffend die Patentanwälte. Vom 21. Mai 1900. Nebst Ausführungsverordnungen. 8°. Geb. in ganz Leinen 1 M. 50 Pf.

Telegraphenwege-Gesetz vom 18. Dezember 1899 nebst den vom Reichskanzler erlassenen Ausführungsbestimmungen vom 26. Januar 1900 und den Erläuterungen und Ausführungsanweisungen des Reichs-Postamts. Amtliche Ausgabe. 8°. Geb. in ganz Leinen 1 M.

Wittenberg, Dr. M., Dozent an der Humboldt-Akademie. Wegweiser durch das Aktienrecht, nach dem Wortlaut der seit dem 1. Januar 1900 gültigen Reichsgesetze. Taschenformat. Geb. in ganz Leinen 1 M.

Schlagwort-Register.

R. = Nummer der Sammlung Deutscher **Reichs**gesetze.
P. = Nummer der Sammlung **Preußischer** Gesetze.
S. = Seite.

Die

Guttentag'sche Sammlung

Deutscher Reichs- und Preußischer Gesetze,

Text-Ausgaben mit Anmerkungen, Taschenformat,

enthält alle wichtigeren Gesetze in absolut zuverlässigen Gesetzestexten und in mustergiltiger, gemeinverständlicher Weise erläutert.

Das vorstehende Schlagwort-Register wird geneigter Beachtung empfohlen.

4. 81 500. II. 01.

Guttentag'sche Sammlung
Nr. 31. Deutscher Reichsgesetze. Nr. 31.
Text-Ausgaben mit Anmerkungen.

Das Reichsgesetz,

betreffend

die Gewerbegerichte.

Vom 29. Juli 1890.

Text-Ausgabe mit Anmerkungen und Sachregister

von

Leo Mugdan,
Stadtrath zu Berlin.

Vierte vermehrte Auflage,

bearbeitet von

Cuno,
Stadtrath und stellvertr. Vorsitzenden des Gewerbegerichts
zu Königsberg i. Pr.

Berlin SW48.
Wilhelmstr. 119/120.
J. Guttentag, Verlagsbuchhandlung,
G. m. b. H.
1899.

Vorwort zur dritten Auflage.

Die vorliegende neue Auflage ist durch Einfügung der für Preußen ergangenen Ausführungsvorschriften 2c. vervollständigt. Eine Vermehrung des in den Anmerkungen enthaltenen Stoffes konnte, um den Charakter einer Handausgabe zu wahren, nur in mäßigem Umfange erfolgen, sodaß eine ausgiebige Benutzung der vorhandenen Literatur nicht durchweg angängig war. In einzelnen Punkten hat der Verfasser seine früheren Ansichten auf Grund neuerer Ausführungen und nochmaliger Erwägung modifizirt.

Im Anhange ist an Stelle des Normalstatuts das sich an dieses anlehnende Berliner Ortsstatut nebst einer wichtigen Ausführungsbestimmung des Magistrats wiedergegeben.

Berlin, im März 1898.

Der Verfasser.

Vorwort zur vierten Auflage.

Die neue Auflage, welche noch länger als ein Jahr unter der Herrschaft des bisherigen Civilprozeßrechts in Gebrauch sein wird, mußte so eingerichtet werden, daß sie sowohl vor als nach dem 1. Januar 1900 benutzbar sei. Es sind deshalb die Paragraphen der Civilprozeßordnung in der Fassung und der Nummernfolge angegeben, wie sie der auf Grund des R.G. vom 17. Mai 1898 veröffentlichte Gesetzestext vom 20. Mai 1898 enthält, daneben sind in [ ] die früheren Nummern der Paragraphen angegeben, wobei zugleich auf Abweichungen des neuen von dem alten Recht hingewiesen ist. Wo jedoch der Gesetzestext selbst oder die mitgetheilten Auszüge aus den Gesetzesmaterialien Paragraphen der alten Civilprozeßordnung anführen, ist der Wortlaut beibehalten, während die neuen Paragraphen-Nummern in [ ] angeführt werden.

Auch die übrigen auf Grund des R.G. vom 17. Mai 1898 veröffentlichten Gesetze sind nach der Bekanntmachung vom 20. Mai 1898, R.G.Bl. 1898 Nr. 25, citirt. Die durch das R.G. betr. Abänderung der Gewerbeordnung, sog. Handwerker-Novelle, vom 26. Juli 1897 bedingten, in den bezüglichen Abschnitten am 1. April 1898 in Kraft getretenen Aenderungen sind im Text durch [ ] angedeutet.

In einigen Punkten konnte den von dem Verfasser der früheren Auflagen aufgestellten Ansichten nicht beigetreten werden.

Königsberg i/Pr., im September 1898.

Der Herausgeber.

Inhaltsangabe.

Abkürzungen.

a. M. = Anderer Meinung.

Berl. Stat. = Ortsstatut für die Stadt Berlin, betreffend das Gewerbegericht zu Berlin, vom $\frac{\text{26. Oktober}}{\text{2. November}}$ 1892 (Anhang I).

C.P.O. = Civilprozeßordnung.

G.K.G. = Gerichtskostengesetz.

G.O. = Gewerbeordnung für das deutsche Reich in der Fassung des Gesetzes vom 1. Juni 1891.

G.S. = Gesetz-Sammlung für die Königlich Preußischen Staaten.

G.V.G. = Gerichtsverfassungsgesetz.

J.M.Bl. = Justiz-Ministerial-Blatt für die Preußische Gesetzgebung und Rechtspflege.

Komm.-Ber. = Bericht der VI. Kommission zur Vorberathung des Entwurfs eines Gesetzes, betreffend die Gewerbegerichte — Nr. 5 der Drucksachen — (Drucksache Nr. 51).

K.V.G. = Krankenversicherungsgesetz in der Fassung des Gesetzes vom 10. April 1892.

M.Bl. d. i. V. = Ministerial-Blatt für die gesammte innere Verwaltung in den Königlich Preußischen Staaten.

Mot. = Begründung zu dem Entwurf eines Gesetzes, betreffend die Gewerbegerichte (Drucksache Nr. 5).

R.G. = Reichsgesetz.

R.G.Bl. = Reichs-Gesetzblatt.

R.Gr. = Reichsgericht.

Sten. Ber. = Stenographische Berichte über die Verhandlungen des deutschen Reichstags.

St.P.O. = Strafprozeßordnung.

Bachem = Reichsgesetz, betreffend die Gewerbegerichte. Zum praktischen und wissenschaftlichen Gebrauch erörtert von Dr. jur. Karl Bachem, Rechtsanwalt ꝛc. Köln 1890.

Berger G.O. = Reichs-Gewerbe-Ordnung nebst Ausführungsbestimmungen. Textausgabe mit Anmerkungen und Sachregister von T. Ph. Berger, 15. Auflage v. Geh. Ober-Regierungsrath Dr. Wilhelmi, Berlin 1898 (Nr. 6 der Guttentag'schen Sammlung Deutscher Reichsgesetze).

Bl. f. soz. Pr. = Blätter für soziale Praxis, Nr. 1—117 (Januar 1893 bis März 1895), seit April 1895: „Soziale Praxis, Centralblatt für Sozialpolitik, IV. Jahrgang, Nr. 27—52 u. folgende.

Busch = Zeitschrift für Deutschen Civilprozeß, begründet von Busch, herausgegeben von Schultzenstein und Vierhaus.

G.G. = Das Gewerbegericht, Mittheilungen des Verbandes deutscher Gewerbegerichte. I Jahrgang. Nr. 1—6 (April—September 1896), II. Jahrgang Nr. 1—12 (Oktober 1896 bis September 1897) III. Jahrgang Nr. 1—12 (Oktober 1897 bis September 1898).

Gruchot = Beiträge zur Erläuterung des Deutschen Rechts ꝛc., begründet von Gruchot, herausg. von Rassow, Küntzel und Eccius.

Haas = Kommentar zum Reichsgesetz, betreffend die Gewerbegerichte vom 29. Juli 1890 ꝛc. Von J. Haas, Landrichter zu Wiesbaden. Göttingen 1891.

Otto = Die Streitigkeiten der selbstständigen Gewerbetreibenden mit ihren Arbeitern in Theorie und Praxis. Auf Grund des §. 120a der Reichsgewerbeordnung und der einschlagenden reichs- und landesrechtlichen Bestimmungen erörtert von Dr. D. Otto, Amtsrichter in Wiesbaden. Berlin-Neuwied 1888.

Reger = Entscheidungen der Gerichte und Verwaltungsbehörden, früher Nördlingen, jetzt München.
Schier = Das Reichsgesetz, betreffend die Gewerbegerichte vom 29. Juli 1890 xc. Mit Kommentar von Dr. jur. H. Schier, Rechtsanwalt xc. Kassel 1891.
Soz. Pr. = Soziale Praxis, s. Bl. f. soz. Pr.
Unger = Entscheidungen des Gewerbegerichts zu Berlin unter Berücksichtigung der Praxis anderer deutscher Gerichte systematisch zusammengestellt und herausgegeben von Dr. Emil Unger, Magistrats-Assessor in Berlin. Berlin 1898.
Wilhelmi u. Fürst = Das Reichsgesetz, betreffend die Gewerbegerichte. Vom 29. Juli 1890. Erläutert von Dr. Wilhelmi, Kaiserl. Regierungsrath xc. und Dr. M. Fürst, Kgl. Oberbergrath xc. Berlin 1891.
v. Wilmowski u. Levy = Civilprozeßordnung und Gerichtsverfassungsgesetz für das Deutsche Reich nebst den Einführungsgesetzen. Mit Kommentar und Anmerkungen. Herausg. von Dr. G. v. Wilmowski, Geh. Justizrath und M. Levy, Justizrath. 6. Auflage, Berlin 1892.

Einleitung.

Nach dem Vorbilde der Preußischen Allgemeinen Gewerbeordnung vom 17. Januar 1845 (§. 137) wies §. 108 der Gewerbeordnung vom 21. Juni 1869 die Erledigung von Streitigkeiten selbständiger Gewerbetreibender mit ihren Arbeitern abweichend von den allgemeinen Zuständigkeitsregeln besonderen behördlichen Organisationen, mindestens in erster Instanz, zu. Der Inhalt dieses Paragraphen findet sich mit unerheblichen Abänderungen wiederholt im §. 120a der Gewerbeordnung in der Fassung des Gesetzes vom 17. Juli 1878 (R.G.Bl. S. 199), welcher bestimmt:

„Streitigkeiten der selbständigen Gewerbetreibenden mit ihren Arbeitern, die auf den Antritt, die Fortsetzung oder Aufhebung des Arbeitsverhältnisses, auf die gegenseitigen Leistungen aus demselben, auf die Ertheilung oder den Inhalt der Arbeitsbücher oder Zeugnisse sich beziehen, sind, soweit für diese Angelegenheiten besondere Behörden bestehen, bei diesen zur Entscheidung zu bringen.

Insoweit solche besondere Behörden nicht bestehen, erfolgt die Entscheidung durch die Gemeindebehörde. Gegen diese Entscheidung steht die Berufung auf den Rechtsweg binnen zehn Tagen offen; die vorläufige Vollstreckung wird durch die Berufung nicht aufgehalten.

Durch Ortsstatut (§. 142) können an Stelle der gegenwärtig hierfür bestimmten Behörden Schiedsgerichte mit der Entscheidung betraut werden. Dieselben sind durch die Gemeindebehörde unter gleichmäßiger Zuziehung von Arbeitgebern und Arbeitern zu bilden."

Die Vorschrift des letzten Absatzes hat, wie die Motive zu dem hier erläuterten Gesetze hervorheben, „ihren Zweck, für die Streitigkeiten, welche im gewerblichen Verkehr aus dem Verhältniß zwischen Arbeitgebern und Arbeitern entspringen, eine in besonderem Maße des Vertrauens der Betheiligten versicherte und besonders schleunige Rechtspflege zu schaffen, nur in unvollkommener Weise erreicht. Nachdem längere Zeit hindurch die statutarische Errichtung von gewerblichen Schiedsgerichten sich nicht über einen sehr geringen Umfang hinaus erhoben hatte, ist zwar in neuerer Zeit ein bemerkenswerther Fortschritt in dieser Beziehung eingetreten; die wünschenswerthe Ausdehnung hat die Einrichtung jedoch noch keineswegs erreicht, und gerade die in erhöhtem Maße sich geltend machende Bereitwilligkeit der betheiligten Kreise, die Einsetzung gewerblicher Genossengerichte zu fördern, hat das Unzureichende der geltenden gesetzlichen Bestimmungen deutlich hervortreten lassen. Der Mangel ist hauptsächlich darin zu erblicken, daß die Gewerbeordnung es sowohl an jeder näheren Ausführung des Prinzips über die Zusammensetzung der Schiedsgerichte, wie auch an allen Bestimmungen über die prozessualen Befugnisse der Gerichte, über das Verfahren vor denselben und über die Rechtswirkung ihrer Entscheidungen fehlen läßt. Die hieraus sich ergebende Unsicherheit hat einerseits die Ausbreitung der Institution erschwert und andererseits bei den ins Leben gerufenen Schiedsgerichten eine das Maß des Erwünschten übersteigende Verschiedenheit der Einrichtungen zur Folge gehabt. Auch die Wirksamkeit der Gerichte selbst ist aus diesem Grunde eine vielfach ungleichmäßige geblieben." Mot. S. 17.

Die Versuche einer Aenderung dieses nicht befriedigenden Zustandes führten jedoch nicht alsbald zum Ziele.

Ein dem Reichstage unter dem 18. Juni 1873 vorgelegter Entwurf eines Gesetzes, betreffend die Abänderung einiger Bestimmungen der Gewerbeordnung (Drucks. 1873 Nr. 198), welcher den Zentralbehörden die Einrichtung von Gewerbegerichten gestattete, kam nicht vor das Plenum. Unter dem 10. Februar 1874 erfolgte die Vorlage eines neuen Entwurfes (Drucks. 1874 Nr. 21), welcher die ebenfalls durch die Zentralbehörden einzurichtenden Gewerbegerichte mit den für die Verhandlung und Entscheidung der geringfügigsten Rechtsstreite zuständigen ordentlichen Gerichten erster Instanz verbinden und sie aus einem Mitgliede des betreffenden Gerichts und mindestens 2 Beisitzern zusammensetzen wollte. Zwar wurde dieser Entwurf nach Berathung im Plenum (Sten. Ber. S. 114 bis 147) einer Kommission überwiesen, welche auch Bericht erstattete (Drucks. Nr. 90), jedoch gelangte derselbe nicht mehr zur Verhandlung im Plenum. Ebensowenig kam der unter dem 23. Februar 1878 dem Reichstage unterbreitete Entwurf eines Gesetzes, betreffend die Gewerbegerichte (Drucks. 1878 Nr. 41) zur Verabschiedung. Auch er wurde nach Verhandlung im Plenum (Sten. Ber. S. 286 bis 320) einer Kommission überwiesen, über deren Bericht (Drucks. Nr. 110) der Reichstag in zweiter und dritter Lesung verhandelte (Sten. Ber. a. a. O. S. 967 bis 1029, 1425, 1437 bis 1448, 1487 bis 1491). Die dritte Lesung jedoch wurde, nachdem der die Berufung der Mitglieder des Gerichts regelnde §. 8 gänzlich abgelehnt worden war,*) abgebrochen.

In beschränktem Umfange wurde die Zuständigkeit für die Entscheidung gewerblicher Streitigkeiten neu geregelt durch das Gesetz, betreffend die Abänderung der Gewerbeordnung, vom 18. Juli 1881,

*) Es handelte sich hierbei um die im Entwurfe geforderte Bestätigung des Vorsitzenden durch die höhere Verwaltungsbehörde.

R.G.Bl. S. 233 (§§. 97 Abs. 2 Nr. 4, 97a Nr. 6, 98a Abs. 2 Nr. 2e, 98c, 100d, 100e Nr. 1 der Gewerbeordnung in der Fassung dieses Ges.), durch das Gesetz, betr. die Abänderung der Gewerbeordnung, vom 6. Juli 1887, R.G.Bl. S. 281 (§§. 100f Abs. 1 Nr. 3, 100i Abs. 2 in der Fassung dieses Ges.) und durch das Gesetz, betreffend die Krankenversicherung der Arbeiter, vom 15. Juni 1883, R.G.Bl. S. 73 (§§. 53, 65, 72, 73). Das Nähere hierüber s. in den Anm. zu §§. 3, 13 Abs. 3, 78, 79 des vorl. Gesetzes.

Am 24. März 1886 beschloß der Reichstag folgende Resolution:

> „Den Herrn Reichskanzler zu ersuchen, dem Reichstag den Entwurf eines Gesetzes, betreffend die obligatorische Einführung von Gewerbegerichten, mit der Maßgabe baldthunlichst vorzulegen, daß die Beisitzer derselben zu gleichen Theilen von den Arbeitgebern und von den Arbeitern in getrennten Wahlkörpern und in unmittelbarer gleicher und geheimer Abstimmung gewählt werden.“

(Drucks. Nr. 122, Sten. Ber. S. 1623 bis 1633.)

Eine weitere Resolution, dahin lautend:

> „Die verbündeten Regierungen zu ersuchen dem Reichstag baldthunlichst den Entwurf eines Gesetzes, betreffend die Einführung von Gewerbegerichten, vorzulegen mit der Maßgabe, daß die Beisitzer derselben zu gleichen

Theilen von den Arbeitgebern und von den Arbeitern in getrennten Wahlkörpern und in unmittelbarer gleicher und geheimer Abstimmung gewählt werden"

erging am 12. Januar 1889 (Drucks. Nr. 18, Sten. Ber. S. 397 bis 419). In diesem Beschlusse fehlt die Forderung obligatorischer Einführung der Gewerbegerichte.

Dem wiederholten Verlangen des Reichstages kamen die verbündeten Regierungen durch die unter dem 6. Mai 1890 erfolgte Vorlegung des Entwurfes eines Gesetzes, betreffend die Gewerbegerichte (Drucks. Nr. 5), nach. Derselbe wurde nach erfolgter erster Lesung am 9 Mai 1890 (Sten. Ber. S. 10 bis 28) einer aus 21 Mitgliedern bestehenden Kommission (VI.) überwiesen, welche unter dem Vorsitz des Abgeordneten Ackermann die Vorlage recht erheblichen Abänderungen unterzog. Ueber den vom Abgeordneten Dr. Bachem verfaßten Bericht der Kommission (Drucks. Nr. 51) berieth der Reichstag in zweiter Lesung am 14., 16., 17., 19. bis 21. und 23. Juni und in dritter Lesung am 27. Juni 1890 (Sten. Ber. S. 323 bis 337, 340 bis 386, 417 bis 527, 618 bis 651). Die Schlußabstimmung erfolgte am 28. Juni 1890. Das Resultat war im Wesentlichen die Annahme der Kommissionsvorschläge. Nachdem der Bundesrath den Beschlüssen des Reichstages zugestimmt hatte, wurde das „Gesetz, betreffend die Gewerbegerichte" am 29. Juli 1890 Allerhöchst vollzogen und in der am 5. August 1890 zu Berlin ausgegebenen Nr. 24 des Reichs-Gesetzblattes auf Seite 141 bis 162 verkündet.

Aus der allgemeinen Begründung des Entwurfes, welcher in den hier behandelten wesentlichen Punkten keine Abänderung erfahren hat, sei Folgendes hervorgehoben:

„Dem . . . Entwurf ist im Allgemeinen die . . . Vorlage vom Jahre 1878 unter thunlichster Berücksichtigung der zu derselben vom Reichstag auf Grund der Kommissionsberathung in zweiter Lesung gefaßten Beschlüsse zu Grunde gelegt. Im Einzelnen sind indeß . . . nicht unerhebliche Aenderungen und Ergänzungen vorgenommen. Der Zweck des Entwurfs geht ebenso, wie derjenige der früheren Vorlage, nicht auf die Beseitigung, sondern nur auf die weitere Ausgestaltung und Entwickelung des im §. 120a der Gewerbeordnung hinsichtlich der gewerblichen Schiedsgerichte aufgestellten Prinzips. Der Gedanke, in erster Linie den Gemeinden die Einsetzung der bezeichneten Gerichte zu überlassen und deren Eingliederung in den Gemeindeorganismus unter Berücksichtigung der örtlichen Einrichtungen und Bedürfnisse zu ermöglichen, hat sich, ungeachtet der bei der Ausführung aus den oben*) angegebenen Gründen hervorgetretenen Schwierigkeiten, im Allgemeinen

---

*) S. VIII, IX der Einleitung.

als ein berechtigter erwiesen. Es liegt keine Veranlassung vor, denselben aufzugeben. Insbesondere kann die größere Uebereinstimmung, welche hinsichtlich der Einrichtung der Gewerbegerichte durch entsprechende gesetzliche Vorschriften anzustreben ist, den in der Gewerbeordnung für die Einsetzung der Gerichte vorgesehenen Weg nicht als ungeeignet erscheinen lassen; denn diese Uebereinstimmung wird sich auf die wesentlichen Grundlagen der Organisation sowie auf solche Bestimmungen zu beschränken haben, welche, wie diejenigen über das Verfahren, die Rechte der Betheiligten unmittelbar berühren. Im Uebrigen dürfen bei einer Institution, deren ersprießliche Wirksamkeit nur bei genügender Berücksichtigung der örtlichen Verhältnisse sich erwarten läßt, Verschiedenheiten im Einzelnen nicht ausgeschlossen werden. Auch in der Frage, ob für einen bestimmten Ort überhaupt ein Gewerbegericht eingesetzt werden soll, bleibt am geeignetsten die Initiative zunächst den Gemeinden überlassen, da diese der Regel nach am ersten in der Lage sein werden, zu beurtheilen, ob nach den gewerblichen Verhältnissen ihres Bezirks das Bedürfniß und die Voraussetzungen für die Wirksamkeit eines solchen Sondergerichts vorhanden sind. Daß von diesem Standpunkt aus der Entwurf nicht zu einer obligatorischen Einführung der Gewerbegerichte für alle Theile des Reichsgebiets gelangen kann, ergiebt sich von selbst. Für eine derartige Verallgemeinerung der Einrichtung fehlt es ebenso sehr an einem Bedürfniß, wie an den Voraussetzungen praktischer Durchführbarkeit. Soweit sich unter besonderen Umständen ein Zwang zur Einsetzung von Gewerbegerichten gegenüber den betheiligten Gemeinden als nothwendig erweisen kann, wird die Möglichkeit hierzu auf anderem Wege zu schaffen sein.

Abweichend von der Vorlage vom Jahre 1878 enthält ferner der vorliegende Entwurf im dritten Abschnitt eine Reihe von Bestimmungen, durch welche das Gewerbegericht berufen wird, unter gewissen Voraussetzungen als Einigungsamt thätig zu werden. Bei den in neuerer Zeit vorgekommenen Arbeiterausständen ist es mehrfach als ein schwerwiegender Uebelstand empfunden worden, daß es auch bei vorhandener Geneigtheit zu Einigungsverhandlungen auf beiden Seiten zur wirklichen Einleitung solcher gar nicht oder nicht rechtzeitig gekommen ist, weil es an einem Organe fehlte, welches geeignet und berufen gewesen wäre, die Leitung solcher Verhandlungen und die Vermittlung zwischen den streitenden Parteien in die Hand zu nehmen. Es wird wenigstens der Versuch zu machen sein, durch Schaffung eines solchen Organes und durch einige Bestimmungen über das bei den Verhandlungen innezuhaltende Verfahren eine friedliche Erledigung der zwischen Arbeitgebern und Arbeitern über die billigen Bedingungen des Arbeitsvertrages entstehenden Meinungsverschiedenheiten zu erleichtern, und die für beide Theile mit schweren Opfern verbundenen Arbeitseinstellungen thunlichst zu vermeiden oder, wo sie entstanden sind, möglichst rasch zu beseitigen. Die Hoffnung, daß es den Gewerbegerichten gelingen wird, durch eine auf Sachkunde beruhende unparteiische Rechtsprechung das Vertrauen der Arbeitgeber und Arbeiter zu gewinnen, läßt es gerechtfertigt erscheinen, sie zu einer Thätigkeit zu berufen, deren Erfolg in erster Linie durch die Vertrautheit mit den Beziehungen zwischen Arbeitgebern und Arbeitern und durch das Vertrauen der Betheiligten bedingt ist." Mot. S. 18, 19.

In Nachstehendem sollen die Hauptgrundzüge des Gesetzes unter Weglassung aller weniger wichtigen Bestimmungen kurz skizzirt werden:

Der erste, von der Errichtung und Zusammensetzung des Gewerbegerichts handelnde Abschnitt überläßt die Einsetzung derartiger Gerichte der statutarischen Bestimmung der Gemeinden oder weiteren Kommunalverbände mit Genehmigung der höheren staatlichen Organe, gewährt aber den Landes-Zentralbehörden die Möglichkeit, auf Antrag betheiligter Arbeitgeber oder Arbeiter dem Bedürfnisse nach Einführung eines Gewerbegerichts bei Säumniß der Gemeinde 2c. selbständig gerecht zu werden. Der Kreis der den Gewerbegerichten zugewiesenen Streitigkeiten und unterworfenen Personen ist im Wesentlichen — mit kleinen Erweiterungen — dem bisherigen Rechtszustande entsprechend abgegrenzt. Die Kosten der Einrichtung und Unterhaltung fallen, soweit sie nicht durch Gebühren, Kosten und Strafen Deckung finden, der Gemeinde ꝛc. zur Last.

Das Gewerbegericht, dessen Zuständigkeit die der ordentlichen Gerichte ausschließt, besteht im einzelnen Falle aus einem Vorsitzenden und mindestens zwei Beisitzern. Den Vorsitzenden wählt der Magistrat, eventuell die Vertretung der Gemeinde ꝛc.; seine Wahl bedarf staatlicher Bestätigung; Personen, welche für ihr Hauptamt bereits landesherrlich oder staatlich bestätigt oder ernannt sind, unterliegen für die Dauer dieses Hauptamts keiner weiteren Bestätigung. Die Beisitzer gehen je zur Hälfte aus direkter und geheimer Wahl der Arbeitgeber und Arbeiter hervor; ebenso wie der Vorsitzende sollen sie das 30. Lebensjahr zurückgelegt und in dem der Wahl vorangegangenen Jahre für sich oder ihre Familie Armenunterstützung aus öffentlichen Mitteln nicht empfangen oder doch die empfangene Unterstützung erstattet haben; außerdem ist mindestens zweijährige Wohnung oder Beschäftigung im Bezirke des Gerichts vorgeschrieben. Vom aktiven und passiven Wahlrecht sind Personen, welche zum Amt eines Schöffen unfähig sind, damit also auch Frauen, ausgeschlossen; das aktive Wahlrecht ist ferner an ein Alter von 25 Jahren, sowie an die gleiche Dauer der Wohnung oder Beschäftigung im Gerichtsbezirke, wie das passive Wahlrecht, geknüpft. Die Beisitzer, welche die Uebernahme ihres Amtes nur aus bestimmten Gründen ablehnen dürfen, erhalten Vergütung für Reisekosten und Zeitversäumniß. Ein Mitglied des Gewerbegerichts, welches seine Amtspflicht gröblich verletzt, kann im Wege des Strafprozesses seines Amts entsetzt werden.

Der zweite Abschnitt regelt das Verfahren vor dem Gewerbegericht, und zwar im Wesentlichen nach den für das amtsgerichtliche Verfahren geltenden Vorschriften, jedoch mit einzelnen erheblichen Abweichungen, welche auf Vereinfachung und Beschleunigung der Prozedur hinzielen. Insbesondere ist der Grundsatz durchgeführt, daß der Betrieb des Rechtsstreits nicht den Parteien, sondern den Gerichten obliegt und daher Ladungen und Zustellungen regelmäßig von Amtswegen erfolgen. Für letztere sind vereinfachte Formen zugelassen. Der erste Termin kann ohne Zuziehung der Beisitzer abgehalten werden; beim Ausbleiben einer Partei ergeht dann auf Antrag ein Versäumnißurtheil; erscheinen beide Parteien, so darf, wenn nicht ein Vergleich zu Stande kommt oder eine Zurücknahme der Klage, ein Verzicht auf den Klageanspruch oder ein Anerkenntniß desselben erfolgt, eine Entscheidung nur ergehen, wenn dieselbe sofort erfolgen kann und beide Parteien sie beantragen; anderenfalls ist die Verhandlung vor das voll besetzte Gewerbegericht zu verweisen. Die Vertretung der Parteien durch Rechtsanwälte und Personen, welche das Verhandeln vor Gericht geschäftsmäßig betreiben, ist unzulässig. Dem Gewerbegericht steht die Befugniß zur Abnahme von Parteieiden, sowie zur eidlichen Vernehmung von Zeugen und Sachverständigen zu.

Gegen Versäumnißurtheile ist binnen dreitägiger Frist der Einspruch zugelassen. Endurtheile unterliegen nur dann der Anfechtung, wenn der Werth des Streitgegenstandes den Betrag von 100 Mark übersteigt; die Anfechtung erfolgt durch Berufung an das Landgericht, in dessen Bezirk das Gewerbegericht seinen Sitz hat. Dasselbe Gericht ist zur Entscheidung von Beschwerden gegen Entscheidungen des Gewerbegerichts, abgesehen von Endurtheilen, berufen; die Zulässigkeit der Beschwerde bestimmt sich, ohne Rücksicht auf die Höhe des Streitgegenstandes, im Allgemeinen nach den Vorschriften der Civilprozeßordnung. Außerdem kann ein durch rechtskräftiges Endurtheil des Gewerbegerichts geschlossenes Verfahren, ebenso wie ein amtsgerichtliches Urtheil, durch die Nichtigkeits- und Restitutionsklage wieder aufgenommen werden.

Die der Berufung oder dem Einspruch unterliegenden Endurtheile sind von Amtswegen für vorläufig vollstreckbar zu erklären, wenn der Gegenstand der Verurtheilung an Geld oder Geldeswerth 300 Mark nicht übersteigt, sowie stets, wenn sie den Antritt, die Fortsetzung oder Aufhebung des Arbeitsverhältnisses, die Aushändigung oder den Inhalt des Arbeitsbuches oder Zeugnisses betreffen. Die Vollstreckung der Endurtheile und Vergleiche erfolgt in derselben Weise, wie die der gerichtlichen Entscheidungen, und ebenso finden die Vorschriften der C.P.O. auf Arreste und einstweilige Verfügungen Anwendung. Das Gewerbegericht tritt hierbei nur insoweit in Thätigkeit, als die C.P.O. dem Prozeßgericht gewisse Funktionen zuweist; als Vollstreckungsgericht im Sinne des §. 764 [684] C.P.O. ist das Amtsgericht zuständig. Als Vollstreckungsorgane dienen die von den Parteien zu beauftragenden Gerichtsvollzieher.

Für die Verhandlung des Rechtsstreits vor dem Gewerbegerichte wird regelmäßig eine nach dem Werthe des Streitgegenstandes abgestufte Gebühr erhoben; daneben kommen baare Auslagen in Ansatz, jedoch nicht für Zustellungen und Schreibgebühren. Durch das Statut kann aber vorgeschrieben werden, daß geringere oder gar keine Kosten erhoben werden.

Nach dem dritten Abschnitt tritt das Gewerbegericht als Einigungsamt in Thätigkeit, wenn es bei Streitigkeiten, welche zwischen Arbeitgebern und Arbeitern über die Bedingungen der Fortsetzung oder Wiederaufnahme des Arbeitsverhältnisses entstehen, von beiden Theilen angerufen wird. In diesem Falle sind stets 4 Beisitzer zu berufen, welche regelmäßig der Vorsitzende bestimmt. Die Vertretung der Parteien durch eine beschränkte Zahl von Abgesandten, sowie die Zuziehung von Vertrauensmännern beider Theile ist näher geregelt. Richterliche Befugnisse in dem Sinne, daß die Entscheidung zwangsweise vollstreckt werden kann, stehen dem Einigungsamt nicht zu; es hat vielmehr zunächst auf eine Vereinbarung der streitenden Theile hinzuwirken und, falls eine solche zu Stande kommt, dieselbe zu veröffentlichen. Anderenfalls soll es über alle streitigen Fragen einen Schiedsspruch abgeben, der den Vertretern der Parteien zur Erklärung mitzutheilen ist; die Nichtabgabe einer Erklärung innerhalb der bestimmten Frist gilt als Ablehnung der Unterwerfung. Wenn bei der Abstimmung über den Schiedsspruch die Stimmen der Beisitzer und Vertrauensmänner beider Parteien sich durchweg gegenüberstehen, so kann der Vorsitzende, statt seine Stimme abzugeben, sich auf die Feststellung beschränken, daß ein Schiedsspruch nicht zu Stande gekommen ist. Das Resultat der Verhandlungen ist stets öffentlich bekannt zu machen.

Der von der Kommission neu eingefügte vierte Abschnitt (Gutachten und Anträge der Gewerbegerichte) verpflichtet das Gewerbegericht, auf Ersuchen von Staatsbehörden oder des Vorstandes des betr. Kommunalverbandes Gutachten über gewerbliche Fragen zu erstatten, und berechtigt es, in solchen gewerblichen Fragen, welche die seiner Gerichtsbarkeit unterstellten Betriebe berühren,

Anträge an Behörden und Vertretungen von Kommunalverbänden zu richten.

Der fünfte Abschnitt (Verfahren vor dem Gemeindevorsteher) trifft Fürsorge für den Fall, daß ein Gewerbegericht nicht vorhanden ist. Während nach §. 120a der Gewerbeordnung beim Mangel einer anderen zuständigen Stelle die Entscheidung der Gemeindebehörde angerufen werden mußte, können jetzt die Parteien, denen ein zuständiges Gewerbegericht nicht zur Verfügung steht, direkt das ordentliche Gericht anrufen; es kann aber auch, jedoch nur, soweit es sich um den Antritt, die Fortsetzung oder die Auflösung des Arbeitsverhältnisses, die Aushändigung oder den Inhalt des Arbeitsbuches oder Zeugnisses, sowie um die Berechnung und Anrechnung der Krankenversicherungsbeiträge und Eintrittsgelder handelt, die vorläufige Entscheidung des Gemeindevorstehers nachgesucht werden, welche zu erlassen ist, nachdem den Parteien Gelegenheit gegeben worden ist, ihre Ausführungen und Beweismittel in einem Termine vorzubringen, und in Rechtskraft übergeht, falls nicht binnen 10 Tagen von der Verkündung, ev. bei Abwesenheit einer Partei für diese von der Behändigung ab gerechnet, die Klage beim ordentlichen Gericht erhoben wird. Die Entscheidung ist regelmäßig für vorläufig vollstreckbar zu erklären und wird, ebenso wie die von dem Gemeindevorsteher abgeschlossenen Vergleiche, auf Antrag der Partei und Ersuchen des

Gemeindevorstehers durch die Ortspolizeibehörde zur Ausführung gebracht.

In den Schlußbestimmungen (sechster Abschnitt) sind insbesondere einige den eigenthümlichen Verhältnissen des Bergbaues Rechnung tragende Sondervorschriften über die für derartige Betriebe errichteten Gewerbegerichte gegeben, sowie ferner die Betriebe der Militär- und Marineverwaltung und die Gehülfen und Lehrlinge in Apotheken und Handelsgeschäften von den Bestimmungen des Gesetzes ausgeschlossen; außerdem ist das Recht der Innungen zur Einrichtung besonderer Schiedsgerichte, sowie zur Entscheidung von Lehrlingsstreitigkeiten, auch beim Vorhandensein eines Gewerbegerichts, gesichert, während die landesgesetzlich zur Entscheidung von Gewerbestreitigkeiten berufenen besonderen Behörden (z. B. die rheinischen Gewerbegerichte) nur dann bestehen bleiben, wenn ihre Zusammensetzung bis zum 1. April 1892 dahin geregelt ist, daß ihre Beisitzer zur Hälfte aus Arbeitgebern, zur Hälfte aus Arbeitnehmern, die durch unmittelbare und geheime Wahl berufen sind, bestehen.

Wegen des Inkrafttretens des Gesetzes s. §. 84 u. Anm.

Gesetz,
betreffend
die Gewerbegerichte.
Vom 29. Juli 1890.
(Reichs-Gesetzblatt 1890 Nr. 24, S. 141—162.)

Wir **Wilhelm**, von Gottes Gnaden Deutscher Kaiser, König von Preußen ꝛc.

verordnen im Namen des Reichs, nach erfolgter Zustimmung des Bundesraths und des Reichstags, was folgt:

Erster Abschnitt.
Errichtung und Zusammensetzung der Gewerbegerichte.

§. 1.

Für die Entscheidung von gewerblichen Streitig- 1. keiten zwischen Arbeitern einerseits und ihren Arbeitgebern andererseits, sowie zwischen Arbeitern desselben Arbeitgebers können Gewerbegerichte errichtet werden.

Die Errichtung erfolgt für den Bezirk einer 2. Gemeinde durch Ortsstatut nach Maßgabe des §. 142 der Gewerbeordnung. Die Entscheidung der höheren Verwaltungsbehörde über die Genehmigung des Statuts ist binnen sechs Monaten zu ertheilen. Die Entscheidung, durch welche die

Genehmigung versagt wird, muß mit Gründen versehen sein.

3. Mehrere Gemeinden können sich durch übereinstimmende Ortsstatuten zur Errichtung eines gemeinsamen Gewerbegerichts für ihre Bezirke vereinigen. Für die Genehmigung der übereinstimmenden Ortsstatute ist die höhere Verwaltungsbehörde zuständig, in deren Bezirk das Gewerbegericht seinen Sitz haben soll.

4. Imgleichen kann ein Gewerbegericht für den Bezirk eines weiteren Kommunalverbandes errichtet werden. Die Errichtung erfolgt in diesem Falle nach Maßgabe der Vorschriften, nach welchen Angelegenheiten des Verbandes statutarisch geregelt werden. Die Zuständigkeit eines solchen Gerichts ist ausgeschlossen, soweit die Zuständigkeit eines für eine oder mehrere Gemeinden des Bezirks bestehenden oder später errichteten Gewerbegerichts begründet ist.

5. Die Errichtung kann auf Antrag betheiligter Arbeitgeber oder Arbeiter durch Anordnung der Landes-Zentralbehörde erfolgen, wenn ungeachtet einer von ihr an die betheiligten Gemeinden oder den weiteren Kommunalverband ergangenen Aufforderung innerhalb der gesetzten Frist die Errichtung auf dem im Absatz 2 bis 4 vorgesehenen Wege nicht erfolgt ist. Alle Bestimmungen, welche dieses Gesetz dem Statute vorbehält, erfolgen in diesem Falle durch die Anordnung der Landes-Zentralbehörde.

Vor der Errichtung sind sowohl Arbeitgeber als Arbeiter der hauptsächlichen Gewerbezweige und Fabrikbetriebe in entsprechender Anzahl zu hören. 6.

1. Ueber die Gründe, welche von der obligatorischen Einführung der Gewerbegerichte abgehalten haben, vgl. Einl., Komm.-Ber. S. 2, Sten. Ber. S. 328—336.

2. Zu Abs. 2. §. 142 G.O. bestimmt:

„Statutarische Bestimmungen einer Gemeinde oder eines weiteren Kommunalverbandes können die ihnen durch das Gesetz überwiesenen gewerblichen Gegenstände mit verbindlicher Kraft ordnen. Dieselben werden nach Anhörung betheiligter Gewerbetreibender und Arbeiter abgefaßt, bedürfen der Genehmigung der höheren Verwaltungsbehörde und sind in der für Bekanntmachungen der Gemeinde oder des weiteren Kommunalverbandes vorgeschriebenen oder üblichen Form zu veröffentlichen.

Die Zentralbehörde ist befugt, statutarische Bestimmungen, welche mit den Gesetzen oder den statutarischen Bestimmungen des weiteren Kommunalverbandes in Widerspruch stehen, außer Kraft zu setzen."

Die Beschlußfassung über die Statuten steht in Preußen für Stadtgemeinden dem Gemeindevorstande und der Stadtverordneten-Versammlung (Bürgerschaftskollegium u. s. w.) gemeinsam, für Landgemeinden der Gemeindeversammlung, bez. den die Befugnisse einer solchen wahrnehmenden anderen Gemeindevertretungskörpern (s. z. B. §§. 49 ff. der Preußischen Landgemeindeordnung für die 7 östlichen Provinzen v. 3. Juli 1891) zu.

„Höhere Verwaltungsbehörde" für Genehmigung der Ortsstatuten der Gemeinden (Abs. 2 und 3) ist der Bezirksausschuß, für Berlin der Ober-Präsident. S. Anm. 3 zu §. 83.

Die Genehmigung darf auch aus Zweckmäßigkeitsgründen versagt werden, nicht nur (wie in der 2. Lesung [Sten. Ber. S. 340] beschlossen war), wenn das Statut den Vorschriften eines Gesetzes widerspricht. Gegen die Versagung ist reichsgesetzlich ein bestimmtes Rechtsmittel nicht vorgeschrieben; Mangels ergänzender landesgesetzlicher Vorschriften ist daher nur die Beschwerde an die der höheren Verwaltungsbehörde vorgesetzten Stellen nach Landesrecht gegeben; das Gleiche gilt, wenn die im Satz 2 festgesetzte Frist überschritten wird oder die nach Satz 3 erforderliche Mittheilung von Gründen fehlt. Für Preußen vgl. über Beschwerden gegen Beschlüsse des Bezirksausschusses, bez. des Ober-Präsidenten §. 121 d. Ges. über die allgemeine Landesverwaltung v. 30. Juli 1883, §. 7 d. Ges. über die Zuständigkeit der Verwaltungs- und Verwaltungsgerichtsbehörden v. 1. August 1883. Das beschlossene und genehmigte Ortsstatut kann — abgesehen von dem Falle des §. 142 Abs. 2 G.O. — nur auf dem Wege abgeändert oder aufgehoben werden, auf welchem es zu Stande gekommen ist.

8. Zu Abs. 3 und 4:

„Da ein . . . Statut zunächst nur für eine Gemeinde beschlossen werden kann, so ist in dem Falle, daß mehrere Gemeinden sich zur Errichtung eines gemeinsamen Gewerbegerichts vereinigen wollen, für die Beschlußfassung im Allgemeinen nur der Weg gegeben, daß die Behörden der betheiligten Gemeinden sich über den Inhalt des Ortsstatuts verständigen und daß demnächst jede Gemeinde für sich dieses Ortsstatut zum Beschlusse erhebt. Eine Ausnahme hiervon tritt jedoch dann ein, wenn die mehreren Gemeinden im Bezirke eines und desselben weiteren Kommunalverbandes liegen und für diesen ganzen Bezirk das Bedürfniß der Errichtung eines Gewerbegerichts besteht. Es steht nichts entgegen, die Einsetzung eines Gewerbegerichts unter solchen Voraussetzungen, statt auf dem durch die Gewerbeordnung gegebenen Wege einer mehrfachen, gleichzeitigen Beschlußfassung über ein und dasselbe Ortsstatut, in dem durch das Landesgesetz gebotenen einfacheren Verfahren, nach welchem Angelegenheiten des Kommunalverbandes statutarisch geregelt werden, vollziehen zu lassen." Mot. S. 19.

Satz 2 des Abs. 3 soll verhüten, daß für die Genehmigung eines gemeinsamen Ortsstatuts mehrerer Gemeinden verschiedene höhere Verwaltungsbehörden in Betracht kommen. Sten. Ber. S. 620.

Bezirke, welche nicht zu einer Gemeinde gehören (selbstständige Gutsbezirke und Gemarkungen), können, da das Gesetz sie nicht, wie §. 88 K.V.G., den Gemeinden gleichstellt und auch §. 88 dieses Ges. keine diesbezügliche Vollmacht für die Landes-Zentralbehörden enthält, ein Gewerbegericht für sich nicht einführen; einem etwaigen Bedürfniß kann hier nur gemäß Abs. 4 durch den weiteren Kommunalverband abgeholfen werden. S. Mot. S. 20 in Anm. 4.

4. Zu Abs. 4:

„Weitere Kommunalverbände" sind in Preußen die Provinzial-Verbände, die kommunalständischen Verbände der Regierungsbezirke Cassel und Wiesbaden, die Kreisverbände, in den Hohenzollernschen Landen der Landeskommunalverband und die Oberamtsbezirksverbände, ferner die Landbürgermeistereien in der Rheinprovinz und die Aemter in der Provinz Westfalen. Provinzialstatuten werden durch den Provinziallandtag, Statuten der kommunalständischen Verbände Cassel und Wiesbaden durch den Kommunallandtag, Kreisstatuten durch den Kreistag, Statuten des Hohenzollernschen Kommunal-Verbandes durch den Kommunal-Landtag, Statuten der dortigen Oberamtsbezirke durch die Amtsversammlung, Statuten der rheinischen Landbürgermeistereien durch die Bürgermeistereiversammlung, solche der westfälischen Aemter durch die Amtsversammlung beschlossen. Diese Statuten, mit Ausnahme der letzten und vorletzten Gattung, bedürfen Königlicher Genehmigung (vgl. §§. 35, 119 Nr. 1 der Provinzialordnung v. $\frac{\text{29. Juni 1875}}{\text{22. März 1881}}$, für Cassel und Wiesbaden §§. 32, 92 Nr. 1 der Provinzialordnung für Hessen-Nassau v. 8. Juni 1885, §§. 116 Nr. 1, 176 Nr. 1 der Kreisordnung v. $\frac{\text{13. Dezember 1872}}{\text{19. März 1881}}$, §§. 26 Nr. 1, 54, 61 Nr. 1, 80 der Hohenzollernschen Amts- und Landesordnung v. 2 April 1873); die Statuten der rheinischen Landbürgermeistereien und der westfälischen Aemter bedürfen der Genehmigung des Kreisausschusses (§. 31 d. Ges. über die Zuständigkeit der Verwaltungs- und Verwaltungsgerichtsbehörden vom 1. August 1883).

5. Zu Abs. 5:

„Der Entwurf hat nicht die Einsetzung der Gewerbegerichte den Gemeinden und Kommunalverbänden ausschließlich überlassen. Die Möglichkeit ist nicht in Abrede zu stellen, daß die Einsetzung eines Gewerbegerichts dem Wunsche der betheiligten Kreise entgegen aus anderen als in der Sache liegenden Gründen unterbleibt. Insbesondere wird in den nicht eben seltenen Fällen, in welchen es sich nach den örtlichen Verhältnissen der Industrie nur um die Schaffung eines seine Zuständigkeit über mehrere Gemeindebezirke erstreckenden Gewerbegerichts handeln kann, der Weg der freien Verständigung unter den Gemeinden nicht immer zum Ziele führen, und völlig unmöglich wird dieser Weg der Verständigung, wenn dem Gerichtsbezirk auch solche Ansiedelungen und Anlagen einverleibt werden sollen, welche außerhalb eines Gemeindeverbandes stehen. Will man der Absicht des Gesetzes gerecht werden, so muß in solchen Fällen einer höheren, außerhalb der betheiligten Interessen stehenden Instanz die Möglichkeit einer Intervention gegeben werden. Demgemäß erklärt der Entwurf die Landes-Zentralbehörden, die wohl die sicherste Gewähr für ein sachgemäßes Einschreiten bieten, für berechtigt, die Einsetzung von Gewerbegerichten anzuordnen. Jedoch soll ihre Intervention immer nur in zweiter Reihe stehen und nur dann eintreten, wenn sie einerseits von betheiligten Arbeitgebern oder Arbeitern beantragt wird und wenn andererseits festgestellt ist, daß die Gemeindebehörden oder Kommunalverbände nicht geneigt oder außer Stande sind, die von der Landes-Zentralbehörde für nothwendig erachteten Institutionen ins Leben zu rufen." Mot. S. 19, 20.

„Landes-Zentralbehörde" s. Anm. 1 zu §. 83.

Der zweite Satz des Abs. 5 erleidet eine Ausnahme durch §. 57 Abs. 6 (vgl. Anm. hierzu). Im Falle des §. 77 kann die Landes-Zentralbehörde ohne Antrag 2c. ein Gewerbegericht errichten.

6. Zu Abs. 6:

„Da für die Frage der Einsetzung eines Gewerbegerichts das in den Kreisen der Betheiligten selbst hervortretende Bedürfniß stets in erster Linie entscheidend sein muß, so sollen vor der Einsetzung Arbeitgeber und Arbeiter der hauptsächlichen Gewerbezweige und Fabrikbetriebe in entsprechender Zahl gehört werden. Die Bestimmung bezieht sich auf die sämmtlichen im Absatz 2 bis 4 (jetzt 2 bis 5) bezeichneten Fälle der Errichtung." Mot. S. 20. Ueber welche Punkte die Betheiligten zu hören sind, bestimmt das Gesetz nicht; hier entscheidet das Ermessen der lokalen Behörden. Komm.-Ber. S. 4. Ebensowenig sind nähere Vorschriften über die Art der Anhörung gegeben; dieselbe kann schriftlich oder mündlich erfolgen. Es genügt auch, wenn allen Betheiligten oder einer entsprechenden Zahl Gelegenheit zur Abgabe von Aeußerungen gegeben wird, z. B. durch öffentliche Bekanntmachung mit der Aufforderung zur Einreichung von Aeußerungen.

7. Die Gewerbegerichte sind staatliche Gerichte; sie wirken bei der Ausübung der der Staatsgewalt zukommenden Gerichtshoheit mit und sprechen daher in Preußen „im Namen des Königs" Recht; (Art. 86 der Verfassungs-Urkunde v. 31. Januar 1850); dagegen dürfen sie mit

Rücksicht auf ihre enge Verbindung mit den Kommunalverbänden nicht als „Königliche Gewerbegerichte" bezeichnet werden. Erlaß des Preuß. Ministers für Handel und Gewerbe und des Justizministers v. 31. Oktober 1892 (B. 8248 M. f. H., I. 5132 Just. M.), Sten. Ber. S. 423. Wegen der rheinischen Gewerbegerichte s. §. 80.

Die Gewerbegerichte führen in Preußen als Dienstsiegel den Preußischen Adler und als Umschrift den Namen des betr. Gewerbegerichts. Erlaß der Minister für Handel und Gewerbe und des Innern v. 1. August 1891 (M.Bl. d. i. V. S. 134).

Wegen der Dienstaufsicht s. Anm. 5 zu §. 55.

§. 2.

1. **Als Arbeiter im Sinne dieses Gesetzes gelten diejenigen Gesellen, Gehülfen, Fabrikarbeiter und Lehrlinge, auf welche der siebente Titel der Gewerbeordnung Anwendung findet.**

2. **Ingleichen gelten als Arbeiter im Sinne dieses Gesetzes Betriebsbeamte, Werkmeister und mit höheren technischen Dienstleistungen betraute Angestellte, deren Jahresarbeitsverdienst an Lohn oder Gehalt zweitausend Mark nicht übersteigt.**

1. Zu Abs. 1:

Personen, welche in Betrieben beschäftigt sind, auf welche die Gewerbeordnung (vgl. §. 6 *das.*) überhaupt nicht Anwendung findet, gehören nicht hierher, vor allem also nicht die land- und forstwirthschaftlichen Arbeiter, darunter auch die Gärtner, vgl. Komm.-Ber. S. 6, Sten. Ber. S. 341. Bezüglich der Gehilfen in sog. Kunst- und Handelsgärtnereien läßt sich die Entscheidung nur von Fall zu Fall treffen. G.G. II Sp. 60, 127—129, Unger Nr. 159. Ferner gehören nicht hierher die im Betriebe der Eisenbahnunternehmungen als Verkehrsanstalten beschäftigten Personen z. B. Streckenarbeiter, Güterbodenarbeiter, wohl aber die bei selbständigen gewerblichen Betrieben der Eisenbahnunternehmungen (Reparaturwerkstätten, Wagenbauanstalten u. s. w.) beschäftigten Arbeiter (vgl. Wilhelmi u. Fürst S. 283, Unger Nr. 165, 167, a. M. Bl. f. soz. Pr. Nr. 107 Sp. 67). Auch der Betrieb der Pferdebahnen fällt unter die Eisenbahnunternehmungen im Sinne des §. 6 G.O. (vgl. Unger Nr. 166 und die dort Cit., a. M. auch Wilhelmi u. Fürst S. 284.) Ueber den Begriff „Gesellen, Gehülfen, Fabrikarbeiter und Lehrlinge" vgl. Berger, G.O. Anm. zu §§. 121, 126, 134. Zu den Gesellen und Gehülfen gehört jeder unselbständige Arbeiter, der weder Lehrling noch Fabrikarbeiter ist. Das Geschlecht macht bei der Anwendbarkeit des §. 2 keinen Unterschied, ebensowenig kommt es auf die Vorbildung des Arbeiters an. Das Reichsgericht hat die frühere Begriffsbestimmung, nach der es erforderlich sei, daß der Arbeiter dem Arbeitgeber seine ganze Arbeitskraft zu Gebote stelle (Urth. v. 10. Dezember 1883, Reger Bd. IV S. 282) als zu eng erklärt; es könne nicht darauf ankommen, ob der Arbeiter in einem dauernden Dienstverhältnisse steht oder nur ganz vorübergehend angenommen sei (Urth. v. 25. September 1890, Reger Bd. XI S. 144), nur müssen die Dienstleistungen in den Rahmen der für den Gewerbebetrieb als solchen nothwendigen Arbeiten fallen. Unter §. 2 fallen u. a. auch die im Gewerbe eines Gast- oder Schankwirths beschäftigten Gehülfen, nicht dagegen Dienstboten, d. h. Personen, welche in der Privatwirthschaft des Brotherrn mit häuslichen Diensten beschäftigt sind (vgl. Unger Nr. 160, 161, 162, 170; G.G. II Sp. 58), ferner nicht die bei einem Theaterunternehmen angestellten Sänger, Schauspieler, Balletttänzer, Orchestermusiker (Urth. d. R.Gr. v. 21. März 1887, Entsch. in Civils. Bd. 17 S. 86; die eigene Leistungen darbietenden Artisten, wie Kunstgymnastiker,

Thierbändiger (Urth. d. R.Gr. v. 21. Mai 1896, Entsch. in Civils. Bd. 37 S. 66, Unger Nr. 163, vgl. jedoch G.G. III Sp. 187). Unter §. 2 fällt ferner auch das Personal eines Kaufmanns außer den Handlungsgehülfen und Lehrlingen(vgl. Urth. d. R.G. v. 31. Januar 1884, Blum's Annalen Bd. 9 S. 433, Unger Nr. 168, 169). Auch Handlungs-Gehülfen und Lehrlinge würden an sich unter §. 2 fallen, da der siebente Titel der Gewerbeordnung wenigstens zum Theil auf sie Anwendung findet (§. 154 Abs. 1); gerade mit Rücksicht hierauf sind sie durch §. 76 d. Ges. ausdrücklich ausgenommen (Komm.-Ber. S. 35, Sten.Ber. S. 517, Bachem S. 32, Wilhelmi u. Fürst, S. 23, 284, a. M. Haas S. 25). Handlungsgehülfe ist, „wer in einem Handelsgewerbe zur Leistung kaufmännischer Dienste gegen Entgelt angestellt ist. (§. 59 H.G.B. vom 10. Mai 1897, in Kraft getreten am 1. Januar 1898.) Der Begriff „Handelsgewerbe" ist bis zum 1. Januar 1900 nach dem alten Handelsgesetzbuch (Art. 271—275), von da an nach den §§. 1—3 des H.G.B. vom 10. Mai 1897 zu bestimmen. Wer kaufmännische Dienste einem Gewerbetreibenden leistet, dessen Betrieb nicht als Handelsgewerbe gilt. ist nicht Handlungsgehülfe, sondern Gewerbegehülfe. Nach dem H.G.B. vom 10. Mai 1897 trifft dies zu für den kaufmännischen Angestellten z. B. eines Handwerkers, der sich auf Be- und Verarbeitung von Waaren beschränkt (Lohnmüller, Färber, Zwischenmeister der Konfektion), (§. 1 Nr. 2), eines Bauhandwerkers, dessen Firma nicht in das Handelsregister eingetragen ist (§. 2), eines Landwirths in einem Unternehmen, das nur ein Nebengewerbe des land- und forstwirthschaftlichen Betriebes darstellt (Brennerei, Molkerei, Stärkefabrik mit regelmäßiger Verwendung auch nicht selbst erzeugter Rohstoffe), ohne daß die Firma in das Handelsregister eingetragen ist (§. 3). Ferner gehören hierher die in Bergwerken, Salinen, Aufbereitungsanstalten und unterirdisch betriebenen Brüchen oder Gruben beschäftigten

Arbeiter (wegen §. 154a G.O.), sowie die in über Tage betriebenen Brüchen und Gruben beschäftigten Arbeiter (wegen §. 154 Abs. 2 G.O.). Vgl. Bachem, Wilhelmi u. Fürst a. a. O., Haas S. 23, u. Anm. 2 zu §. 77. Wegen der Betriebe der Militär- und Marineverwaltung s. §. 76. Kraft ausdrücklicher gesetzlicher Bestimmung unterstehen der Gewerbeordnung die Schiffsmannschaft eines zur Schifffahrt auf Flüssen und sonstigen Binnengewässern bestimmten und verwendeten Schiffs (§. 21 Abs. 2 des R.G. v. 20. Mai 1898 [15. Juni 1895] betr. die Binnenschifffahrt) und die Floßmannschaft (§. 17 Abs. 2 des R.G. v. 15. Juni 1895 betr. die Flößerei). Auch die Führer sog. Arbeiterkolonnen (z. B. von Steinträgern, Putzern) sind in der Regel gewerbliche Arbeiter (Bl. f. soz. Pr. Nr. 69 S. 146, Nr. 111 S. 131. Unger Nr. 17 G.G. II Sp. 30); so auch Glaspolierermeister (Urth. d. R.Gr. v. 14. Juni 1888, Reger Bd. IX S. 220), Ziegelmeister (Urth. d. R.Gr. v. 18. April 1896, Entsch. in Civils. Bd. 37 S. 278).

2. Die Vorschrift des Abs. 2 „schließt sich an die entsprechenden Bestimmungen im Kranken- und Alters- und Invaliden-Versicherungsgesetz an. Die Gründe sind in allen Fällen dieselben. Die Kommission war mit den Vertretern der verbündeten Regierungen einstimmig der Meinung, daß Tantièmen ebenfalls als „Gehalt oder Lohn" im Sinne dieser Bestimmung zu gelten haben." Komm.-Ber. S. 6. Auch Naturalbezüge (§. 1 Abs. 5 K.V.G.) werden unter „Lohn oder Gehalt" fallen. Betriebsbeamte und Werkmeister sind Personen, welche nicht lediglich vorübergehend mit der Leitung oder Beaufsichtigung des Betriebes oder einer Abtheilung desselben beauftragt sind; unter die mit höheren technischen Dienstleistungen Betrauten fallen insbesondere Maschinentechniker, Bautechniker, Chemiker, Zeichner. Vgl. §. 133a G.O. Unerheblich ist es hier, in welcher Weise die Gehaltszahlung und Kündigung durch den Arbeitsvertrag geregelt ist.

3. Zu Abs. 2. Der Schiffer (Führer eines Binnenschiffs) und der Floßführer unterstehen nach §. 20 des R.G. v. 20. Mai 1898 [15. Juni 1895] bezw. §. 16 des R.G. vom 15. Juni 1895 „den Vorschriften, welche für die im §. 133a der G.O. bezeichneten Personen gelten", fallen also unter Nr. 2 des §. 2 (vgl. Urtheil des Landgerichts Stettin, G.G. II Sp. 125.)

4. Bei Prüfung der Zuständigkeit ist nicht die Parteibehauptung im Prozeß oder die Bezeichnung im Dienstvertrage entscheidend, vielmehr hat das Gericht von Amtswegen festzustellen, ob die klagende Partei nach Art ihrer Beschäftigung u. s. w. zu den Kategorien gehört, für welche das G.G. zuständig ist. (G.G. II Sp. 74, III Sp. 7.)

5. Wegen der Hausgewerbetreibenden s. §. 4 u. Anm.

§. 3.

1. Die Gewerbegerichte sind ohne Rücksicht auf den Werth des Streitgegenstandes zuständig für Streitigkeiten:

1. über den Antritt, die Fortsetzung oder die Auflösung des Arbeitsverhältnisses, sowie über die Aushändigung oder den Inhalt des Arbeitsbuches oder Zeugnisses,
2. über die Leistungen und Entschädigungsansprüche aus dem Arbeitsverhältnisse, sowie über eine in Beziehung auf dasselbe bedungene Konventionalstrafe,
3. über die Berechnung und Anrechnung der von den Arbeitern zu leistenden Krankenversicherungsbeiträge (§§. 53, 65, 72, 73 des Gesetzes, betreffend die Krankenversicherung

der Arbeiter, vom 15. Juni 1883, Reichs-Gesetzbl. S. 73 [§. 53a in der Fassung d. R.G. v. 10. April 1892]),

4. über die Ansprüche, welche auf Grund der Uebernahme einer gemeinsamen Arbeit von Arbeitern desselben Arbeitgebers gegen einander erhoben werden.

Streitigkeiten über eine Konventionalstrafe, welche 2
für den Fall bedungen ist, daß der Arbeiter nach Beendigung des Arbeitsverhältnisses ein solches bei anderen Arbeitgebern eingeht oder ein eigenes Geschäft errichtet, gehören nicht zur Zuständigkeit der Gewerbegerichte.

1. „Die Bezeichnung der Streitigkeiten, auf welche die Zuständigkeit der Gewerbegerichte sich erstreckt, entspricht im Wesentlichen der Bestimmung im §. 120a der Gewerbeordnung. Nur ist die Zuständigkeit insofern bestimmter bezeichnet, als ausdrücklich auch alle Ansprüche auf Entschädigung, einschließlich derjenigen, welche erst mit dem Zeitpunkte der Entlassung oder des Austritts des Arbeiters entstehen, vor die Gewerbegerichte gewiesen werden. Außerdem sind unter Nr. 3 die Streitigkeiten über die Berechnung und Anrechnung der von den Arbeitern zu leistenden Krankenversicherungsbeiträge hinzugefügt, nachdem auf dieselben schon durch das Gesetz, betreffend die Krankenversicherung der Arbeiter, vom 15. Juli 1883, der §. 120a der Gewerbeordnung für anwendbar erklärt worden ist. Daß auch Streitigkeiten über die Anrechnung der von dem Arbeitgeber abgezogenen Beiträge der Arbeiter zu Knappschaftskassen und gleichartigen Anstalten durch die Gewerbegerichte zu entscheiden sind, ist schon aus der Nr. 2 zu entnehmen, da es sich dabei

immer um streitige Lohnansprüche des Arbeiters handelt." Mot. S. 21.

2. Zu Nr. 1 und 2. „Aushändigung und Inhalt." Das G.G. ist also sowohl zuständig, wenn der Arbeiter klagt, weil ihm ein Zeugniß überhaupt nicht ausgehändigt ist, als auch, wenn er mit dem Inhalt des ausgehändigten Zeugnisses nicht zufrieden ist und ein Zeugniß andern Inhalts fordert. „Des Arbeitsbuches oder Zeugnisses" d. h. des in §. 107 G.O. für minderjährige Arbeiter vorgeschriebenen Arbeitsbuchs, des nach §. 113 das. beim Abgang auszustellenden Zeugnisses. In Folge strenger Auslegung dieser Vorschriften ist die Zuständigkeit des Gewerbegerichts für die Klage auf Herausgabe älterer (bei der Annahme übergebener) Zeugnisse oder eines Gesindedienstbuchs, auf Herausgabe der Quittungskarte der Invaliditätsversicherung oder des Krankenkassenbuchs, auf Herausgabe von Werkzeug, Arbeitskleidern und demgemäß auch für Entschädigungsansprüche wegen verweigerter oder verzögerter Aushändigung des Arbeitsbuchs, Zeugnisses, der Quittungskarte, des Krankenkassenbuchs oder unrichtiger Eintragungen in das Zeugniß verneint worden (vgl. Unger Nr. 198—203 u. die dort. Cit.). Alle diese Fälle gehören jedoch zu den gewerblichen Streitigkeiten, betreffen „Leistungen und Entschädigungsansprüche aus dem Arbeitsverhältnisse" (Nr. 2). Die beschränktere Bestimmung in §. 108 der G.O. vom 21. Juni 1869: „gegenseitige Leistungen während der Dauer desselben" (des Arbeitsverhältnisses) hat zunächst in der Novelle vom 17. Juli 1878 (§. 120a) die Fassung: „gegenseitige Leistungen aus demselben" erhalten; es ist daher wohl der Absicht des Gesetzgebers entsprechend, der wiederum erweiterten Fassung eine ausdehnende Auslegung zu geben, die allein dem Bedürfniß der Praxis genügen kann (vgl. Bl. f. soz. Pr. Nr. 53 S. 8, G.G. II Sp. 48, III Sp. 63).

3. Zu Nr. 2. Die Konventionalstrafe muß in Beziehung auf das Arbeitsverhältniß bedungen sein;

nachdem im Plenum die einschränkende Vorschrift des Abs. 2 hinzugefügt worden ist, handelt es sich in Nr. 2 insbesondere um Strafen, die für Ordnungswidrigkeiten irgend welcher Art während des Arbeitsverhältnisses, sowie um solche, welche für den Bruch des Arbeitsverhältnisses festgesetzt sind. Sten. Ber. S. 342. Die Konventionalstrafe muß nicht nothwendig in dem Arbeitsvertrage (der Arbeits- oder Fabrikordnung), sondern kann auch durch nachträgliches Uebereinkommen ausbedungen sein. Sten. Ber. a. a. O.

4. Zu Nr. 3. An Stelle des §. 53 bestimmt jetzt §. 53a K.V.G. in der Fassung des Ges. v. 10. April 1892 (R.G.Bl. S. 379):

„Streitigkeiten zwischen dem Arbeitgeber und den von ihm beschäftigten Personen über die Berechnung und Anrechnung der von diesen zu leistenden Beiträge werden nach den Vorschriften des Gesetzes, betreffend die Gewerbegerichte, vom 29. Juli 1890 (Reichs-Gesetzbl. S. 141) entschieden.

Die Vorschriften des letzteren Gesetzes finden auch auf Streitigkeiten zwischen den bezeichneten Personen über die Berechnung und Anrechnung des Eintrittsgeldes Anwendung."

Wegen der Zuständigkeit des Gemeindevorstehers im Falle der Nr. 3 vgl. §§. 71, 78 u. Anm., wegen der Zuständigkeit der im §. 80 zugelassenen Gerichte s. Anm. 2 zu §. 80.

5. Zu Abs. 2. Entspricht der Auslegung des früheren §. 120a G.O. Urth. d. R.Gr. v. 23. September 1884 (Entsch. in Civils. Bd. 13. S. 341). Sten. Ber. S. 342 bis 344. Auch Klagen aus einem vertragsmäßigen Konkurrenzverbot auf Einstellung des vertragswidrig begründeten Geschäfts oder Entschädigung gehören nicht vor das G.G. (Urth. d. R.Gr. v. 19. November 1895, G.G. I Sp. 36.)

6. Im Umfange des §. 3 sind die Gewerbegerichte auch zur Entscheidung über Feststellungsklagen (§. 256

[231] C.P.O.) und Inzident-Feststellungsklagen (§. 280 [253] a. a. O.) berufen.

7. Die Gewerbegerichte sind nach §. 1 nur für die Entscheidung von gewerblichen Streitigkeiten zwischen Arbeitern und ihren Arbeitgebern, sowie zwischen Arbeitern desselben Arbeitgebers zuständig. Dritte Personen können daher nur als Bevollmächtigte oder gesetzliche Vertreter (Väter, Ehegatten, Vormünder) des Arbeiters oder Arbeitgebers die Rolle der Hauptpartei übernehmen; auch der Konkursverwalter ist insoweit Vertreter des Gemeinschuldners, daß für Streitigkeiten über Lohnrückstände und Entschädigungsansprüche aus dem Arbeitsverhältnisse, welche nach Eröffnung des Konkurses auf Grund des §. 59 [52] Nr. 2 oder des §. 146 [134] der Konk.-Ordn. erhoben werden, das Gewerbegericht zuständig ist. (Entsch. des Landgerichts Berlin I v. 28. Dezember 1894, des Landgerichts München v. 3. November 1892. Unger Nr. 193); dagegen gehören Ansprüche, welche von oder gegenüber Dritten aus eigenem Recht oder eigener Verpflichtung derselben erhoben werden, nicht vor die Gewerbegerichte, mögen diese Ansprüche auch mittelbar ihren Grund in einem Arbeitsverhältnisse, welches unter das Gesetz fällt, haben. Ausgeschlossen sind hiernach z. B. Klagen des Lehrherrn gegen den Vater des Lehrlings wegen einer mit dem Vater ausbedungenen Konventionalstrafe, Klagen des früheren Arbeitsgebers gegen einen neuen Arbeitgeber (§§. 125, 133 G.O.), vgl. Otto S. 25 ff. Unger Nr. 191. Da §. 1 voraussetzt, daß nicht nur objektiv eine gewerbliche Streitigkeit vorliegt, sondern diese auch zwischen dem Arbeiter und seinem Arbeitgeber bezw. unter Mitarbeitern zum Austrag kommt, so schließt auch eingetretene Rechtsnachfolge (Cession vgl. Unger Nr. 192, Pfändung und Ueberweisung Bl. f. soz. Pr. Nr. 75 S. 199, Erbfolge Bl. f. soz. Pr. Nr. 59 S. 59) die Zuständigkeit des G.G. aus, sofern in Folge dessen die maßgebenden Parteiqualitäten als Arbeiter bezw. Arbeitgeber bezw. Mit-

arbeiter bei einer Partei fortgefallen sind (vgl. Otto S. 81, G.G. II Sp. 48). Auch die Vorschriften der C.P.O. über die Streitgenossenschaft (§§. 59—63 [56 bis 60]), sowie über die Betheiligung Dritter am Rechtsstreite (Hauptintervention, Nebenintervention, Streitverkündung ꝛc., §§. 64—77 [61—73]) können nur insoweit zur Anwendung kommen, als der Dritte zu den der Zuständigkeit des Gerichts unterworfenen Personen und auch der Streit zwischen ihm und seinen Gegnern gemäß §§. 3, 4 zur Zuständigkeit des Gewerbegerichts gehört.

§. 4.

Zur Zuständigkeit der Gewerbegerichte gehören 1. ferner Streitigkeiten der im §. 3 Nr. 1 bis 3 bezeichneten Art zwischen Personen, welche für bestimmte Gewerbetreibende außerhalb der Arbeitsstätte der letzteren mit Anfertigung gewerblicher Erzeugnisse beschäftigt sind (Heimarbeiter, Hausgewerbetreibende), und ihren Arbeitgebern, sofern die Beschäftigung auf die Bearbeitung oder Verarbeitung der den ersteren von den Arbeitgebern gelieferten Rohstoffe oder Halbfabrikate beschränkt ist. Das Gleiche gilt von Streitigkeiten der im §. 3 Nr. 4 bezeichneten Art zwischen solchen Hausgewerbetreibenden unter einander.

Streitigkeiten derjenigen Hausgewerbetreibenden, 2. welche die Rohstoffe oder Halbfabrikate selbst beschaffen, unterliegen der Zuständigkeit der Gewerbegerichte, soweit dies durch das Statut bestimmt ist.

1. Der Entwurf (§. 2 Abs. 2) wollte die Streitigkeiten der Hausindustriellen mit ihren Arbeitgebern nur

fakultativ — „insoweit als dies durch das Statut oder durch die Anordnung der Landes-Zentralbehörde bestimmt ist“ — den Gewerbegerichten unterstellen. Nach den vom Plenum gebilligten Kommissionsbeschlüssen dagegen gelten die Hausgewerbetreibenden (Heimarbeiter) bei gewerblichen Streitigkeiten der im §. 3 bezeichneten Art mit ihrem Arbeitgeber oder unter einander (d. h. wenn sie für denselben Arbeitgeber beschäftigt sind) als Arbeiter im Sinne dieses Gesetzes, sind also der Kompetenz der Gewerbegerichte unterworfen. Ausgenommen sind namentlich mit Rücksicht auf süddeutsche Verhältnisse die Streitigkeiten solcher Hausgewerbetreibenden, welche die von ihnen be- oder verarbeiteten Rohstoffe oder Halbfabrikate sich ganz oder auch nur theilweise selbst beschaffen, mit ihren Arbeitgebern oder unter einander; hier soll die Zuständigkeit der Gewerbegerichte nur durch das Statut eingeführt werden können, da derartige Gewerbetreibende sich vielfach mehr der Klasse der Unternehmer nähern und eine Regelung ihrer Stellung gegenüber der Jurisdiktion der Gewerbegerichte nur unter Berücksichtigung der lokalen Verhältnisse möglich ist. Komm.-Ber. S. 4, 5, Sten.Ber. S. 344 bis 351.

2. Ueber die begrifflichen Merkmale der Hausgewerbetreibenden vgl. Entsch. d. Reichs-Versicherungsamts v. 15. Oktober 1891 (Amtl. Nachrichten, Invaliditäts- und Altersversicherung, S. 181) im Anschluß an §. 2 Nr. 2 d. Invaliditäts- und Altersversicherungsgesetzes; s. ferner §. 119b G.O., §. 2 Nr. 4 K.V.G. Die Hausgewerbetreibenden können selbst wieder unselbständige Arbeiter in ihrer Betriebsstätte oder außerhalb derselben beschäftigen. Vorausgesetzt aber ist eine Beschäftigung für bestimmte — einen oder mehrere — Gewerbetreibende, d. h. im Auftrage und für Rechnung derselben. Wer also auf Vorrath arbeitet und sein Produkt dann an andere Gewerbetreibende nach seinem besten Vortheil verkauft, gehört nicht hierher. Vgl. Unger Nr. 196.

3. Die Zuständigkeit der Gewerbegerichte für Streitigkeiten zwischen den unter §. 4 fallenden Personen und den von ihnen selbst beschäftigten Arbeitern bleibt unberührt (vgl. §. 2 Abs. 2 Satz 2 des Entwurfs).

4. Ueber die Wahlberechtigung und Wählbarkeit der Hausgewerbetreibenden s. §. 14 Abs. 2.

5. „Statut" s. §. 1 Abs. 5. S. Berl. Stat. §. 1 Nr. II.

§. 5.

Durch die Zuständigkeit eines Gewerbegerichts wird die Zuständigkeit der ordentlichen Gerichte ausgeschlossen.

Die ordentlichen Gerichte müssen also Klagen, für welche die Zuständigkeit eines Gewerbegerichts begründet ist, wegen sachlicher Unzuständigkeit auch ohne Antrag zurückweisen. Die Begründung der Zuständigkeit eines ordentlichen Gerichts durch ausdrückliche oder stillschweigende Vereinbarung der Parteien (Prorogation, §§. 38 bis 40 C.P.O.) ist hier ausgeschlossen. Mot. S. 27 zu §. 22 des Entwurfs. Wohl aber kann die Zuständigkeit des Gewerbegerichts, ebenso wie die jedes ordentlichen Gerichts, durch einen zwischen den Parteien gültig abgeschlossenen Schiedsvertrag ausgeschlossen werden (§§. 1025 [851] ff. C.P.O.) vgl. G.G. III Sp. 19, 25, 47. §. 5 bezieht sich aber nur auf das Verhältniß der Gewerbegerichte zu den ordentlichen Gerichten und erklärt letzteren gegenüber die Zuständigkeit der ersteren für eine ausschließliche, nicht aber betrifft er das Verhältniß der Gewerbegerichte zu einander. Komm.-Ber. S. 6, Levy bei Gruchot Bd. 35. S. 178, Haas S. 33, Schier S. 27, 56, Wilhelmi u. Fürst S. 37. Im übr. s. §§. 25, 26 u. Anm.

§. 6.

Die sachliche Zuständigkeit der Gewerbegerichte 1.

kann auf bestimmte Arten von Gewerbe- oder Fabrikbetrieben, die örtliche auf bestimmte Theile des Gemeindebezirks beschränkt werden.

2. Die Landes-Zentralbehörde kann die örtliche Zuständigkeit eines von ihr errichteten Gewerbegerichts ausdehnen. Die betheiligten Ortsbehörden sind zuvor zu hören.

1. Zu Abs. 1. Nur auf bestimmte Arten von Gewerben oder Fabrikbetrieben kann die sachliche Zuständigkeit beschränkt werden, nicht also auch auf einzelne speziell benannte Betriebe. Die Bestimmung bietet die Möglichkeit, auch andere als die im §. 76 genannten Reichs- und Staatsbetriebe auszuschließen, und rechtlich ist die höhere Verwaltungsbehörde befugt, wegen nicht erfolgter Ausschließung solcher Betriebe die Bestätigung zu versagen; jedoch darf hierbei immer nur die Art des Betriebes, nicht der Umstand, daß er unter öffentlicher Verwaltung steht, maßgebend sein (vgl. Sten. Ber. 1878, S. 976 bis 980), da eine Abgrenzung der Zuständigkeit nach dem letzterwähnten Gesichtspunkte nicht durchführbar ist. Eine Beschränkung der örtlichen Zuständigkeit ist nur innerhalb des Gemeindebezirks, nicht aber bei einem für einen weiteren Kommunalverband eingesetzten Gericht statthaft. (Ebenso Haas S. 35; a. M., wohl gegen den Wortlaut und die Absicht des Gesetzes Bachem S. 46, Schier S. 29, Wilhelmi u. Fürst S. 39.)

Wegen der Wahlberechtigung und Wählbarkeit für die in ihrer sachlichen Zuständigkeit beschränkten Gerichte s. §. 13 Abs. 2.

2. Zu Abs. 2. Die Ausdehnung der örtlichen Zuständigkeit kann auf bisher ausgeschlossene Theile einer Gemeinde, auf bestimmte Theile mehrerer Gemeinden, mehrere Gemeinden oder auf den ganzen Bezirk eines weiteren Kommunalverbandes erfolgen. Die Unterlassung,

der Anhörung der betheiligten Ortsbehörden macht die Anordnung nicht ungültig; hieran wird dadurch nichts geändert, daß der Reichstag an Stelle der Worte „sollen . . gehört werden" die Wendung „sind . . zu hören" gesetzt hat. Sten. Ber. S. 352. Satz 2 findet im Falle des §. 77 Abs. 1 keine Anwendung (Abs. 2 Nr. 1 a. a. O.).

„Landes-Zentralbehörde" s. Anm. 1 zu §. 83.

§. 7.

Die Grenze der Zuständigkeit (§. 6), sowie die Zusammensetzung des Gerichts nach Maßgabe der Bestimmungen dieses Gesetzes ist durch das Statut zu regeln.

„Statut" s. §. 1 Abs. 5.

§. 8.

Die Kosten der Einrichtung und der Unterhaltung des Gerichts sind, soweit sie in dessen Einnahmen ihre Deckung nicht finden, von der Gemeinde oder von dem weiteren Kommunalverbande zu tragen. Soll das Gericht nicht ausschließlich für eine Gemeinde oder einen weiteren Kommunalverband zuständig sein, so ist bei Festsetzung der Zuständigkeit zugleich zu bestimmen, zu welchen Antheilen die einzelnen Bezirke an der Deckung der Kosten theilnehmen. 1.

Gebühren, Kosten und Strafen, welche in Gemäßheit dieses Gesetzes zur Hebung gelangen, bilden Einnahmen des Gerichts. 2.

1. Zu Abs. 1. Die Kosten fallen der Gemeinde rc. auch dann zur Last, wenn eine Beschränkung der Zu-

ständigkeit gemäß §. 6 Abs. 1 vorliegt, ebenso auch dann, wenn das Gericht gemäß §. 1 Abs. 5 von der Landes-Zentralbehörde eingesetzt ist.

2. Wegen Gebühren und Kosten s. §. 57. Als Strafen kommen in Betracht die gegen Beisitzer (§. 21), Zeugen und Sachverständige und die auf Grund des §. 36 Abs. 3 verhängten Strafen.

3. „Weiterer Kommunalverband“ s. Anm. 4 zu §. 1, Anm. 3 zu §. 83.

4. Eine Ausnahme von der Vorschrift des §. 8 s. im §. 77 Abs. 2 Nr. 3.

§. 9.

1. Für jedes Gewerbegericht sind ein Vorsitzender und mindestens ein Stellvertreter desselben, sowie die erforderliche Zahl von Beisitzern zu berufen; die Zahl der letzteren soll mindestens vier betragen.

2 Bei Gewerbegerichten, welche aus mehreren Abtheilungen (Kammern) bestehen, können mehrere Vorsitzende bestellt werden.

1. Zu Abs. 1.

„Wie hoch das Personal eines Gewerbegerichts im Ganzen zu bemessen ist, um eine ordnungsmäßige Erledigung der Geschäfte ohne übermäßige Inanspruchnahme der einzelnen Mitglieder zu sichern, wird für jedes einzelne Gericht unter Berücksichtigung der Größe des Bezirks und des Geschäftsumfanges durch das Statut oder die Verfügung der Zentralbehörde zu bestimmen sein. Die .... Besetzung mit einem Vorsitzenden, einem Stellvertreter desselben und vier Beisitzern bezeichnet nur das Mindestmaß, unter welches auch bei kleinen Gerichten jedenfalls nicht herabgegangen werden kann.“ Mot. S. 21. S. Berl. Stat. §. 5.

2. Zu Abs. 2.

„In dem im Absatz 2 vorgesehenen Falle . . . kann die Vertheilung der Geschäfte sowohl nach Bezirken, als nach sachlichen Merkmalen, insbesondere auch nach den hauptsächlichsten Industriezweigen erfolgen. Das Nähere hierüber, wie auch die erforderlichen Bestimmungen in Betreff der Dienstaufsicht, können der statutarischen Regelung überlassen bleiben.“ Mot. S. 21, 22.

Es genügt, wenn das Statut der ausführenden Behörde (Magistrat ꝛc.) die Befugniß giebt, im Bedürfnißfalle Abtheilungen einzurichten; jedoch wird für diesen Fall über die Abgrenzung der Geschäfte und die Vertheilung der Beisitzer Bestimmung zu treffen sein. Auch eine Vertheilung der Geschäfte nach dem Alphabet ist zulässig. Das Berliner Gewerbegericht ist in 8 Kammern getheilt, innerhalb deren die Geschäfte nach der Berufsstellung der Parteien abgegrenzt sind (s. Anhang).

§. 10.

Zum Mitgliede eines Gewerbegerichts soll nur berufen werden, wer das dreißigste Lebensjahr vollendet, in dem der Wahl vorangegangenen Jahre für sich oder seine Familie Armenunterstützung aus öffentlichen Mitteln nicht empfangen oder die empfangene Armenunterstützung erstattet hat und in dem Bezirke des Gerichts seit mindestens zwei Jahren wohnt oder beschäftigt ist. 1.

Personen, welche zum Amt eines Schöffen unfähig sind (Gerichtsverfassungsgesetz §§. 31, 32), können nicht berufen werden. 2.

1. „Die Voraussetzungen, von welchen die Befähigung zur Bekleidung des Richteramts abhängig gemacht ist, entsprechen im Allgemeinen den nach dem Gerichts-

verfassungsgesetz an die Schöffen zu stellenden Anforderungen, soweit letztere nach den hier in Frage kommenden, eigenthümlichen Verhältnissen überhaupt als anwendbar erscheinen können. Unter diese Anforderungen kann jedenfalls nicht herabgegangen werden, wenn nicht die nöthigen Garantien der Rechtsprechung beeinträchtigt und die Gerichte selbst in ihrem Ansehen geschädigt werden sollen. Neben dem zweijährigen Wohnsitz im Gerichtsbezirke muß jedoch mit Rücksicht auf die in Betracht kommenden Verhältnisse auch die zweijährige Beschäftigung daselbst genügen. Die Bestimmung bezieht sich nicht blos auf die Beschäftigung als Arbeiter, sondern wird auch auf Arbeitgeber Anwendung zu finden haben, die, ohne im Gerichtsbezirke zu wohnen, daselbst ihre gewerbliche Niederlassung haben." Mot. S. 22. Die Erfordernisse des passiven Wahlrechts sind gegenüber der Regierungsvorlage, welche bei Empfang von Armenunterstützung in den letzten drei Jahren unabhängig von der Zurückerstattung die Wählbarkeit ausschließen ließ, wesentlich gemildert.

Das Statut darf die Bedingungen für die Wählbarkeit der Beisitzer nicht weiter beschränken als das Gesetz, welches nicht nur Minimal-, sondern auch Maximalforderungen aufstellt; unzulässig ist es daher, durch das Statut die im §. 33 Nr. 4 G.V.G. bezeichneten Kategorien (Personen, welche wegen geistiger oder körperlicher Gebrechen zu dem Amte nicht geeignet sind) auszuschließen, wie im Reichstage angenommen wurde (Sten.Ber. S. 358). A. M. Haas S. 38, Wilhelmi u. Fürst S. 49, §. 6 Abs. 2 des Normalstatuts (ebenso §. 6 Abs. 2 d. Berl. Stat.). Wegen des Vorsitzenden s. Anm. 4 zu §. 11.

2. §. 10 bezieht sich auf alle Mitglieder, also auf die Vorsitzenden, Stellvertreter und Beisitzer.

3. Zu Abs. 1: „Soll nur berufen werden." Eine Berufung entgegen dieser instruktionellen Vorschrift (vgl. §§. 33, 34 G.V.G.) macht das Verfahren nicht zu

einem mangelhaften und das Gericht nicht zu einem nicht vorschriftsmäßig besetzten (s. Anm. 4), indeß kann eine solche Berufung gemäß §. 15 Abs. 1 mit Erfolg angefochten werden (Schier S. 82). Beisitzer, welche zuwider dem Abs. 1 berufen werden, können unter Berufung hierauf die Dienstleistung verweigern und sind des Amtes zu entheben (Wilhelmi u. Fürst S. 45, s. §. 18 Anm. 2, §. 19 Anm. 1), A. M. Bachem S. 51, Haas S. 37, 38, die aus §§. 15 Abs. 1 und 19 Abs. 1 herleiten, daß die Mitwirkung einer zuwider dem Abs. 1 berufenen Person dieselben Folgen hat, wie die Mitwirkung einer entgegen dem Abs. 2 berufenen Person).

„In dem der Wahl vorangegangenen Jahre." Entscheidend ist der Tag der Wahl.

„Armenunterstützung aus öffentlichen Mitteln" ist für den Bereich des Ges. über den Unterstützungswohnsitz v. 6. Juni 1870 (B.G.Bl. S. 360) nur eine solche, welche von einem Ortsarmenverbande oder Landarmenverbande (§. 2 a. a. O.), nicht etwa eine solche, welche von milden Stiftungen, Religionsgemeinschaften, aus Legaten gewährt worden ist. Was als Armenunterstützung gilt, bestimmen die Landesgesetze (§. 8 a. a. O.); für Preußen vgl. §. 1 des Ges., betr. die Ausführung des Bundesgesetzes über den Unterstützungswohnsitz, v. 8. März 1871 (G.S. S. 130).

Die — vollständige — Erstattung der im letzten Jahre empfangenen Unterstützung soll nach dem Wortlaut des Gesetzes spätestens bis zur Wahl erfolgt sein (es soll nur berufen werden, wer . . . erstattet hat); die im Reichstage (Sten. Ber. S 359) ausgesprochene abweichende Ansicht hat im Gesetze keinen Rückhalt.

Ein Beisitzer kann nach der Schlußbestimmung des Abs. 1 sowohl an seinem Wohnorte, als auch an seinem Beschäftigungsorte gewählt werden (Komm.-Ber. S. 10), und das Gleiche gilt von den Vorsitzenden und ihren Stellvertretern.

4. Zu Abs. 2.

G.V.G. „§. 31. Das Amt eines Schöffen ist ein Ehrenamt. Dasselbe kann nur von einem Deutschen versehen werden.

§. 32. Unfähig zu dem Amte eines Schöffen sind:

1. Personen, welche die Befähigung in Folge strafgerichtlicher Verurtheilung verloren haben;
2. Personen, gegen welche das Hauptverfahren wegen eines Verbrechens oder Vergehens eröffnet ist, das die Aberkennung der bürgerlichen Ehrenrechte oder der Fähigkeit zur Bekleidung öffentlicher Aemter zur Folge haben kann;
3. Personen, welche in Folge gerichtlicher Anordnung in der Verfügung über ihr Vermögen beschränkt sind."

Wenn Personen, welche hiernach unfähig sind, im Gerichte mitwirken, so ist letzteres nicht vorschriftsmäßig besetzt. Ein unter Mitwirkung einer solchen Person ergangenes Urtheil leidet an einem wesentlichen Mangel, der mit der Berufung (vgl. hierzu §. 539 [501] C.P.O.), ev. mit der Nichtigkeitsklage (§§. 578, 579 Nr. 1 [541, 542 Nr. 1] a. a. O.) geltend gemacht werden kann.

Durch die Bezugnahme auf §. 31 G.V.G. („von einem Deutschen") ist die Wählbarkeit der Frauen ausgeschlossen.

§. 11.

1. Der Vorsitzende sowie dessen Stellvertreter dürfen weder Arbeitgeber noch Arbeiter sein.

2. Sie werden durch den Magistrat und, wo ein solcher nicht vorhanden ist oder das Statut dies bestimmt, durch die Gemeindevertretung, in weiteren Kommunalverbänden durch die Vertretung des Verbandes auf mindestens ein Jahr gewählt.

1. „Die Stellung, welche der Vorsitzende den Beisitzern gegenüber einnehmen soll, und die Nothwendigkeit, die Arbeitgeber und Arbeiter gleichmäßig bei der Besetzung des Gerichts zu berücksichtigen, machen es unabweislich, daß der Vorsitzende nicht selbst zu diesen Personen gehören darf. Weitere Voraussetzungen für die persönliche Qualifikation des Vorsitzenden sind, abgesehen von den allgemeinen Anforderungen des §. 8 (jetzt 10), nicht aufgestellt. Insbesondere wird rechtsgelehrte Bildung oder Befähigung zum Richteramt nicht verlangt; denn wenn auch die Aufgabe, welche der Vorsitzende zu erfüllen hat, der Regel nach die Wahl auf Personen lenken wird, welche nicht ohne Rechtskenntniß sind, so kann doch unter Umständen ein vertrauenswürdiger und mit den Verhältnissen des gewerblichen Lebens näher bekannter Mann sehr wohl geeignet sein, in der Stelle des Vorsitzenden ersprießlich zu wirken, auch wenn ihm rechtsgelehrte Bildung abgeht.

Die Wahl des Vorsitzenden wird am zweckmäßigsten den kollegialisch organisirten Gemeindevorständen (Magistraten) oder, falls solche nicht bestehen oder besondere Gründe die Wahl durch die Gemeindevertretung wünschenswerth machen, der letzteren übertragen. Ist das Gewerbegericht für mehrere Gemeinden eingesetzt (§. 1 Abs. 2 [jetzt Abs. 3]), so wird bei der Errichtung zu bestimmen sein, in welcher Weise die betheiligten Gemeindevorstände oder Gemeindevertretungen bei der Wahl mitzuwirken haben. Handelt es sich um ein Gewerbegericht, das für einen weiteren Kommunalverband eingesetzt ist, so hat die Wahl durch die Vertretung des Verbandes zu erfolgen.“ Mot. S. 22, 23.

2. Zu Abs. 1. Ausgeschlossen sind nur Arbeiter im Sinne dieses Gesetzes, sowie Arbeitgeber (vgl. hierzu §. 14 Abs. 1) solcher Personen, nicht z. B. Personen, welche nur land- und forstwirthschaftliche Arbeiter beschäftigen. Dagegen sind auch solche Arbeiter im Sinne

dieses Gesetzes ausgeschlossen, welche im konkreten Falle der Zuständigkeit des Gewerbegerichts nicht unterstehen (§§. 6, 76, 79, 80), und ebenso ihre Arbeitgeber, da anderenfalls eine gleichmäßige Besetzung des Gerichts mit beiden Kategorien der Beisitzer (s. Anm. 1) nicht erreicht werden würde.

Wenn eine hiernach ausgeschlossene Person den Vorsitz geführt hat, so ergeben sich die in Anm. 4 zu §. 10 erwähnten Folgen.

Handlungsunfähige Personen, wie Kommunalverbände, Gemeinden, Aktiengesellschaften, Minderjährige, welche Arbeiter im Sinne des §. 2 des Ges. beschäftigen, sind selbst als Arbeitgeber anzusehen, nicht ihre gesetzlichen Vertreter; da aber nach §. 14 Abs. 1 die Stellvertreter der selbständigen Gewerbetreibenden den Arbeitgebern im Sinne des §. 11 gleichstehen, ist auch der gesetzliche Vertreter eines Arbeitgebers vom Vorsitz ausgeschlossen. Sofern jedoch die gesetzliche Vertretung einer Mehrheit von Personen zusteht — dem Magistrat bei Städten mit kollegialem Gemeindevorstand, dem Vorstand einer Aktiengesellschaft, bei welcher nicht jedes einzelne Vorstandsmitglied die selbständige Vertretung der Gesellschaft hat, — nimmt das einzelne Mitglied des Kollegiums nur an der Vertretung theil, ist nicht schon für sich allein Vertreter; sofern dasselbe daher nicht etwa zugleich in der Eigenschaft eines technischen Leiters des Betriebes oder eines Betriebszweiges als Stellvertreter im Sinne des §. 14 anzusehen ist, ist das Mitglied des Kollegiums zum Vorsitzenden wählbar. (Urth. d. preuß. O.V.G. v. 30. November 1893. Entsch. Bd. 25 S. 314—326; vgl. Anm. zu §. 14.)

3. Zu Abs. 2. „Wo ein solcher nicht vorhanden ist“ vgl. z. B. Städte-Ordnung für die Rheinprovinz vom 15. Mai 1856 (G.S. S. 406). Eine Ausnahme von Abs. 2 s. in §. 77 Abs. 2 Nr. 4.

In Preußen erfolgt die Wahl der Vorsitzenden und Stellvertreter für Gewerbegerichte, die von Kreisen, bez.

Oberamtsbezirken errichtet sind, durch die Kreis-, bez. Amtsausschüsse, für Gewerbegerichte, die von Provinzen oder von einem der kommunalständischen Verbände Cassel und Wiesbaden oder dem Hohenzollernschen Landeskommunalverbande errichtet sind, durch die Provinzialausschüsse, bez. die Landesausschüsse, falls nicht durch das Statut die Mitwirkung der Kreistage, der Amtsversammlungen, der Provinziallandtage, bez. Kommunallandtage vorgesehen ist, für Gewerbegerichte, die für rheinische Bürgermeistereien oder westfälische Aemter errichtet sind, durch die Bürgermeisterei-, bez. Amtsversammlungen. S. Anm. 3 zu §. 83.

4. Das Statut kann für die Person des Vorsitzenden und Stellvertreters noch weitere Erfordernisse aufstellen, als §. 10; es kann z. B. bestimmen, daß die Befähigung zum Richteramt (§. 2 G.V.G.) oder für den höheren Verwaltungsdienst (preuß. Ges. v. 11. März 1879, G.S. S. 160) nothwendig ist. Komm.-Ber. S. 12. Jedoch macht eine diesen Vorschriften zuwider erfolgte Wahl das Gericht nicht zu einem unvorschriftsmäßig besetzten; diese Wirkung kann nur eine Uebertretung der gesetzlichen Grenzen haben. Vgl. Berl. Stat. §. 7.

Wegen der Verpflichtung zur Annahme des Amtes als Vorsitzender s. Anm. 5. zu §. 18. Ob und in welchem Umfange dem Vorsitzenden eine Vergütung zu gewähren ist, bleibt der Bestimmung des Statuts ꝛc. überlassen.

5. „Statut" s. §. 1 Abs. 5.

§. 12.

Die Beisitzer müssen zur Hälfte aus den Arbeit- 1.
gebern, zur Hälfte aus den Arbeitern entnommen werden.

Die ersteren werden mittelst Wahl der Arbeit- 2.

geber, die letzteren mittelst Wahl der Arbeiter bestellt. Die Wahl ist unmittelbar und geheim.

3. Die Wahl erfolgt auf mindestens ein Jahr und auf höchstens sechs Jahre. Eine Wiederwahl ist zulässig.

1. Von der Wählbarkeit und Wahlberechtigung sind ausgeschlossen die Arbeitgeber und Arbeiter solcher Betriebe, welche der Zuständigkeit des betreffenden Gerichts nicht unterstehen (§§. 13 Abs. 2 und 3, 76, 77, 80, Komm.-Ber. S. 14). Die Mitwirkung einer solchen Person als Beisitzer macht das Gericht noch nicht zu einem nicht vorschriftsmäßig besetzten (vgl. Bl. f. soz. Pr. IV. Nr. 44 Sp. 825, Nr. 50 Sp. 978, Anm. 1 zu §. 19, a. M. Wilhelmi u. Fürst S. 56.)

Ueber den Begriff „Arbeitgeber" s. Anm. 1 zu §. 14. „Arbeiter" im Sinne des Abs. 1 und 2 ist auch derjenige, welcher vorübergehend ohne Arbeit ist, sofern er nur berufsmäßig gegen Entgelt selbständigen Gewerbetreibenden seine Arbeitskraft zu Arbeiten im Gewerbebetriebe zur Verfügung stellt und im übrigen die Voraussetzungen der §§. 10 und 13 erfüllt, also insbes. die erforderliche Zeit hindurch im Gerichtsbezirk wohnt oder beschäftigt ist. Vgl. Levin in „Bl. f. soz. Pr." Nr. 7 S. 60. Insofern ist die Fassung der §§. 9 Abs 1 litt. b und 11 Abs. 3 d. Berl. Stat. (entsprechend dem Normalstatut) nicht ganz korrekt.

2. Zu Abs. 2:

Nach der aus den Kommissionsbeschlüssen (Ber. S. 13, 14) hervorgegangenen Fassung muß die Wahl unmittelbar und geheim sein. Ausgeschlossen ist jeder indirekte Wahlmodus, z. B. durch Wahlmänner, durch die Vorstände der Krankenkassen; es muß vielmehr jeder bei der Wahl Mitwirkende direkt seine Stimme für den oder die zu Wählenden abgeben. Die Abgabe der Stimmen muß geheim erfolgen, wodurch die Möglichkeit einer mündlichen Abstimmung ausgeschlossen ist. Daß das Stimmrecht auch ein gleiches sein muß, d. h. also daß das Statut 2c. je innerhalb des Standes der Arbeitgeber und Arbeiter keine Ungleichheit auf Grund der Steuerleistungen 2c. aufstellen darf, hat im Gesetze keinen Ausdruck gefunden. In der Kommission (Ber. S. 13) erklärte der Vertreter der verbündeten Regierungen, daß derartige Bestimmungen nur in ganz besonderen Ausnahmefällen genehmigt werden dürften.

8. Zu Abs. 3. Zulässig ist die Einführung eines Turnus, doch muß auch hiernach jeder Beisitzer mindestens ein Jahr und höchstens 6 Jahre funktioniren können (so Berl. Stat. §. 8).

§. 13.

Zur Theilnahme an den Wahlen (§. 12) ist nur berechtigt, wer das fünfundzwanzigste Lebensjahr vollendet und seit mindestens einem Jahre in dem Bezirke des Gewerbegerichts Wohnung oder Beschäftigung hat. Die im §. 10 Absatz 2 bezeichneten Personen sind nicht wahlberechtigt. 1.

Ist die Zuständigkeit des Gewerbegerichts auf bestimmte Arten von Gewerbe- oder Fabrikbetrieben beschränkt (§. 6 Abs. 1), so sind nur die Arbeitgeber und Arbeiter dieser Betriebe wählbar und wahlberechtigt. 2.

Mitglieder einer Innung, für welche ein Schiedsgericht in Gemäßheit der §§. 97a, 100d der Gewerbeordnung [§§. 81b, 91 in der Fassung d. R.G. vom 26. Juli 1897] errichtet ist, sowie deren Arbeiter sind weder wählbar noch wahlberechtigt. 3.

Die näheren Bestimmungen über die Wahl und 4.

das Verfahren bei derselben werden durch das Statut getroffen. Es kann insbesondere festgesetzt werden, daß bestimmte gewerbliche Gruppen je einen oder mehrere Beisitzer zu wählen haben.

1. Zu Abs. 1:

„Wohnung oder Beschäftigung" vgl. Anm. 1 zu §. 10 (Mot. S. 22). Durch die Bezugnahme auf §. 10 Abs. 2 sind Frauen von der Wahlberechtigung ausgeschlossen; vgl. Anm. 4 zu §. 10. Anträge, welche diese Ausschließung beseitigen wollten, fanden nicht die Billigung der Kommission (Ber. S. 14, 15) und des Plenums. Das Statut darf keine der nach Abs. 1 berechtigten Personen vom aktiven Wahlrecht ausschließen. Mot. S. 28, Wilhelmi u. Fürst S. 58, a. M. Haas S. 43.

2. Zu Abs. 2 und 3:

„Die Bestimmungen . . . sichern die Beschränkung des aktiven und passiven Wahlrechts auf den Kreis derjenigen Personen, welche der Rechtsprechung der Gewerbegerichte unterworfen sind. Die auf die Mitglieder gewisser Innungen und deren Arbeiter bezügliche Vorschrift im Absatz 3 findet in den Bestimmungen des §. 71*) ihre Grundlage." Mot. S. 28.

Die §§. 97 a, 100 d G.O. sind gemäß Art. 5 des R. G. v. 26. Juli 1897: „Soweit in anderen Gesetzen auf Bestimmungen der bisherigen Titel VI und VII der Gewerbeordnung Bezug genommen wird, treten die entsprechenden Bestimmungen dieses Gesetzes an deren Stelle," durch die am 1. April 1898 in Kraft getretenen §§. 81 b, 91 des Art. 1 das. ersetzt.

3. Zu Abs. 4:

In der Kommission wurde als einstimmige Auffassung der Mitglieder und der Regierungsvertreter konstatirt, „daß eine Wahl nach Wahlbezirken durch die angenommene

---

*) Druckfehler für 72, jetzt §. 79.

Fassung des Absatz 4 nicht ausgeschlossen, und daß eine Aufstellung von Wählerlisten für die Wahl nicht nothwendig sei, es vielmehr den Ortsstatuten freistehe, auch andere Unterlagen für die Wahl zu benutzen, sofern sie vorhanden, oder solche zu schaffen. Dementsprechend sei auch das bisherige Verfahren bei den rheinischen Gewerbegerichten, wonach nur Diejenigen mitwählen dürfen, welche sich unter Nachweis ihres aktiven Wahlrechts vorher in die offen zu legende Wählerliste hätten eintragen lassen, keineswegs ausgeschlossen. Ebenso sei es nicht ausgeschlossen, die Mitgliederlisten der Krankenkassen für die Wahl herbeizuziehen." Komm.-Ber. S. 16. Vgl. Berl. Stat. §§. 11 bis 18.

Zu Satz 2:

„Es wurde zwar anerkannt, daß auch ohne eine solche ausdrückliche Bestimmung die Anordnung einer Wahl nach Gruppen den Statuten freistehe. Doch war man der Meinung, daß es sich empfehle, auf diese Art der Wahl, welche in vielen Fällen die naturgemäße sei, ausdrücklich hinzuweisen." Komm.-Ber. S. 16.

„Statut" s. §. 1 Abs. 5.

§. 14.

Den Arbeitgebern stehen im Sinne der §§. 11 bis 13 die mit der Leitung eines Gewerbebetriebes oder eines bestimmten Zweiges desselben betrauten Stellvertreter der selbständigen Gewerbtreibenden gleich, sofern sie nicht nach §. 2 Absatz 2 als Arbeiter gelten. 1.

Inwieweit die nach §. 4 der Zuständigkeit der Gewerbegerichte unterstellten Hausgewerbetreibenden als Arbeitgeber oder als Arbeiter wahlberech- 2.

tigt und wählbar sind, wird durch das Statut bestimmt.

1. „Zu diesem Paragraphen lag zunächst folgender Antrag vor:

Den Absatz 1 zu fassen wie folgt:

„Als Arbeitgeber im Sinne der §§. 10 bis 12 gelten diejenigen selbständigen Gewerbetreibenden, welche zur Zeit der Wahl mindestens einen Gesellen, Gehülfen, Lehrling oder Fabrikarbeiter beschäftigen und ihr Gewerbe gemäß §. 14 der Gewerbeordnung angemeldet haben."

Zur Begründung wurde angeführt, daß eine Definition des Begriffes „Arbeitgeber" im Gesetz unerläßlich sei, um Willkür auszuschließen. Es wurde entgegnet, daß eine allgemeine Festsetzung dieses Begriffes im Gesetz unthunlich sei, weil die Verhältnisse in den einzelnen Gegenden Deutschlands allzusehr verschieden seien. Die nähere Bestimmung des Begriffes müsse daher, soweit sie nothwendig sei, den Ortsstatuten vorbehalten bleiben. Anderenfalls könne dieselbe unter Umständen leicht zu Unbilligkeiten führen. Der Antrag wurde daraufhin abgelehnt." Komm.-Ber. S. 16.

Demgegenüber ist festzuhalten, daß der Begriff „Arbeitgeber" nicht in den einzelnen Statuten verschieden ausgelegt werden darf; das Gesetz, welches für das ganze Reich gilt, knüpft an die Eigenschaft als Arbeitgeber gewisse Rechte und Pflichten und kann durch statutarische Normen nicht geändert werden. Mit Recht sagen die Mot. (S. 22): „Was den Begriff des Arbeitgebers betrifft, so ist eine besondere Definition desselben entbehrlich, da er sich mit Rücksicht auf die Feststellung des Begriffs des Arbeiters von selbst ergiebt." Eine Definition ist also nicht unthunlich, sondern entbehrlich. Arbeitgeber kann im Sinne der §§. 10 bis 12 nur derjenige selbständige Gewerbetreibende sein, welcher an dem entscheidenden Zeitpunkte (dem Tage der Wahl oder der Aufnahme in die Wählerliste) Arbeit giebt, d. h. Arbeiter im Sinne dieses Gesetzes beschäftigt oder zu beschäftigen pflegt (Schier S. 40); natürlich genügt ein Arbeiter. Dagegen kann die Unterlassung der im §. 14 G.O. aus gewerbepolizeilichen Gründen vorgeschriebenen Anmeldung die Eigenschaft als Arbeitgeber nicht beseitigen, vgl. Entsch. des Bezirks-Ausschusses zu Frankfurt a. O. v. 27. September 1894, Bl. f. soz. Pr. Nr. 105 Sp. 22.

2. Zu Abs. 1:

„Von dem Prinzip, welches in den vorbezeichneten beiden Absätzen (§. 13 Abs. 2, 3, s. Anm. 2 das.) zum Ausdruck kommt, wird nur insofern eine Ausnahme zugelassen, als . . . die mit der Leitung eines Gewerbebetriebes oder eines bestimmten Zweiges derselben betrauten Stellvertreter der selbständigen Gewerbetreibenden den Arbeitgebern selbst gleichgestellt werden. Die Bestimmung entspricht einem Zusatz, welchen der Reichstag im Jahre 1878 zu der damaligen Vorlage beschlossen hat, und wird im Allgemeinen einer näheren Begründung nicht bedürfen. Durch die Fassung ist zum Ausdrucke gebracht, daß die Vertretungsbefugniß der betreffenden Personen, wenn sie sich auch nicht auf die gesammte Thätigkeit des Gewerbeunternehmers zu erstrecken braucht, doch nothwendig einen Geschäftskreis umfassen muß, der seiner Natur nach zur Thätigkeit des Unternehmers gehört. Gewöhnliche Werkmeister, Faktoren und ähnliche Betriebsbeamte fallen nicht unter die Bestimmung. Dagegen wird es keinen Unterschied begründen können, ob der Stellvertreter außer der technischen Leitung auch mit der geschäftlichen Vertretung nach außen betraut ist oder nicht. Die Bestimmung hat daher ebensowohl auf die Vorstandsmitglieder von Aktiengesellschaften, Genossenschaften u. s. w. als auf die dirigirenden Betriebsbeamten größerer Fabrikunternehmungen Anwendung zu finden." Mot. S. 23, 24.

Im übrigen ist eine Stellvertretung des Wahlberechtigten nicht gestattet.

Die im Abs. 1 bezeichneten Vertreter sind auch in Bezug auf die Ausübung des aktiven Wahlrechts den Arbeitgebern völlig gleichgestellt; sie können daher neben denselben, nicht nur im Verhinderungsfalle, an den Wahlen Theil nehmen, ebenso können sie neben ihren Arbeitgebern zu Beisitzern gewählt werden. Sten. Ber. S. 417, 418, 421 — immer vorausgesetzt, daß sie den Anforderungen des §. 13 entsprechen. Auch sind sie, ebenso wie ihre Arbeitgeber, vom Vorsitz ausgeschlossen. S. Anm. 2 zu §. 11.

Wegen der Bergwerksbetriebe ꝛc. s. §. 77 Abs. 2 Nr. 5.

3. Das Gesetz hat sich nicht darüber ausgesprochen, in welcher Weise juristische Personen ihr Stimmrecht auszuüben haben. Das preuß. Normalstatut giebt in §. 10 Abs. 1 die Vorschrift: „Das Reich, der Staat, die Gemeinden und sonstige öffentliche Verbände sowie juristische Personen üben ihr Stimmrecht durch ihre gesetzlichen Vertreter aus.“ Das Gesetz bietet für diese Vorschrift keinen Anhalt. Es würde sich die weitere Frage ergeben, ob die Vertreter den Voraussetzungen des §. 13 entsprechen müßten, wie das Wahlrecht auszuüben sei, wenn die gesetzliche Vertretung einer Mehrheit von Personen zusteht, ohne daß jede für sich allein vertretungsberechtigt ist (Magistrat einer Stadtgemeinde, Vorstand einer Aktiengesellschaft), vgl. Anm. 2 zu §. 11. Da die juristische Person doch nur eine Stimme führen könnte, würde das vertretende Organ sein Stimmrecht nur durch einen Bevollmächtigten ausüben können. Eine solche Vertretung in der Ausübung des Wahlrechts kennt aber das Gesetz nicht. Man wird daher annehmen müssen, daß juristische Personen als Arbeitgeber nicht wahlberechtigt sind. Sie können daher nur nach Maßgabe des Abs. 1 dieses

Paragraphen bei der Wahl betheiligt sein. (Vgl. Soetbeer in den Bl. f. soz. Pr. Nr. 103 Sp. 222.)

Zu den „Stellvertretern" im Sinne des Abs. 1 gehören auch die gesetzlichen Vertreter. Sofern also die gesetzliche Vertretung eines Handlungsunfähigen einer einzelnen Person zusteht (Vormund eines Minderjährigen, Bürgermeister einer Stadtgemeinde ohne kollegialen Gemeindevorstand, Vorstand einer Aktiengesellschaft, nach deren Statut jedes Vorstandsmitglied für sich allein zur Vertretung berechtigt ist), sind diese Personen wahlberechtigt und wahlfähig, vorausgesetzt, daß sie den Anforderungen des §. 13 entsprechen. Dagegen kann Abs. 1 nicht ohne weiteres auf das einzelne Mitglied eines vertretenden Organs angewendet werden, da eben nur das Organ in seiner Gesammtheit Vertreter ist, das einzelne Mitglied nur an der Vertretung theilnimmt, vgl. die bei §. 11 cit. Entsch. des O.V.G. v. 30. November 1893, Entsch. Bd. 25 S. 314 ff. Das einzelne Mitglied des vertretenden Organs wird daher nur dann wahlberechtigt und wahlfähig sein, wenn es — von der rechtsgeschäftlichen Vertretung nach außen abgesehen — in Folge seiner Thätigkeit im Betriebe, etwa als technischer Leiter des Gewerbebetriebes oder eines Zweiges desselben, als Stellvertreter des Unternehmers anzusehen ist.

4. Sofern eine Person zugleich als Arbeitgeber auf Grund des §. 11 und als Stellvertreter eines Gewerbetreibenden im Sinne des §. 14 wahlberechtigt ist, wird ihr ein mehrfaches Stimmrecht zuzusprechen sein. Zu weit geht der Beschluß der Königl. Regierung zu Speyer (G.G. III Nr. 1 Sp. 5), welcher einer Person als Arbeitgeber mehrerer Betriebe oder Betriebsarten ein mehrfaches Stimmrecht zugesteht.

5. Zu Abs. 2. Die in Rede stehenden Personen gelten im Verhältniß zu ihren Arbeitgebern gemäß §. 4, theils ohne Weiteres, theils nach der Bestimmung des Statuts, als Arbeiter im Sinne dieses Gesetzes, im

Verhältniß zu ihren Arbeitern dagegen als Arbeitgeber. In welcher Kategorie sie nun wahlberechtigt und wählbar sein sollen, kann nur unter Berücksichtigung der lokalen Verhältnisse bestimmt werden; die Regelung kann auch für verschiedene Arten von Hausgewerbetreibenden abweichend erfolgen. Vgl. Berl. Stat. §. 10 Abs. 2.

„Statut" s. §. 1 Abs. 5.

§. 15.

1. Beschwerden gegen die Rechtsgültigkeit der Wahlen sind nur binnen eines Monats nach der Wahl zulässig. Sie werden durch die höhere Verwaltungsbehörde entschieden. Dieselbe hat auf erhobene Beschwerde Wahlen, welche gegen das Gesetz oder die auf Grund des Gesetzes erlassenen Wahlvorschriften verstoßen, für ungültig zu erklären.

2. Die Wahl der Vorsitzenden und der Stellvertreter bedarf der Bestätigung der höheren Verwaltungsbehörde, in deren Bezirk das Gewerbegericht seinen Sitz hat. Diese Bestimmung findet auf Staats- oder Gemeindebeamte, welche ihr Amt kraft staatlicher Ernennung oder Bestätigung verwalten, keine Anwendung, so lange sie dieses Amt bekleiden.

1. Abs. 1 bezieht sich sowohl auf die Wahl der Beisitzer, als auch auf die der Vorsitzenden und ihrer Stellvertreter.

„Ein . . . Antrag, zu sagen,

„Beschwerden gegen die Rechtsgültigkeit der Wahlen der Beisitzer werden durch die höhere Verwaltungsbehörde entschieden u. s. w."

wurde abgelehnt, weil auch Beschwerden gegen die Wahlen des Vorsitzenden und seines Stellvertreters, sofern sie nicht aus dem Schooße des Wahlkörpers kommen, auf demselben Wege entschieden werden sollen, während Beschwerden aus dem Schooße des Wahlkörpers heraus in dem gewöhnlichen, von den Städte- und Gemeindeordnungen geregelten Wege zu erledigen sind." Komm.-Ber. S. 18. Die letzterwähnte Beschränkung ist im Gesetze nicht zum Ausdruck gelangt; nach demselben können auch aus dem Schooße des Wahlkörpers heraus Beschwerden an die höhere Verwaltungbehörde gelangen. Wo die Beschwerde einzulegen ist, bestimmt das Gesetz nicht; es wird zur Wahrung der Frist auch Einlegung bei der die Wahl anordnenden Behörde (dem Magistrat 2c.) oder auch beim Wahlvorstande während des Wahlaktes genügen. Verstöße, welche auf das Wahlresultat keinen Einfluß haben konnten, geben keinen Anlaß zur Ungültigkeitserklärung, denn dann verstößt die Wahl nicht gegen das Gesetz 2c. Gegen die Entscheidung der höheren Verwaltungsbehörde ist ebenso, wie im Falle des §. 19 Abs. 1 (s. Anm. 1 hierzu), Beschwerde innerhalb des landesgesetzlich geordneten Instanzenzuges gegeben (ebenso Haas S. 47). Ohne erhobene Beschwerde ist eine Ungültigkeitserklärung der Wahlen unzulässig. (Wilhelmi u. Fürst S. 67).

„Höhere Verwaltungsbehörde" im Sinne des Abs. 1 ist in Preußen der Bezirksausschuß, bezw. für Gewerbegerichte, die von einem Provinzialverbande oder den Kommunalständischen Verbänden Cassel und Wiesbaden errichtet sind, der Provinzialrath, für ein vom Hohenzollernschen Kommunalverbande errichtetes Gewerbegericht der Minister des Innern, für Berlin der Ober-Präsident. S. Anm. 3 zu §. 83.

2. Zu Abs. 2:

Nach dem durch die Kommissionsbeschlüsse (Ber. S. 17, 18) hinzugefügten Satz 2 sind unter bestimmten Voraussetzungen Staats- und Gemeindebeamte dem Bestätigungsrecht nicht unterworfen; Reichsbeamte gehören nicht hierher (a. M. Haas S. 47). Der Begriff „Staatsbeamte“ bestimmt sich nach den landesrechtlichen Normen. Nach §§. 68, 69 Allg. Landrecht II. 10 gehören hierzu die unmittelbaren und mittelbaren Beamten, also auch die Beamten der Gemeinden und weiteren Kommunalverbände; der Zusatz „und Gemeindebeamte“ hat demnach für dieses Rechtsgebiet keine Bedeutung. Die Ernennung oder Bestätigung muß staatlich sein, d. h. von dem Landesherrn oder von einer staatlichen Behörde ausgehen. Unter Satz 2 fallen u. a. im Bereiche der Städte-Ordnung vom 30. Mai 1853 sämmtliche Magistratsmitglieder (§. 33 a. a. O.), dagegen nach dem Gemeindeverfassungs-Gesetz für die Stadt Frankfurt a. M. v. 25. März 1867 (G.S. S. 401) nur der erste und zweite Bürgermeister, nicht die Stadträthe (§§. 40, 42). — Für die Versagung der Bestätigung ist die Angabe von Gründen nicht nothwendig; gegen die Versagung findet die Beschwerde an die vorgesetzten Dienststellen nach Landesrecht statt.

„In deren Bezirk — Sitz hat.“ Hierdurch soll die Zuständigkeit zur Bestätigung bei gemeinsamen Gewerbegerichten außer Zweifel gestellt werden. Sten. Ber. S. 632.

„Höhere Verwaltungsbehörde“ im Sinne des Abs. 2 ist in Preußen der Regierungs-Präsident, bezw. wenn es sich um ein von einem der Kommunalverbände Cassel und Wiesbaden errichtetes Gericht handelt, sowie für Berlin, der Ober-Präsident, wenn es sich um ein von dem Hohenzollernschen Kommunalverbande errichtetes Gericht handelt, der Minister des Innern. S. Anm. 8 zu §. 88.

§. 16.

1. Sind Wahlen nicht zu Stande gekommen, oder

wiederholt für ungültig erklärt, so ist die höhere Verwaltungsbehörde befugt,

a) die Wahlen, soweit sie durch Arbeitgeber oder Arbeiter vorzunehmen waren, durch den Magistrat und, wo ein solcher nicht vorhanden ist oder wo das Statut dies bestimmt, durch die Gemeindevertretung, in weiteren Kommunalverbänden durch die Vertretung des Verbandes vornehmen zu lassen;

b) soweit die Wahlen vom Magistrat oder der Gemeindevertretung oder der Vertretung eines weiteren Kommunalverbandes vorzunehmen waren, die Mitglieder selbst zu ernennen.

1. Es genügt zur Anwendbarkeit des §. 16, daß die Wahlen auch nur theilweise (wegen Wahlenthaltung ꝛc.) nicht zu Stande gekommen sind, daß also nicht die erforderliche Anzahl von Beisitzern gewählt ist oder auch nur die von einem Bezirke, einer Gruppe ꝛc. vollzogenen Wahlen wiederholt, d. h. mindestens zweimal, für ungültig erklärt worden sind.

2. Lit. a betrifft die Wahl der Beisitzer (§. 12 Abs. 2). Ohne Anordnung der höheren Verwaltungsbehörde darf der Magistrat ꝛc. die Wahlen nicht vornehmen.

Lit. b betrifft zunächst die Wahl des Vorsitzenden und des Stellvertreters (§. 11 Abs. 2), sodann aber auch die gemäß lit. a vom Magistrat ꝛc. zu vollziehenden Beisitzer-Wahlen, wenn diese wiederum nicht zu Stande gekommen oder wiederholt für ungültig erklärt sind.

3. „Statut" s. §. 1 Abs. 5. „Höhere Verwaltungsbehörde" ist die in Anm. 2 zu §. 15 Abs. 2 genannte Stelle (Regierungs-Präsident, Ober-Präsident, Minister des Innern); s. Anm. 3 zu §. 83.

§. 17.

Namen und Wohnort der Mitglieder des Gewerbegerichts werden nach näherer Bestimmung des Statuts öffentlich bekannt gemacht.

„Statut" s. §. 1 Abs. 5. Auch Namen und Wohnort der Vorsitzenden und Stellvertreter müssen bekannt gemacht werden. Vgl. Berl. Stat. §. 28.

§. 18.

1. **Das Amt der Beisitzer ist ein Ehrenamt. Die Uebernahme kann nur aus den Gründen verweigert werden, welche zur Ablehnung eines unbesoldeten Gemeindeamts berechtigen. Wo landesgesetzliche Bestimmungen über die zur Ablehnung von Gemeindeämtern berechtigenden Gründe nicht bestehen, darf die Uebernahme nur aus denselben Gründen verweigert werden, aus welchen das Amt eines Vormundes abgelehnt werden kann. Wer das Amt eines Beisitzers sechs Jahre versehen hat, kann während der nächsten sechs Jahre die Uebernahme des Amts ablehnen. Ablehnungsgründe gewählter Beisitzer sind nur zu berücksichtigen, wenn dieselben, nachdem der betheiligte Beisitzer von seiner Wahl in Kenntniß gesetzt ist, schriftlich geltend gemacht werden. Ueber den Ablehnungsantrag entscheidet die in §. 11 Absatz 2 bezeichnete Stelle.**

2. **Die Beisitzer erhalten für jede Sitzung, der sie beigewohnt haben, Vergütung etwaiger Reisekosten und eine Entschädigung für Zeitversäumniß. Die**

Höhe der letzteren ist durch das Statut festzusetzen; eine Zurückweisung derselben ist unstatthaft.

1. Zu Abs. 1. Satz 1 „Ehrenamt". Jede Besoldung der Beisitzer ist hierdurch ausgeschlossen.

2. Zu Abs. 1 Satz 2 bis 4. §. 74 der Städte-Ordnung für die sechs östlichen Provinzen der Preußischen Monarchie v. 30. Mai 1853 (G.S. S. 261) bestimmt:

„Ein jeder stimmfähiger Bürger ist verpflichtet, eine unbesoldete Stelle in der Gemeindeverwaltung oder -Vertretung anzunehmen, sowie eine angenommene Stelle mindestens drei Jahre lang zu versehen.

Zur Ablehnung oder zur früheren Niederlegung einer solchen Stelle berechtigen nur folgende Entschuldigungsgründe:

1) anhaltende Krankheit;
2) Geschäfte, die eine häufige oder lange dauernde Abwesenheit mit sich bringen;
3) ein Alter über sechszig Jahre;
4) die früher stattgehabte Verwaltung einer unbesoldeten Stelle für die nächsten drei Jahre;
5) die Verwaltung eines anderen öffentlichen Amtes;
6) ärztliche oder wundärztliche Praxis;
7) sonstige besondere Verhältnisse, welche nach dem Ermessen der Stadtverordneten-Versammlung eine gültige Entschuldigung begründen."

Die Anwendung der Nr. 4 auf die hier in Rede stehenden Fälle in Verbindung mit Satz 4 des Abs. 1 ergiebt, daß, wer einmal das Amt eines Beisitzers weniger als 6 Jahre hindurch bekleidet hat, für die nächsten 3 Jahre ablehnen kann, daß dagegen derjenige, welcher 6 Jahre hindurch Beisitzer gewesen ist, für die nächsten 6 Jahre befreit ist. Vgl. Sten. Ber. S. 429, 430, Wilhelmi u. Fürst S. 74. An die Stelle der Stadtverordneten-Versammlung (Nr. 7) tritt die im Satze 6 des Abs. 1 bezeichnete Stelle (Magistrat 2c.).

Auch eine den Vorschriften des §. 10 zuwider erfolgte Berufung berechtigt zur Ablehnung; Anm. 8 zu §. 10.

Nicht nur die Ablehnung der Annahme, sondern auch die Niederlegung des angenommenen Beisitzeramtes ist aus den erwähnten Gründen zulässig.

Ob und inwieweit bei erfolgreicher Verweigerung der Uebernahme Ersatzwahlen anzuordnen sind, wird das Statut zu bestimmen haben (s. Berl. Stat. §. 25 Abs. 4).

3. Zu Abs. 1 Satz 5 und 6. Eine Frist für die Geltendmachung der Ablehnungsgründe, (d. h. Weigerungsgründe, da es sich auch um die Niederlegung des bereits angenommenen Amtes handelt), ist gesetzlich nicht vorgeschrieben (s. Berl. Stat. §. 19 Abs. 3); solange ein Beisitzer einen Ablehnungsgrund nicht mit Erfolg geltend gemacht hat, unterliegt er der Strafvorschrift des §. 21 Abs. 1. Gegen die Entscheidung über die Ablehnung findet die Beschwerde innerhalb des landesrechtlich geordneten Instanzenzuges statt. Sten. Ber. S. 430.

4. Zu Abs. 2. Während der Entwurf nur die Vergütung der Reisekosten obligatorisch machte, die Gewährung einer Vergütung für Zeitversäumniß aber dem Statut überließ, ging die gegenwärtige Gestalt des Abs. 2 aus der Erwägung hervor, „daß Arbeiter, welche keine Entschädigung für Zeitversäumniß erhielten, wohl selten in der Lage sein würden, das Amt eines Beisitzers anzunehmen. Wenn die Annahme der Wahl obligatorisch sein solle, so könne man den Arbeitern eine Vergütung für Zeitversäumniß ohne Unbilligkeit nicht verweigern. Der Gleichheit halber und damit die Arbeiter sich nicht als Beisitzer zweiter Klasse fühlten, sei es nothwendig, auch den Arbeitgebern diese Vergütung zu geben. Komm.-Ber. S. 19.

Die Höhe der Vergütung für Zeitversäumniß muß im Statut für Arbeiter und Arbeitgeber gleichmäßig und auch ohne weitere Abstufungen innerhalb der einzelnen Kategorien festgesetzt sein; zulässig aber ist eine Abstufung nach der aufgewendeten Zeit. Vgl. Berl. Stat. §. 30. Für etwaige Reisekosten sind die thatsächlich erwachsenen baaren Auslagen zu erstatten, falls das Statut nicht bestimmte Sätze vorschreibt (Wilhelmi u. Fürst S. 74). Eine Zurückweisung des Ersatzes der Reisekosten ist statthaft; der Schluß des Abs. 2 bezieht sich nur auf die Entschädigung für Zeitversäumniß. In der Zurückweisung der letzteren kann eine grobe Verletzung der Amtspflicht (§. 19 Abs. 2) gefunden werden; direkter Zwang zur Annahme ist nicht anwendbar.

Den Parteien fallen die Vergütungen für Reisekosten und Zeitversäumniß nicht zur Last. Mot. S. 25.

5. Der ganze §. bezieht sich nur auf die Beisitzer, nicht auf die Vorsitzenden und Stellvertreter. Wegen der Besoldung der letzteren s. Anm. 4 zu §. 11. Eine Verpflichtung zur Annahme und Beibehaltung des Amts als Vorsitzender oder Stellvertreter kennt das Gesetz nicht. Inwieweit Beamte des betr. Kommunalverbandes zur Annahme und Führung des Amts verpflichtet sind und welche Folgen die Weigerung nach sich zieht, bestimmen die landesrechtlichen Normen. Ob und inwieweit ein Beamter, welcher nicht dem betr. Kommunalverbande dient, zur Uebernahme des Amts der Genehmigung seiner Dienstbehörde bedarf, richtet sich ebenfalls nach den betr. dienstpragmatischen Vorschriften.

6. „Statut" s. §. 1 Abs. 5.

§. 19.

Ein Mitglied des Gewerbegerichts, hinsichtlich 1.
dessen Umstände eintreten oder bekannt werden, welche die Wählbarkeit zu dem von ihm bekleideten Amt nach Maßgabe dieses Gesetzes ausschließen, ist des Amts zu entheben. Die Enthebung erfolgt durch

die höhere Verwaltungsbehörde nach Anhörung des Betheiligten.

2. Ein Mitglied des Gewerbegerichts, welches sich einer groben Verletzung seiner Amtspflicht schuldig macht, kann seines Amts entsetzt werden. Die Entsetzung erfolgt durch das Landgericht, in dessen Bezirk das Gewerbegericht seinen Sitz hat. Hinsichtlich des Verfahrens und der Rechtsmittel finden die Vorschriften entsprechende Anwendung, welche für die zur Zuständigkeit der Landgerichte gehörigen Strafsachen gelten. Die Klage wird von der Staatsanwaltschaft auf Antrag der höheren Verwaltungsbehörde erhoben.

1. Zu Abs. 1:

„Die Fälle, in welchen die Thatsachen, auf denen die Wählbarkeit eines Mitgliedes des Gewerbegerichts beruht, nachträglich eine Aenderung erfahren, werden nicht selten sein, da hierbei auch die Eventualität in Betracht zu ziehen ist, daß z. B. ein als Arbeiter gewählter Beisitzer selbst Arbeitgeber wird, oder daß, wenn an demselben Ort ein Innungsschiedsgericht besteht, ein Beisitzer bei einem Meister der betreffenden Innung in Arbeit tritt (§. 12 [jetzt 13] Abs. 3). Daß in Fällen dieser Art das betreffende Mitglied auf seinen Antrag oder mangels eines solchen von Amtswegen von seinen Funktionen zu entheben ist, liegt in der Natur der Sache. Die Enthebung soll . . . durch die höhere Verwaltungsbehörde erfolgen. Es entspricht dies der Stellung, welche dieser Behörde durch die Bestimmungen des §. 14 (jetzt 15) gegeben ist. Die Entscheidung dem Vorsitzenden des Gewerbegerichts zu übertragen, würde, obgleich es sich dabei nur um die Feststellung einfacher, der subjektiven Beurtheilung entrückter Thatumstände handelt, dem gegenseitigen Verhältnisse der Gerichtsmitglieder weniger entsprechen und ist auch durch Rücksichten des Geschäftsganges nicht geboten, zumal davon ausgegangen werden kann, daß die höhere Verwaltungsbehörde regelmäßig erst durch eine Mittheilung des Vorsitzenden, welche von der schriftlichen oder protokollarischen Aeußerung des betreffenden Beisitzers begleitet sein kann, mit der Sache befaßt werden wird. Mot. S. 25. Zu den im Abs. 1 bezeichneten „Umständen" gehören auch die im §. 10 Abs. 1, § 13 Abs. 2 und 3, hervorgehobenen Hindernisse (s. Anm. 3 zu §. 10, Anm. 1 zu §. 12). So lange die Enthebung nicht erfolgt ist, kann eine unter Mitwirkung eines solchen Mitgliedes ergangene Entscheidung nicht mit der Nichtigkeitsklage angefochten werden. Bl. f. Soz. Pr. IV Nr. 44 Sp. 825, Nr. 50 Sp. 978.

„Höhere Verwaltungsbehörde" im Sinne des Abs. 1 ist in Preußen der Bezirksausschuß, bezw. sofern es sich um ein von einem Provinzialverbande oder einem der Kommunalverbände Cassel und Wiesbaden errichtetes Gericht handelt, der Provinzialrath, sofern es sich um ein von dem Hohenzollernschen Kommunalverbande errichtetes Gericht handelt, der Minister des Innern, für Berlin der Ober-Präsident. S. Anm. 3 zu §. 83.

Gegen die Entscheidung der höheren Verwaltungsbehörde ist die Beschwerde innerhalb des geordneten Instanzenzuges gegeben; Sten. Ber. S. 485. Die Anhörung des Beisitzers kann mündlich oder schriftlich erfolgen, auch durch den Vorsitzenden.

2. Zu Abs. 2:

„Wenn ein Mitglied des Gewerbegerichts sich einer groben Verletzung seiner Amtspflicht schuldig macht, so muß die Möglichkeit gegeben sein, dasselbe seines Amtes zu entsetzen. Um die Garantien der richterlichen Unabhängigkeit nicht zu beeinträchtigen, überträgt der Entwurf die Entscheidung dem Landgericht, in dessen Bezirk das Gewerbegericht seinen Sitz hat, und erklärt auf das Verfahren die für die landgerichtlichen Strafsachen geltenden Vorschriften für anwendbar. Das Einschreiten der Staatsanwaltschaft wird am geeignetsten von dem Antrage der höheren Verwaltungsbehörde abhängig gemacht." Mot. S. 25.

Zuständig ist die Strafkammer des betr. Landgerichts (§. 72 Abs. 2 G.V.G.), ev. auch nach Anordnung der Landesjustizverwaltung die sog. detachirte Strafkammer (§. 78 a. a. O.), in deren Bezirk das Gewerbegericht seinen Sitz hat, und zwar ist die Kammer in der Hauptverhandlung mit fünf Mitgliedern besetzt (§. 77 a. a. O.). Die Klage ist die öffentliche Klage der St.P.O. (§§. 151, 152 Abs. 1) und wird durch den Antrag auf gerichtliche Voruntersuchung oder durch Einreichung einer Anklageschrift erhoben (§. 168 Abs. 1 a. a. O.). Lehnt die Staatsanwaltschaft den Antrag der höheren Verwaltungsbehörde ab, so hat letztere die Beschwerde im Instanzenzuge, nicht aber das Recht zur Herbeiführung einer gerichtlichen Entscheidung (§§. 170 ff. a. a. O.), da sie nicht als „Verletzter" im Sinne des §. 170 cit. gelten kann. Verhaftung, vorläufige Festnahme und Vorführung des Beschuldigten (vgl. §. 155 a. a. O.) müssen als unzulässig angesehen werden (Haas S. 56, a. M. theilweise Wilhelmi u. Fürst S. 78). Gegen das Urtheil der Strafkammer findet die Revision gemäß §§. 374 ff. a. a. O. statt. Der Antrag der höheren Verwaltungsbehörde hat nicht den Charakter eines Strafantrags gemäß §§. 61 ff. des Strafgesetzbuchs, die nicht für anwendbar erklärt sind. Die Staatsanwaltschaft darf nicht von Amtswegen einschreiten; wenn sie aber einmal in Folge des Antrags die öffentliche Klage erhoben hat, so kann diese nach Eröffnung der Untersuchung nicht zurückgenommen werden (§. 154 St.P.O.).

„Höhere Verwaltungsbehörde" im Sinne des Abs. 2 ist der Regierungs-Präsident, bezw., sofern es sich um ein von einem Provinzialverbande oder einem der Kommunalverbände Cassel und Wiesbaden errichtetes

Gericht handelt, und für Berlin der Ober-Präsident, sofern es sich um ein von dem Hohenzollernschen Kommunalverbande errichtetes Gericht handelt, der Minister des Innern.

8. Abs. 1 und 2 beziehen sich auch auf den Vorsitzenden und Stellvertreter. Letztere unterliegen neben der Vorschrift des Abs. 2 natürlich auch ev. dem für ihre amtliche Stellung angeordneten Disziplinarverfahren, vgl. jedoch Entsch. des großherz. hessischen Ministeriums des Innern G.G. III Nr. 8 Sp. 29. In Württemberg sind durch Landesgesetz vom 14. April 1893 die Gewerbegerichte der Dienstaufsicht des Landgerichts in derselben Weise unterstellt wie die Amtsgerichte. Ebenso in Baden durch Gesetz vom 19. Februar 1892; für Preußen vgl. Erlaß des Ministers des Innern und für Handel und Gewerbe vom 18. August 1898, Min.Bl. für die innere Verw. vom 30. September 1898. Wegen einer Kollision des Straf- und Disziplinarverfahrens vgl. §. 4 des preuß. Ges. betr. die Dienstvergehen der nicht richterlichen Beamten ꝛc. v. 21. Juli 1852 (G.S. S. 465) und §. 8 des preuß. Ges. betr. die Dienstvergehen der Richter ꝛc. v. 7. Mai 1851 (G.S. S. 218).

§. 20.

Der Vorsitzende des Gewerbegerichts und dessen Stellvertreter sind vor ihrem Amtsantritt durch den von der höheren Verwaltungsbehörde beauftragten Beamten, die Beisitzer vor der ersten Dienstleistung durch den Vorsitzenden auf die Erfüllung der Obliegenheiten des ihnen übertragenen Amts eidlich zu verpflichten.

1. Eine Eidesnorm ist reichsgesetzlich nicht vorgeschrieben. Ein Antrag, Mitglieder, welche bereits im Hauptamt eidlich verpflichtet sind, von der neuen Eidesleistung zu entbinden, wurde in der Komm. abgelehnt, da ein solcher Eid sich mit den hier zu übernehmenden

Verpflichtungen vielfach nicht decke. „Doch schloß sich die Kommission darin einstimmig der Anschauung des Antragstellers an, daß, wenn ein entsprechender Eid bereits geleistet sei, auch nach dem Paragraphen, wie er jetzt geblieben ist, eine Bezugnahme auf den geleisteten Eid bei Antritt des Amtes genüge." Komm.-Ber. S. 20. Es genügt für die ganze Wahlperiode Vereidigung bei der ersten Dienstleistung; Oeffentlichkeit der Vereidigung ist nicht vorgeschrieben. Die Unterlassung der Vereidigung macht das Gericht zu einem nicht vorschriftsmäßig besetzten; s. Anm. 4 zu §. 10.

2. Für Preußen s. Erlaß der Minister für Handel u. Gewerbe u. des Innern v. 17. Februar 1891 (M.Bl. d. i. V. S. 26):

a) Behufs Vereidigung derjenigen Mitglieder eines Gewerbegerichtes, welche den Staatsdienereid abgelegt haben oder als Mitglieder eines Gewerbegerichtes bereits vereidet worden sind, genügt der Hinweis auf den früher geleisteten Eid.

b) Die Vereidigung der übrigen Mitglieder eines Gewerbegerichtes hat in folgender Weise zu geschehen:

Der mit der Vereidigung beauftragte Beamte oder Vorsitzende des Gewerbegerichtes richtet an die zu Vereidigenden die Worte:

„Sie schwören bei Gott dem Allmächtigen und Allwissenden, die Pflichten eines Vorsitzenden (Beisitzers) des Gewerbegerichtes getreulich zu erfüllen und Ihre Stimme nach bestem Wissen und Gewissen abzugeben".

Die zu Vereidigenden leisten alsdann den Eid, indem Jeder unter Erheben der rechten Hand die Worte spricht:

„ich schwöre es, so wahr mir Gott helfe".

Dem Schwörenden bleibt es dabei überlassen, diesen Eidesworten die seinem religiösen Bekenntnisse entsprechende Bekräftigungsformel hinzuzufügen. Ist der zu Vereidigende Mitglied einer Religionsgesellschaft, welcher das Gesetz den Gebrauch gewisser Betheuerungsformeln an Stelle des Eides gestattet,*) so wird die Abgabe einer Erklärung unter der Betheuerungsformel dieser Religionsgesellschaft der Eidesleistung gleich geachtet.

Ueber die Vereidigung wird ein Protokoll aufgenommen."

8. „Höhere Verwaltungsbehörde" ist die in Anm. 2 zu §. 19 Abs. 2 bezeichnete Stelle; s. Anm. 3 zu §. 83.

§. 21.

Beisitzer, welche ohne genügende Entschuldigung zu den Sitzungen nicht rechtzeitig sich einfinden oder ihren Obliegenheiten in anderer Weise sich entziehen, sind zu einer Ordnungsstrafe bis zu dreihundert Mark, sowie in die verursachten Kosten zu verurtheilen. Die Verurtheilung wird durch den Vorsitzenden ausgesprochen. Erfolgt nachträglich genügende Entschuldigung, so kann die Verurtheilung ganz oder theilweise zurückgenommen werden. 1

Gegen die Entscheidungen findet Beschwerde an das Landgericht statt, in dessen Bezirk das Gewerbegericht seinen Sitz hat. Das Verfahren richtet sich nach den Vorschriften der Strafprozeßordnung. 2

1. Zu Abs. 1. Eine Strafe wegen Ausbleibens oder zu späten Erscheinens kann nur verhängt werden, wenn

*) Dies ist in Preußen für die Mennoniten durch Verordn. v. 11. März 1827 (G.S. S. 28) und für die Philipponen durch Kabinets-Ordre v. 19. November 1836 (v. Kamptz, Jahrbücher Bd. 49 S. 175) geschehen.

der Beisitzer in gehöriger Weise vorgeladen ist. Ob eine Entschuldigung genügt, unterliegt dem Ermessen des Vorsitzenden. Seinen Obliegenheiten entzieht sich auch ein Beisitzer, welcher die Theilnahme an einer Abstimmung verweigert (§. 58 Abs. 3 d. Ges., §. 197 G.V.G.). Vgl. Löwe, St.P.O. Anm. 2 bis 4 zu §. 56 G.V.G. Auch derjenige Beisitzer fällt hierunter, welcher, solange er nicht gemäß §. 18 einen Ablehnungsgrund mit Erfolg geltend gemacht hat, die Ausübung des Amtes überhaupt verweigert oder die Eidesleistung ablehnt. Die Substituirung einer Freiheitsstrafe für den Fall des Unvermögens ist unzulässig. Der verurtheilende Beschluß wird in analoger Anwendung des §. 35 St.P.O. dem Beisitzer zu verkünden, ev. zuzustellen und gemäß §. 34 a. a. O. mit Gründen zu versehen sein. Die Vollstreckung erfolgt auf Grund einer vom Gerichtsschreiber zu ertheilenden vollstreckbaren Ausfertigung durch den Gerichtsvollzieher (vgl. Anm. 2 zu §. 28). Theilnahme an den Sitzungen des Einigungsamtes oder an den Sitzungen des Gewerbegerichts oder eines Ausschusses desselben zur Abgabe von Gutachten gehört zu den Obliegenheiten des Beisitzers (G.G. II S. 44).

2. Die Beschwerde steht nach §. 338 Abs. 1 St.P.O. hier nur dem Verurtheilten zu, nicht etwa anderen Beisitzern ꝛc. Die Entscheidung erfolgt durch die Strafkammer in der Besetzung von drei Mitgliedern (§§. 72, 77, 78 G.V.G.). Die Beschwerde, welche an keine Frist gebunden ist, ist beim Gewerbegericht schriftlich oder zu Protokoll des Gerichtsschreibers einzulegen, in dringenden Fällen auch beim Beschwerdegericht; letzterem ist die Beschwerde, falls der Vorsitzende ihr nicht abhelfen will, sofort, spätestens vor Ablauf von 3 Tagen, vorzulegen. Das Rechtsmittel hat keine aufschiebende Wirkung; doch kann der Vorsitzende des Gewerbegerichts oder auch das Beschwerdegericht die Aussetzung der Vollziehung anordnen. Gegen die Entscheidung des Landgerichts ist ein weiterer

Rechtsbehelf nicht gegeben. §§. 348, 349, 352 Abs. 2 St.P.O.

§. 22.

Das Gewerbegericht verhandelt und entscheidet, soweit nicht in diesem Gesetze ein Anderes bestimmt ist, in der Besetzung von drei Mitgliedern mit Einschluß des Vorsitzenden. 1.

Durch das Ortsstatut kann bestimmt werden, daß allgemein oder für gewisse Streitigkeiten eine größere Zahl von Beisitzern zuzuziehen ist. 2.

In gleicher Weise ist zu bestimmen, nach welchen Grundsätzen der Vorsitzende die einzelnen Beisitzer zuzuziehen hat. 3.

Arbeitgeber und Arbeiter müssen stets in gleicher Zahl zugezogen werden. 4.

1. Zu Abs. 1. Eine stärkere Besetzung ist im §. 63 für das Einigungsamt vorgeschrieben.

2. Zu Abs. 2. Die Regelung muß durch das Statut erfolgen; ohne eine diesbezügliche Vorschrift darf der Vorsitzende nicht mehr Beisitzer Theil nehmen lassen; doch kann ihm das Statut die Vollmacht ertheilen, in den ihm geeignet erscheinenden Fällen mehr Beisitzer einzuberufen. Nach dem gemäß §. 53 Abs. 3 anwendbaren §. 194 G.V.G. kann aber der Vorsitzende bei Verhandlungen von längerer Dauer Ergänzungsbeisitzer heranziehen, welche der Verhandlung beizuwohnen und im Falle der Verhinderung eines Beisitzers einzutreten haben. Die Zuziehung von Beisitzern mit berathender Stimme kennt das Gesetz nicht. Vgl. Komm.-Ber. S. 24.

3. Zu Abs. 3:

„Die Auswahl der zu den einzelnen Sitzungen zuzuziehenden Beisitzer ausschließlich dem Ermessen des Vorsitzenden zu überlassen, kann schon mit Rücksicht auf die Möglichkeit einer zu ungleichmäßigen Belastung der einzelnen Personen nicht als rathsam betrachtet werden. Gewisse Regeln wird der Vorsitzende hierbei jedenfalls beobachten müssen, und der Entwurf verlangt deshalb, daß in dieser Richtung entsprechende Vorschriften in das Statut aufgenommen werden. Dieselben können sehr wohl in der Weise getroffen werden, daß der Vorsitzende in der Lage bleibt, die für die einzelnen Fälle durch ihre Sachkenntniß besonders geeigneten Personen heranzuziehen." Mot. S. 26.

4. Zu Abs. 4. Wenn das Statut nach Abs. 2 mehr als zwei Beisitzer verlangt, die Beschlußfähigkeit aber beim Erscheinen einer geringeren Zahl annimmt, so muß es für den Fall des Ausbleibens von Einberufenen Vorkehrungen zur Herstellung der Gleichheit beider Kategorien treffen, z. B. dahin, daß der jüngste Beisitzer der stärker besetzten Kategorie ausscheidet. Vgl. Berl. Stat. §. 29.

5. „Statut" s. §. 1 Abs. 5.

§. 23.

1. **Bei jedem Gewerbegerichte wird eine Gerichtsschreiberei eingerichtet.**

2. **Für die Bewirkung der Zustellungen in dem Verfahren vor den Gewerbegerichten können an Stelle der Gerichtsvollzieher Gemeindebeamte verwendet werden.**

1. „Die näheren Bestimmungen über die Einrichtung der Gerichtsschreibereien und über die Auswahl der für die Zustellungen zu verwendenden Gemeindebeamten kann der statutarischen Regelung überlassen bleiben. Die Verwendung von Gemeindebeamten zur Bewirkung der Zustellungen wird jedenfalls die Regel bilden; sie unbedingt vorzuschreiben, ist nicht angezeigt, da unter besonderen

Umständen auch die Beauftragung eines Gerichtsvollziehers mit der Zustellung zweckmäßig sein kann. Ein Grund, dies auszuschließen, ist um so weniger vorhanden, als Gebühren für die Zustellung weder in dem einen noch in dem anderen Falle von den Parteien erhoben werden (vgl. §. 51 [jetzt 57] Abs. 5 und die Begründung zu demselben)." Mot. S. 26.

2. Zu Absatz 2. Vgl. Berl. Stat. §. 31 Abs. 5. Statt der Gerichtsvollzieher dürfen Gemeindebeamte nur für Zustellungen, nicht auch für Zwangsvollstreckungen verwendet werden. Letztere müssen, auch soweit es sich um Strafen handelt (§. 8 Abs. 2), durch Gerichtsvollzieher bewirkt werden; wegen der Beitreibung der Gerichtskosten s. §. 58 Abs. 2. Wenn Gerichtsvollzieher vom Gewerbegericht mit Zustellungen oder Zwangsvollstreckungen beauftragt werden, so haben sie nach der Gebühren-Ordnung vom 20. Mai 1898 (R.G.Bl. 1898 S. 659) gegenüber dem im §. 8 bezeichneten Verbande Anspruch auf Gebühren und Auslagen.

Eine Modifikation des Abs. 2 s. in §. 77 Abs. 2 Nr. 4.

3. Ueber die Vereidigung der Gerichtsschreiber bestimmt für Preußen der Erlaß v. 17. Februar 1891 (Anm. 2 zu §. 20):

„Vorstehende Bestimmungen*) finden auf die Verpflichtung der bei den Gewerbegerichten amtirenden Gerichtsschreiber, welche mit Rücksicht auf den §. 24 a. a. O. und im Hinblick auf die Vorschrift des §. 9 Absatz 3 des Gesetzes, betreffend die Dienstverhältnisse der Gerichtsschreiber, vom 3. März 1879 ebenfalls zu vereidigen sind, mit der Maßgabe entsprechende Anwendung, daß bei der Vereidigung dieser Personen, welche durch die Vorsitzenden der Gewerbegerichte zu erfolgen hat, in der Eidesformel an die Stelle der Worte „Vorsitzenden (Beisitzers)" das

*) D. h. die S. 76 abgedruckten Bestimmungen über die Vereidigung der Mitglieder.

Wort „Gerichtsschreibers“ tritt und die Worte „und Ihre Stimme nach bestem Wissen und Gewissen abzugeben“ in Fortfall kommen.“

Zweiter Abschnitt.

Verfahren.

§. 24.

Auf das Verfahren vor den Gewerbegerichten finden, soweit im Nachstehenden nicht besondere Bestimmungen getroffen sind, die für das amtsgerichtliche Verfahren geltenden Vorschriften der Civilprozeßordnung entsprechende Anwendung.

1. „Bei der Regelung des Verfahrens ist darauf Rücksicht zu nehmen, daß die vor die Gewerbegerichte gehörenden Rechtsstreitigkeiten größtentheils in rechtlicher wie thatsächlicher Hinsicht einfach, auch nicht von erheblichem Werth und meistens der Beschleunigung bedürftig sind. Nicht minder kommt in Betracht, daß die betheiligten Personen vielfach einen sehr geringen Grad von Geschäftsgewandtheit besitzen, während eine Unterstützung derselben durch rechtskundige Vertreter oder Beistände im Allgemeinen weder thunlich noch wünschenswerth ist. Wenn es hiernach geboten erscheint, möglichst von Prozeßvorschriften abzusehen, welche die freie Bewegung des Gerichts einengen und an die Selbstthätigkeit der Parteien besondere Anforderungen stellen, so muß doch andererseits im Interesse der Gleichmäßigkeit des Verfahrens und zum Schutze der Parteirechte eine Formlosigkeit vermieden werden, welche die subjektive Willkür des Gerichts an die Stelle geordneter Grundlagen des Verfahrens setzt. Der Entwurf kann sich deshalb nicht auf die Aufstellung einiger allgemeiner Sätze über das Verfahren beschränken,

muß vielmehr für dieses eine feste und allen Fällen gerecht werdende Gliederung zu gewinnen suchen. Am zweckmäßigsten geschieht dies in der Weise, daß . . . die Vorschriften der Civilprozeßordnung über das amtsgerichtliche Verfahren im Allgemeinen zu Grunde gelegt und die oben erwähnten Rücksichten, welche durch die besondere Natur der Gewerbestreitigkeiten geboten erscheinen, durch eine Anzahl abändernder Bestimmungen zur Geltung gebracht werden. Dabei beschränkt der Entwurf sich ebensowenig, wie die frühere Vorlage, darauf, die einzelnen Abweichungen von der Civilprozeßordnung aufzuzählen. Vielmehr empfiehlt es sich, durch eine Reihe weiterer Vorschriften, welche sich an die wesentlichsten Bestimmungen der Civilprozeßordnung anlehnen, den Gang des Verfahrens im Allgemeinen festzustellen, um auf diese Weise eine für einfach verlaufende Streitsachen ausreichende und leicht zu übersehende Grundlage für die Handhabung des Verfahrens zu bieten. . . .

. . . ist als die prinzipiell wichtigste Aenderung hervorzuheben, daß der Grundsatz des Prozeßbetriebes durch die Parteien, wie er der Civilprozeßordnung eigenthümlich ist, in der Hauptsache beseitigt und durch den Offizialbetrieb seitens des Gerichts ersetzt ist. Auch in der einigermaßen abgeschwächten Form, in welcher die Civilprozeßordnung jenen Grundsatz für das amtsgerichtliche Verfahren durchführt, eignet sich derselbe für das Verfahren vor den Gewerbegerichten nicht. Die des Geschäftsgangs unkundigen Parteien müßten dabei, um dem Prozesse Fortgang zu geben, immer noch in ausgedehntem Maße thätig werden, womit Verzögerungen und Arbeitsversäumnisse nothwendig verbunden sein würden. Die hauptsächlichen Konsequenzen des im Entwurfe befolgten Prinzipes äußern sich darin, daß alle Zustellungen von Amtswegen erfolgen (§. 26 [jetzt §. 30]), die erforderlichen Verhandlungstermine von Amtswegen angesetzt und die Ladungen den Parteien abgenommen und durch den

Gerichtsschreiber veranlaßt werden (§. 29 [jetzt §. 31])". Mot. S. 26, 27.

2. Die besonderen Vorschriften der C.P.O. über das Verfahren vor den Amtsgerichten lauten:

„§. 495 [456]. Auf das Verfahren vor den Amtsgerichten finden die Vorschriften über das Verfahren vor den Landgerichten Anwendung, soweit nicht aus den allgemeinen Bestimmungen des ersten Buchs, aus den nachfolgenden besonderen Bestimmungen und aus der Verfassung der Amtsgerichte sich Abweichungen ergeben.

§. 496 [457]. Die Klage kann bei dem Gerichte schriftlich eingereicht oder zum Protokolle des Gerichtsschreibers angebracht werden.

§. 497 [458].*) Nach erfolgter Bestimmung des Termins zur mündlichen Verhandlung hat der Gerichtsschreiber für die Zustellung der Klage Sorge zu tragen, sofern nicht der Kläger in der Klageschrift oder dem Protokoll erklärt hat, dieses selbst thun zu wollen.

§. 498 [459]. Die Einlassungsfrist beträgt mindestens drei Tage, wenn die Zustellung im Bezirke des Prozeßgerichts; mindestens eine Woche, wenn sie außerhalb desselben, jedoch im Deutschen Reich, erfolgt; in Meß- und Marktsachen mindestens vierundzwanzig Stunden.

Ist die Zustellung im Auslande vorzunehmen, so hat das Gericht bei Festsetzung des Termins die Einlassungsfrist zu bestimmen.

§, 499 [460]. Die Klage wird durch Zustellung der Klageschrift oder des die Klage enthaltenden Protokolls erhoben.

§. 500 [461]. An ordentlichen Gerichtstagen können die Parteien zur Verhandlung des Rechtsstreits ohne Ladung und Terminsbestimmung vor Gericht erscheinen.

Die Erhebung der Klage erfolgt in diesem Falle durch den mündlichen Vortrag derselben.

*) Die Worte: „in der Klageschrift oder dem Protokoll" sind eingefügt durch Nr 104 des R.G. vom 17. Mai 1898.

§. 501 [462].*) Die Vorschriften der §§. 496, 497 [457, 458] finden entsprechende Anwendung, wenn eine Partei im Laufe des Rechtsstreits zu laden ist, insbesondere zur Verhandlung über einen Zwischenstreit, über den Antrag auf Berichtigung oder Ergänzung eines Urtheils, über den Einspruch, über den Antrag auf Wiedereinsetzung in den vorigen Stand oder über die Aufnahme eines unterbrochenen oder ausgesetzten Verfahrens, oder wenn eine Intervention oder Streitverkündung erfolgen oder wenn die Klage oder der Einspruch zurückgenommen werden soll.

§. 502 [463]. Auch wenn eine Partei nicht zu laden ist, können ihr Anträge und Erklärungen, auf welche sie ohne vorgängige Mittheilung voraussichtlich eine Erklärung in einer mündlichen Verhandlung nicht abzugeben vermag, durch Zustellung eines Protokolls des Gerichtsschreibers mitgetheilt werden.

Diese Mittheilung kann auch unmittelbar und ohne besondere Form geschehen.

§. 503 [464]. Bei der mündlichen Verhandlung hat das Gericht dahin zu wirken, daß die Parteien über alle erheblichen Thatsachen sich vollständig erklären und die sachdienlichen Anträge stellen.

§. 504 [465]. Die Vorschrift, daß prozeßhindernde Einreden gleichzeitig und vor der Verhandlung zur Hauptsache vorzubringen sind, findet nur insoweit Anwendung, als die Einrede der Unzuständigkeit des Gerichts vor der Verhandlung zur Hauptsache geltend zu machen ist.

Ist das Amtsgericht sachlich unzuständig, so hat es vor der Verhandlung des Beklagten zur Hauptsache denselben auf die Unzuständigkeit aufmerksam zu machen.

Auf Grund prozeßhindernder Einreden darf die Verhandlung zur Hauptsache nicht verweigert werden; das Gericht kann jedoch die abgesonderte Verhandlung über diese Einreden auch von Amtswegen anordnen.

*) Desgl. durch Nr. 105 a. a. O. die Worte: „oder wenn die Klage oder der Einspruch zurück genommen werden."

§. 505 [466]. Wird die Unzuständigkeit des Gerichts auf Grund der Bestimmungen über die sachliche Zuständigkeit der Gerichte ausgesprochen, so ist zugleich auf Antrag des Klägers der Rechtsstreit an das Landgericht zu verweisen.

Ist das Urtheil rechtskräftig, so gilt der Rechtsstreit als bei dem Landgericht anhängig.*)

§. 506 [467].**) Wird in einem bei dem Amtsgericht anhängigen Prozesse durch Widerklage oder durch Erweiterung des Klagantrags (§ 268 [240], Nr. 2, 3) ein Anspruch erhoben, welcher zur Zuständichkeit der Landgerichte gehört, oder wird in Gemäßheit des §. 280 [253] die Feststellung eines Rechtsverhältnisses beantragt, für welches die Landgerichte zuständig sind, so hat das Amtsgericht, sofern eine Partei vor weiterer Verhandlung zur Hauptsache darauf anträgt, durch Beschluß seine Unzuständigkeit auszusprechen und den Rechtsstreit an das Landgericht zu verweisen.

Eine Anfechtung des Beschlusses, durch welchen dem Antrag entsprochen wird, findet nicht statt; mit der Verkündung des Beschlusses gilt der Rechtsstreit als bei dem Landgericht anhängig. Die im Verfahren vor dem Amtsgerichte erwachsenden Kosten werden als Theil der bei dem Landgerichte erwachsenden Kosten behandelt.

§. 507 [468]. Wegen unterbliebener Erklärung ist eine Urkunde nur dann als anerkannt anzusehen, wenn die Partei durch das Gericht zur Erklärung über die Echtheit der Urkunde aufgefordert ist.

§. 508 [469].***) Die Vorschriften des §. 261 Abs. 2. [233 Abs. 2], des §. 297 [269], und der §§. 348—354

*) S. hierzu Anm. 3 zu §. 26.

**) Ueber die Anwendbarkeit des §. 506 [467] s. Anm. 5 zu §. 26. Die Worte: „durch Beschluß" sind eingefügt durch Nr. 106 a. a. O. Der Eingang des Abs. 2 lautete in der Fassung vom 30. Januar 1877: „Ist das Urtheil rechtskräftig, so gilt" u. s. w.

***) Die Worte „§ 261 Abs. 2" [233 Abs. 2] sind eingefügt durch Nr. 107 a. a. O.

[818—819] finden auf das Verfahren vor den Amtsgerichten keine Anwendung.

§. 509 [470].*) Anträge, sowie die Erklärungen über Annahme oder Zurückschiebung zugeschobener Eide sind durch das Sitzungsprotokoll festzustellen; anstatt der Feststellung genügt die Bezugnahme auf den Inhalt eines vorbereitenden Schriftsatzes.

Sonstige Erklärungen einer Partei, insbesondere Geständnisse, sind durch das Protokoll insoweit festzustellen, als das Gericht bei dem Schlusse der mündlichen Verhandlung die Feststellung für angemessen erachtet.

§. 510 [471]. Wer eine Klage zu erheben beabsichtigt, kann unter Angabe des Gegenstandes seines Anspruchs zum Zwecke eines Sühneversuchs den Gegner vor das Amtsgericht laden, vor welchem dieser seinen allgemeinen Gerichtsstand hat.

Erscheinen beide Parteien, und wird ein Vergleich geschlossen, so ist derselbe zu Protokoll festzustellen. Kommt ein Vergleich nicht zu Stande, so wird auf Antrag beider Parteien der Rechtsstreit sofort verhandelt; die Erhebung der Klage erfolgt in diesem Falle durch den mündlichen Vortrag derselben.

Ist der Gegner nicht erschienen, oder der Sühneversuch erfolglos geblieben, so werden die erwachsenden Kosten als Theil der Kosten des Rechtsstreits behandelt."

8. Das Mahnverfahren (§§. 688—703 [628 bis 643] C.P.O.) ist hier unzulässig; nach §§. 34 ff. kann nur auf Grund mündlicher Verhandlung entschieden werden; die Bestimmungen über den Urkundenprozeß (§§. 592

---

*) Nr. 108 a. a. O.; frühere Fassung: Anträge und Erklärungen einer Partei sind durch das Sitzungsprotokoll insoweit festzustellen, als das Gericht bei dem Schlusse derjenigen mündlichen Verhandlung, auf welche das Urtheil oder ein Beweisbeschluß ergeht, die Feststellung für angemessen erachtet.

Geständnisse, sowie die Erklärungen über Annahme oder Zurückschiebung zugeschobener Eide sind auf Antrag durch das Protokoll festzustellen.

[555] ff. C.P.O.) sind von der Anwendung nicht ausgeschlossen. Im übr. vgl. Anm. zu den einzelnen §§. dieses Abschnitts.

4. Die Vorschriften des G.V.G. (§§. 201—204) über die Gerichtsferien sind nicht für anwendbar erklärt; demgemäß bleiben auch die Vorschriften der C.P.O. (§. 223 [201]) über den Einfluß der Ferien auf die Fristen außer Betracht.

§. 25.

Zuständig ist dasjenige Gewerbegericht, in dessen Bezirk die streitige Verpflichtung zu erfüllen ist.

1. Die örtliche Zuständigkeit wird thunlichst demjenigen Gewerbegericht beigelegt werden müssen, welches mit den für die Beurtheilung des streitigen Arbeitsverhältnisses maßgebenden örtlichen Zuständen am meisten vertraut ist. Weder der jeweilige Wohnort des Beklagten, noch der Ort der gewerblichen Niederlassung des Arbeitsgebers oder der regelmäßigen Arbeitsstelle des Arbeiters bieten in dieser Hinsicht unter allen Umständen die nöthige Gewähr, vielmehr empfiehlt es sich, . . . den Gerichtsstand des Erfüllungsortes (C.P.O. §. 29) entscheiden zu lassen. In den weitaus meisten Fällen wird dieser Ort mit demjenigen der gewerblichen Niederlassung des Arbeitsgebers und der regelmäßigen Arbeitsstelle des Arbeiters zusammenfallen und ohne Prüfung von Rechtsfragen zu bestimmen sein. Insoweit es sich um Arbeitsverrichtungen handelt, welche in unterirdischem Betriebe vorzunehmen sind, wird die Frage, wo der Erfüllungsort sei, nur nach den oberirdischen Anlagen zu beurtheilen sein.“ Mot. S. 27.

Wo der Ort der Erfüllung für die streitige Verpflichtung (d. h. diejenige, welche nach der Klage als vom Kläger gewollt, bezw. nicht gewollt, Gegenstand des Streits ist, v. Wilmowski und Levy, Anm. 3 zu §. 29) ist, bestimmt das materielle Recht. Vgl. §§. 269, 270 B.G.B. [Art. 324, 325 Handelsgesetzbuch, §§. 247 bis 251 Allg. Landrecht I. 5, §§. 27, 52, 53 a. a. O. I. 16]. „In den weitaus zahlreichsten Fällen wird dieser Ort ohne jede Schwierigkeit festzustellen sein. Bei allen Fabrikarbeiten und der Regel nach auch bei den Arbeiten im Handwerke sind die Arbeiten an der Betriebsstätte des Unternehmers oder Handwerksmeisters vorzunehmen, und auch der Lohn ist dort zu zahlen; hier ist also der Erfüllungsort immer ohne Weiteres gegeben." Sten. Ber. S. 439.

2. „Den Gerichtsstand zu einem ausschließlichen im Sinne der Civilprozeßordnung zu machen, fehlt es an einem genügenden Grund; den Parteien bleibt es daher unbenommen, kraft ausdrücklicher oder stillschweigender Uebereinkunft (C.P.O. §§. 38 bis 40) die Entscheidung ihres Streites einem anderen, als dem im §. 22 [jetzt 25] bezeichneten Gewerbegericht zu übertragen. Die Prorogation auf das ordentliche Gericht ist durch die Bestimmung im §. 3 Absatz 2 (jetzt §. 5) ausgeschlossen". Mot. S. 27, vgl. auch Sten. Ber. S. 438, 439, Anm. zu §. 5 (theilweise abweichend Bachem S. 45. a. A. v. Wilmowski, G.G. II. Sp. 44, Unger Nr. 220, s. jedoch auch G.G. III. Sp. 42).

Stillschweigende Vereinbarung ist anzunehmen, wenn der Beklagte, ohne die Unzuständigkeit geltend zu machen, zur Hauptsache mündlich verhandelt. §. 39 C.P.O.

3. Eine weitere örtliche Zuständigkeit ist vorgesehen in §. 6 des R.G. betr. die Binnenschiffahrt vom 20. Mai 1898 [15. Juni 1895]:

> „Das Gericht des Ortes, von dem aus die Schiffahrt mit dem Schiffe betrieben wird (Heimathsort), ist für alle gegen den Schiffseigner als solchen zu erhebenden Klagen zuständig, ohne Unterschied, ob er persönlich oder nur mit Schiff und Fracht haftet.

Unter mehreren hiernach in Betracht kommenden Orten gilt als Heimathsort der Ort, wo die Geschäftsniederlassung, bei mehreren Niederlassungen die Hauptniederlassung und in Ermangelung einer Geschäftsniederlassung der Wohnsitz des Schiffseigners sich befindet.

Ist ein Heimathsort nicht festzustellen, so gilt als solcher der Ort, wo der Schiffseigner zur Gewerbesteuer oder Einkommensteuer veranlagt wird."

Der hier angeordnete Gerichtsstand ist ein besonderer, welcher mit dem Gerichtsstand des §. 25 konkurrirt, ihn aber nicht ausschließt (Urth. d. R.Gr. v. 12. Juli 1897 Deutsche Juristen-Zeitung III. S. 352).

4. „Die Bestimmungen über den Gerichtsstand der Widerklage finden auch auf die Gewerbegerichte Anwendung. Aus der beschränkten Jurisdiktion dieser Gerichte ergiebt sich aber von selbst, daß eine Widerklage bei denselben nur insoweit erhoben werden kann, als es sich dabei um einen Anspruch der im §. 3 bezeichneten Art handelt. Die einredeweise Geltendmachung von Ansprüchen ist dieser Beschränkung an und für sich nicht unterworfen; doch werden die Gewerbegerichte auf Grund der ihnen nach §. 136 Abs. 2 der Civilprozeßordnung [§ 145 Abs. 3 in der Fassung vom 20. Mai 1898] zustehenden Befugniß zur Verweisung ad separatum auch hier in der Regel in der Lage sein, die Kognition über Ansprüche, welche in fremdartigen Verhältnissen ihren Grund haben, abzulehnen." Mot. S. 27, 28.

Vgl. C.P.O. „§. 33. Bei dem Gerichte der Klage kann eine Widerklage erhoben werden, wenn der Gegenanspruch mit dem in der Klage geltend gemachten Anspruche oder mit den gegen denselben vorgebrachten Vertheidigungsmitteln in Zusammenhang steht.

Diese Bestimmung findet keine Anwendung, wenn die Zuständigkeit des Gerichts für eine Klage wegen des

Gegenanspruchs auch durch Vereinbarung nicht würde begründet werden können.

§. 280 [253]. Bis zum Schlusse derjenigen mündlichen Verhandlung, auf welche das Urtheil ergeht, kann der Kläger durch Erweiterung des Klagantrags, der Beklagte durch Erhebung einer Widerklage beantragen, daß ein im Laufe des Prozesses streitig gewordenes Rechtsverhältniß, von dessen Bestehen oder Nichtbestehen die Entscheidung des Rechtsstreits ganz oder zum Theile abhängt, durch richterliche Entscheidung festgestellt werde."

Eine Widerklage, für welche das Gewerbegericht sachlich nicht zuständig ist, muß wegen Unzuständigkeit des Gerichts abgewiesen werden; aber auch eine Widerklage, die an sich vor dem Gewerbegericht zulässig ist, auch mit der Klageforderung oder den Vertheidigungsmitteln thatsächlich, jedoch nicht rechtlich im Zusammenhange steht, kann nach §. 145 [136] Abs. 2 C.P.O. vom Gewerbegericht zum getrennten Verfahren — hier natürlich vor dem Gewerbegericht — verwiesen werden, und zwar in Beschlußform (Urth. d. R.Gr. v. 23. Februar 1888, Gruchot Bd. 32. S. 1170, v. 22. Oktober 1888, ebenda Bd. 33. S. 1143, v. 12. November 1889, Entsch. Bd. 24. S. 423); liegt dagegen ein rechtlicher Zusammenhang vor, so ist in demselben Verfahren auch über die Widerklage zu entscheiden. Ferner hat nach §. 301 [273] C.P.O. das Gewerbegericht, sofern keine vorherige Trennung stattgefunden hat, die Befugniß, wenn nur die Klage oder die Widerklage zur Entscheidung reif ist, ein Theilurtheil zuerlassen.

Ueber die prozessuale Behandlung der Aufrechnung bestimmen:

§. 145 Abs. 3 [§. 136 Abs. 2*)]. „Macht der Beklagte die Aufrechnung einer Gegenforderung geltend, welche mit der in der Klage geltend gemachten Forderung nicht in rechtlichem Zusammenhange steht, so kann das

*) Text s. später.

Gericht anordnen, daß über die Klage und über die Aufrechnung getrennt verhandelt werde, die Vorschriften des §. 302 finden Anwendung."

§. 302 [§. 274.*)] „Hat der Beklagte die Aufrechnung einer Gegenforderung geltend gemacht, welche mit der in der Klage geltend gemachten Forderung nicht in rechtlichem Zusammenhange steht, so kann, wenn nur die Verhandlung über die Forderung zur Entscheidung reif ist, diese unter Vorbehalt der Entscheidung über die Aufrechnung erfolgen.

Enthält das Urtheil keinen Vorbehalt, so kann die Ergänzung des Urtheils nach Vorschrift des §. 321 [292] beantragt werden.

Das Urtheil, welches unter Vorbehalt der Entscheidung über die Aufrechnung ergeht, ist in Betreff der Rechtsmittel und der Zwangsvollstreckung als Endurtheil anzusehen.

In Betreff der Aufrechnung, über welche die Entscheidung vorbehalten ist, bleibt der Rechtsstreit anhängig. Soweit sich in dem weiteren Verfahren ergiebt, daß der Anspruch des Klägers unbegründet war, ist das frühere Urtheil aufzuheben, der Kläger mit dem Anspruch abzuweisen und über die Kosten anderweit zu entscheiden. Der Kläger ist zum Ersatze des Schadens verpflichtet, der den Beklagten durch die Vollstreckung des Urtheils oder durch eine zur Abwendung der Vollstreckung gemachte Leistung entstanden ist. Der Beklagte kann den Anspruch auf Schadensersatz ist dem anhängigen Rechtsstreite geltend machen; wird der Anspruch geltend gemacht, so ist er als zur Zeit der Zahlung oder Leistung rechtshängig geworden anzusehen."

Danach kann das Gewerbegericht zwar, wenn die Gegenforderung mit der Forderung nicht in rechtlichem Zusammenhange steht, die Trennung der Verhandlung anordnen oder über die zur Entscheidung reife Forderung ein Urtheil erlassen, das Urtheil über die Klageforderung erledigt aber den Rechtsstreit nicht endgiltig, es ist vielmehr in weiterem Verfahren vor demselben Gericht darüber zu entscheiden, ob das über die Klageforderung ergangene Urtheil wieder aufzuheben ist, weil die Einrede der Aufrechnung für begründet befunden wird. Daraus ergiebt sich, daß auch über eine Gegenforderung nichtgewerblicher Natur vom Gewerbegericht trotz Trennung der Verhandlung Entscheidung zu treffen ist. Die Vorschrift der §§. 145 Abs. 3, 302 entspricht der durch die Rechtsprechung des Reichsgerichts (Beschluß der vereinigten Civilsenate vom 11. April 1893, Entsch. Bd. 31 S. 1) zur Anerkennung gelangten Auslegung der §§. 136 Abs. 2, 274 der C.P.O. vom 30. Januar 1877, welche lauteten:

> §. 136 Abs. 2. „Dasselbe (Anordnung der Verhandlung in getrennten Prozessen) gilt, wenn der Beklagte eine Gegenforderung vorgebracht hat, welche mit der in der Klage geltend gemachten Forderung nicht in rechtlichem Zusammenhange steht."
>
> §. 274. „Ist von dem Beklagten mittels Einrede eine Gegenforderung geltend gemacht, welche mit der in der Klage geltend gemachten Forderung nicht in rechtlichem Zusammenhange steht, so kann, wenn nur die Verhandlung über die Forderung zur Endentscheidung reif ist, diese unter Trennung der Verhandlungen durch Theilurtheil erfolgen."

Die in den früheren Auflagen vertretene Ansicht, daß das Gewerbegericht eine Gegenforderung nicht gewerblicher Natur im Urtheil über die Klageforderung zurückweisen könne, beruhte auf der vom R.Gr. mißbilligten Auslegung der §§. 136 Abs. 2, 274, wonach nach Erledigung der Klage durch Zusprache der Forderung des Klägers über die Gegenforderung in demselben Rechtsstreit nicht weiter verhandelt werden könne, die Aufrechnung der Gegenforderung vielmehr in besonderer Klage geltend zu machen sei.

Materiell wird übrigens die Aufrechnung gegen gewerbliche Forderungen vielfach durch die Vorschrift des §. 394 B.G.B. sich erledigen.

§. 26.

Die Vorschrift im §. 11 der Civilprozeßordnung über die bindende Wirkung der rechtskräftigen Entscheidung, durch welche ein Gericht sich für sachlich unzuständig erklärt hat, findet in dem Verhältniß der Gewerbegerichte und der ordentlichen Gerichte Anwendung. Eine solche Entscheidung des ordentlichen Gerichts ist auch insoweit, als sie auf der Annahme der örtlichen Zuständigkeit eines bestimmten Gewerbegerichts beruht, für das letztere bindend.

1. C.P.O. §. 11. „Ist die Unzuständigkeit eines Gerichts auf Grund der Bestimmungen über die sachliche Zuständigkeit der Gerichte rechtskräftig ausgesprochen, so ist diese Entscheidung für das Gericht bindend, bei welchem die Sache später anhängig wird.“

2. „Dem Mißstande, welcher sich ergeben würde, wenn in Folge einer Meinungsverschiedenheit sowohl das ordentliche als das Gewerbegericht in derselben Streitsache sich für sachlich unzuständig erklären, sucht der Entwurf dadurch vorzubeugen, daß er die Bestimmung im §. 11 . . . auf das Verhältniß der beiden Gattungen von Gerichten zu einander für anwendbar erklärt. Hierbei kommt jedoch in Betracht, daß das ordentliche Gericht, da nicht für jeden Bezirk ein Gewerbegericht bestehen wird, nur dann dazu gelangen kann, seine sachliche Zuständigkeit zu verneinen, wenn es sich zugleich von dem Vorhandensein eines für die einzelne Streitsache örtlich zuständigen Gewerbegerichts überzeugt, also die Zuständigkeit eines solchen

auch in dieser Hinsicht geprüft und bejaht hat. Eine Trennung der bezeichneten Elemente der Entscheidung ist nicht wohl durchführbar, und, um Komplikationen zu verhüten, räumt der Entwurf der Entscheidung des ordentlichen Gerichts auch insoweit, als sie auf die örtliche Zuständigkeit eines bestimmten Gewerbegerichts gestützt ist, bindende Wirkung für das letztere ein." Mot. S. 28.

§. 11. C.P.O. findet aber auch auf das gegenseitige Verhältniß mehrerer Gewerbegerichte mit verschiedener sachlicher Zuständigkeit (§. 6 Abs. 1, §. 77) Anwendung (Bachem S. 71, Haas S. 68, Schier S. 59, Wilhelmi u. Fürst S. 107).

3. Die Vorschriften der §§. 276 [249] und 505 [466] C.P.O. (s. letzteren in Anm. 2 zu §. 24), wonach das Landgericht im Falle seiner sachlichen Unzuständigkeit den Rechtsstreit auf Antrag des Klägers an ein bestimmtes Amtsgericht und das Amtsgericht in gleichem Falle den Rechtsstreit vor das Landgericht verweisen kann, beides mit der Wirkung, daß mit der Rechtskraft dieses Urtheils der Rechtsstreit als bei dem betr. Amts-, bez. Landgericht anhängig gilt, können für das Verhältniß der ordentlichen Gerichte zu den Gewerbegerichten keine Anwendung finden, da §. 24 des Ges. keine Vorschriften darüber giebt, wie ein Rechtsstreit vor dem ordentlichen Gericht anhängig wird oder daß durch Urtheil eines ordentlichen Gerichts der Rechtsstreit vor dem Gewerbegericht anhängig werde. Levy bei Gruchot Bd. 35. S. 744, von Wilmowski u. Levy Anm. 2 zu §. 466 (a. M., Wilhelmi u. Fürst S. 107, Schier S. 59, theilweise Haas S. 68). Es ist also stets neue Erhebung der Klage vor dem ordentlichen Gericht, bez. dem Gewerbegericht nothwendig.

4. Die örtliche Zuständigkeit des ordentlichen Gerichts wird durch die rechtskräftige Erklärung der sachlichen Unzuständigkeit Seitens des Gewerbegerichts nicht bindend festgestellt, ist vielmehr von jenem unabhängig

hiervon zu prüfen; nur für den umgekehrten Fall macht das Ges. eine Ausnahme.

5. §. 506 [467] C.P.O. (s. Anm. 2 zu §. 24) kann auf das Verfahren vor dem Gewerbegericht schon deshalb nicht angewendet werden, weil die Zuständigkeit desselben ohne Rücksicht auf den Werth des Streitgegenstandes (§. 3 Abs. 1), andererseits aber nur für bestimmte Materien begründet ist; jedes Ueberschreiten der letzteren Grenzen muß von Amtswegen zurückgewiesen werden, während der übrige Rechtsstreit anhängig bleibt; eine Erweiterung des Klageantrags 2c. innerhalb der sachlichen Zuständigkeit aber kann eine Unzuständigkeitserklärung nicht begründen.

§. 27.

Ueber Gesuche wegen Ablehnung von Gerichtspersonen entscheidet das Gewerbegericht.

1. Ueber die Voraussetzungen der Ablehnung von Mitgliedern des Gewerbegerichts und des Gerichtsschreibers (wegen Vorliegens eines gesetzlichen Ausschließungsgrundes und wegen Besorgniß der Befangenheit) und das Verfahren s. §§. 41 bis 49 C.P.O.

2. Nach der Vorlage sollte über Ablehnungsgesuche das Gewerbegericht unter Theilnahme von Beisitzern entscheiden; dieses Erforderniß ist im Plenum in der 3. Lesung beseitigt. Wird die Ablehnung in der mündlichen Verhandlung erklärt, so müssen nach §. 53 die Beisitzer bei der Entscheidung mitwirken, jedoch (§. 45 Abs. 1 C.P.O.) ohne Mitwirkung des abgelehnten Mitgliedes; an Stelle der abgelehnten Beisitzer sind andere einzuberufen, an Stelle des Vorsitzenden sein Vertreter. Ist ein solcher Ersatz nicht ausführbar, so entscheidet nach §. 45 Abs. 1. C.P.O. das Landgericht (Civilkammer), und zwar auch dann, wenn sich die Beschlußunfähigkeit nur auf eine Kammer (§. 9 Abs. 2) erstreckt. (Beschl. d. R.Gr. v. 19. Juni 1886, Entsch. Bd. 16. S. 418.)

Geht das Ablehnungsgesuch vor der mündlichen Verhandlung ein, so kann, da nach §. 46 Abs. 1 C.P.O. die Entscheidung ohne mündliche Verhandlung ergehen kann, der Vorsitzende, bez., wenn dieser abgelehnt wird, sein Vertreter das Gesuch allein erledigen. (§. 53 Abs. 1.) Vgl. Sten. Ber. S. 642, 643.

§. 28.

Nichtprozeßfähigen Parteien, welche ohne gesetzlichen Vertreter sind, kann auf Antrag bis zum Eintritt des gesetzlichen Vertreters von dem Vorsitzenden ein besonderer Vertreter bestellt werden. 1.

Das Gleich gilt im Falle erheblicher Entfernung des Aufenthaltsortes des gesetzlichen Vertreters. 2.

Die nicht prozeßfähige Partei ist auf ihr Verlangen selbst zu hören. 3.

1. §. 57 [55] Abs. 1 C.P.O. bestimmt: „Soll eine nicht prozeßfähige Partei verklagt werden, welche ohne gesetzlichen Vertreter ist, so hat der Vorsitzende des Prozeßgerichts derselben, falls mit dem Verzuge Gefahr verbunden ist, auf Antrag bis zu dem Eintritte des gesetzlichen Vertreters einen besonderen Vertreter zu bestellen."

Nach Abs. 1 des §. 28 kann die Bestellung auch ohne Gefahr im Verzuge, nach Abs. 2 auch bei erheblicher Entfernung des Aufenthaltsortes erfolgen. „Gerade bei Streitigkeiten aus Arbeitsverhältnissen wird es nicht selten vorkommen, daß minderjährige Personen, deren Vormund nicht am Platze ist, betheiligt sind, und es erscheint geboten, gegen das hieraus sich ergebende Hemmniß des sofortigen Austrags der Sache thunlichst Vorkehrung zu treffen." Mot. S. 28.

2. Abs. 3 wurde von der Kommission eingefügt „mit Rücksicht darauf, daß es wünschenswerth ist, das Anhören

der Partei selbst durch das Gericht sowohl im Interesse der Gerechtigkeit gegen die Partei, als auch im Interesse der Klarstellung des Sachverhalts überall da sicher zu stellen, wo es irgend möglich ist. . . . Der Zusatz: „auf ihr Verlangen", besagt, nach Ansicht der Kommission, daß ein Anhören der Partei auch dann nicht nothwendig ist, wenn dieselbe im Termin nicht persönlich erscheint." Komm.-Ber. S. 21, 22. Das Gericht kann aber nach §. 157 [143] Abs. 1 C.P.O. der nicht prozeßfähigen Partei, der die Fähigkeit zum geeigneten Vortrage mangelt, den weiteren Vortrag untersagen.

3. Wegen der Prozeßfähigkeit s. im übr. C.P.O. §§. 50 bis 56 [54], insbes. §. 52 [51]*): „Eine Person ist insoweit prozeßfähig, als sie sich durch Verträge verpflichten kann.

Die Prozeßfähigkeit einer Frau wird dadurch, daß sie Ehefrau ist, nicht beschränkt.

§. 29.

Rechtsanwälte und Personen, welche das Verhandeln vor Gericht geschäftsmäßig betreiben, werden als Prozeßbevollmächtigte oder Beistände vor dem Gewerbegerichte nicht zugelassen.

1. Mit den Rechtsanwälten sind auch die von ihnen substituirten Personen ausgeschlossen. Dagegen wurde in der Kommission einstimmig festgestellt, „daß durch diese Bestimmung Rechtsanwälte nur als Prozeßvertreter**) ausgeschlossen sind, nicht auch etwa dann, wenn sie selber domini causae, etwa in ihrer Eigenschaft als Direktoren einer Aktiengesellschaft betheiligt sind." Komm.-Ber. S. 22.

---

*) Die Worte: „Die Prozeßfähigkeit einer großjährigen Person wird dadurch, daß sie unter väterlicher Gewalt steht", sind gestrichen durch Nr. 16 des R.G. v. 17. Mai 1898.

**) Und auch als Beistände.

2. „Geschäftsmäßig.“ Ein gewerbsmäßiges Betreiben ist nicht erforderlich, so daß der Nachweis der Honorirung nicht geführt zu werden braucht. Mot. z. C.P.O. S. 136.

3. Die Nichtzulassung erstreckt sich nicht nur auf die mündliche Verhandlung (so §. 157 [143] Abs. 2 C.P.O.), sondern auf das ganze Verfahren vor dem Gewerbegericht. Schriftsätze, welche von einer in §. 29 bezeichneten Person unterschrieben sind, müssen zurückgewiesen werden. Gegen den zurückweisenden Beschluß findet in entsprechender Anwendung des §. 157 [143] Abs. 3 C.P.O. kein Rechtsbehelf statt (a. M. Haas S. 73, Wilhelmi u. Fürst S. 121).

4. Im übr. kann als Prozeßbevollmächtigter oder Beistand vor dem Gewerbegericht jede prozeßfähige Person auftreten; §§. 79, 90 [75, 86] C.P.O. Vgl. wegen der Vollmacht §§. 80 bis 89 [76 bis 85] a. a. O. Wegen der Erstattung der durch die Zuziehung eines Bevollmächtigten oder Beistandes erwachsenen Kosten s. §. 52 Abs. 1 d. Ges.

§. 30.

Die Zustellungen in dem Verfahren vor den Gewerbegerichten erfolgen von Amtswegen. 1.

Urtheile und Beschlüsse, gegen welche ein Rechtsmittel stattfindet, sind den Parteien zuzustellen, soweit diese nicht auf die Zustellung verzichten. Sonstige Urtheile und Beschlüsse sind einer Partei nur zuzustellen, wenn sie nicht in Anwesenheit derselben verkündet sind. Auf Verlangen einer Partei ist derselben auch Ausfertigung eines in ihrer Anwesenheit verkündeten Urtheils oder Beschlusses zu ertheilen. 2.

3. **Anträge und Erklärungen einer Partei, welche zugestellt werden sollen, sind bei dem Gerichte einzureichen oder mündlich zum Protokolle des Gerichtsschreibers anzubringen.**

4. **Sofern durch die Zustellung eine Frist gewahrt oder die Verjährung unterbrochen werden soll, tritt diese Wirkung, wenn die Zustellung demnächst erfolgt, bereits mit der Einreichung oder Anbringung des Antrags oder der Erklärung ein.**

1. Zu Abs. 1. „Die Vorschrift, nach welcher alle Zustellungen von Amtswegen zu erfolgen haben, ist bereits in der Bemerkung zu §. 21 (jetzt 24) begründet. Während in dem Verfahren vor den Gerichten auch insoweit, als eine Zustellung durch Vermittelung des Gerichtsschreibers zulässig ist (C.P.O. §. 166 Abs. 2, §§. 168, 196 [152 Abs. 2, §§. 154, 179 in der Fassung vom 20. Mai 1898]), es eines, wenn auch nur stillschweigend erklärten Zustellungsauftrages der Partei bedarf, ist ein solcher nach dem Entwurfe nicht erforderlich. Vielmehr hat das Gericht, wenn eine Zustellung erforderlich ist, diese aus eigener Veranlassung zur Ausführung zu bringen, also auch die Nothwendigkeit der Zustellung von Amtswegen zu prüfen." Mot. S. 28, 29.

Ueber Zustellungen von Amtswegen vgl. §§ 208 bis 213 C.P.O., eingefügt durch Nr. 57 d. R.G. v. 17. Mai 1898. Unter Abs. 1 fällt die Zustellung der Klage, etwaiger vorbereitender Schriftsätze, von Nebeninterventionen, Streitverkündungen 2c., ferner von sämmtlichen im Laufe des Verfahrens nothwendigen Ladungen der Parteien, der Zeugen und Sachverständigen. Wegen der Zustellung der Urtheile und Beschlüsse gelten die besonderen Vorschriften des Abs. 2. Aber auch dann, wenn die Zustellung nur auf Antrag einer Partei erfolgt (vgl. §. 56 Abs. 4), geschieht die Zustellung insofern von Amtswegen, als auch hier der Gerichtsschreiber für die Bewirkung der Zustellung Sorge zu tragen, und die zu übergebenden Abschriften zu beglaubigen hat. Es findet also in dem Verfahren vor dem Gewerbegerichte niemals eine Zustellung in Folge ausdrücklich ertheilten oder vermutheten (§§. 168, 497 [154, 458] C.P.O.) Parteiauftrages statt, sondern nur, wenn nöthig auf Antrag der Partei, durch den Gerichtsschreiber und die von ihm beauftragten Organe; die Partei steht hier niemals in einem Auftragsverhältniß zu dem Zustellungsbeamten, der Gerichtsschreiber ist hier nicht vermittelndes Gerichtsorgan, sondern Auftraggeber im Namen des Gerichts. Zustellung im Auftrag der Partei ist wirkungslos. (Entsch. des Landgerichts Stuttgart, G.G. II. Sp. 28).

2. Zu Abs. 2. Gegenüber der Regierungsvorlage, welche alle Urtheile und Beschlüsse Mangels Verzichts der Parteien von Amtswegen zustellen lassen wollte und nur Beschlüsse und Verfügungen, die lediglich die Prozeßleitung betreffen, hiervon ausschloß, ist auf Grund der Kommissionsbeschlüsse und mit Rücksicht auf die beschränkte Zulassung der Berufung (§. 55) die Zustellung von Urtheilen und Beschlüssen, um „alle überflüssigen Zustellungen zu vermeiden" (Komm.-Ber. S. 28), nur dann von Amtswegen vorgeschrieben, wenn gegen das Urtheil oder den Beschluß ein Rechtsmittel — d. h. die Berufung oder die Beschwerde, s. §. 55 — stattfindet; ob dies der Fall ist, muß der Gerichtsschreiber (§. 31 Abs. 1) von Amtswegen prüfen; jede Partei kann aber auf die Zustellung verzichten. Urtheile und Beschlüsse, die in Abwesenheit einer Partei verkündet sind, insbesondere also Versäumnißurtheile, sind der ausgebliebenen Partei von Amtswegen zuzustellen. Jede Partei hat aber außerdem das Recht, eine Ausfertigung eines in ihrer Anwesenheit verkündeten Urtheils oder Beschlusses dann zu

verlangen, wenn eine Zustellung an sie von Amtswegen nicht zu erfolgen hat; hier ist jedoch keine förmliche Zustellung erforderlich, es genügt eine formlose Uebermittelung. Schreibgebühren kommen auch hier nicht zum Ansatz; §. 57 Abs. 5.

Die zuzustellenden Ausfertigungen von Urtheilen und Beschlüssen sind vom Gerichtsschreiber zu unterschreiben und mit dem Gerichtssiegel (s. Anm. 7 zu §. 1) zu versehen. §§. 317 [288] Abs. 3, 329 [294] Abs. 2 C.P.O.

3. Unter Abs. 3 fallen die in Anm. 1 bezeichneten Schriftstücke. Nothwendig ist hier nur die Einreichung einer Urschrift, welche bei den Akten verbleibt. Die erforderlichen Abschriften sind — kostenfrei (§. 57 Abs. 5) — in der Gerichtsschreiberei anzufertigen.

4. Zu Abs. 4. Es bedarf „einer besonderen Vorschrift in Bezug auf den Zeitpunkt, in welchem die Wirkungen der Zustellung als eingetreten gelten. Denn wenn die letztere der Einwirkung und insbesondere der Beschleunigung seitens der Parteien entzogen wird, so muß Sorge dafür getragen werden, daß in den Fällen, in welchen die Zustellung zur Wahrung einer Frist oder zur Unterbrechung der Verjährung erforderlich ist, der Zeitraum, welchen die Bewirkung derselben nach der Einreichung oder Anbringung des Antrags oder der Erklärung durch die Partei noch in Anspruch nimmt, dieser nicht zum Nachtheile gereiche. Der Abs. 4 enthält zu diesem Zweck eine an den §. 190 der Civilprozeßordnung [§. 207 in der Fassung vom 20. Mai 1898] sich anlehnende Vorschrift." Mot. S. 29.

Wegen Unterbrechung der Verjährung s. §. 267 [239] C.P.O.

§. 31.

1. Der Gerichtsschreiber hat für die Bewirkung der

Zustellung Sorge zu tragen und die bei derselben zu übergebenden Abschriften zu beglaubigen.

Er hat das zu übergebende Schriftstück in einem 2. verschlossenen, mit der Adresse der Person, an welche zugestellt werden soll, sowie mit einer Geschäftsnummer versehenen Briefumschlage dem Zustellungsbeamten und im Falle der Zustellung durch die Post dieser zur Zustellung zu übergeben. Auf den Briefumschlag ist der Vermerk zu setzen: Vereinfachte Zustellung.

Die auf dem Briefumschlage angegebene Ge- 3. schäftsnummer ist in den Akten zu vermerken.

Erfolgt die Zustellung durch die Post, so ist eine 4. Bescheinigung der Uebergabe an die Post (Civilprozeßordnung §§. 177, 179 [§§. 194, 196 in der Fassung vom 20. Mai 1898]) nicht erforderlich.

1. „Die in der C.P.O. vorgesehenen Arten der Zustellung, insbesondere die Zustellung durch den Zustellungsbeamten in Person und die Zustellung durch die Post, müssen auch in dem gewerbegerichtlichen Verfahren Anwendung finden. Die Zustellung von Anwalt zu Anwalt fällt hier von selbst weg. Auch die Vorschriften der Prozeßordnung über Ort und Zeit der Zustellung und über die Person, an welche zugestellt werden muß (§§. 157 bis 170 [§§. 171 bis 187 in der Fassung vom 20. Mai 1898]), bleiben unberührt." Mot. S. 29.

Ebenso greifen die Vorschriften der C.P.O. über die Zustellung im Auslande (§. 199 [182]), an exterritoriale Deutsche und die Vorsteher der Reichskonsulate (§. 200 [183], an Personen, welche zu einem mobilen Truppentheile ꝛc. gehören (§. 201 [184]), Platz. Hier erläßt der Vorsitzende des Gewerbegerichts die erforderlichen Ersuchungsschreiben, und es wird die Zustellung durch das schriftliche Zeugniß der ersuchten Behörden oder Beamten nachgewiesen (§. 202 [185]). Ferner aber finden die Vorschriften der C.P.O. über die öffentliche Zustellung (§§. 203 bis 207 [186 bis 190]) entsprechende Anwendung; in den im §. 203 [186] bezeichneten Fällen hat daher das Prozeßgericht, und zwar, wenn eine Zustellung ohne Parteiantrag vorgeschrieben ist, von Amtswegen, anderenfalls auf einen solchen Antrag die öffentliche Zustellung anzuordnen, die dann vom Gerichtsschreiber von Amtswegen besorgt wird. Die hierdurch erwachsenden, oft bedeutenden baaren Auslagen fallen nach §. 57 Abs. 5 auch hier der Partei nicht zur Last. — Auch §. 188 [171] C.P.O. (Zustellung an Sonn- und Feiertagen) findet Anwendung.

2. Zu Abs. 1. Wenn eine Ausfertigung zuzustellen ist (Ladungen, Urtheile, Beschlüsse), so wird nicht eine beglaubigte Abschrift, sondern die Ausfertigung selbst übergeben (§. 170 [156] Abs. 1 C.P.O.).

3. Zu Abs. 2 bis 4. „Im übrigen wird durch den Grundsatz, daß für die Bewirkung sämmtlicher Zustellungen von Amtswegen Sorge zu tragen ist, eine erhebliche Vereinfachung des Zustellungsverfahrens ermöglicht. Das zu übergebende Schriftstück kann ohne Unterschied der verschiedenen Zustellungsarten in einem verschlossenen Briefumschlage behändigt werden. Die Identität desselben ist aus der auf dem adressirten Umschlag und in den Akten zu vermerkenden Geschäftsnummer zu entnehmen, und die Uebereinstimmung der in dem Briefumschlage befindlichen Abschrift mit der Urschrift wird durch den Beglaubigungsvermerk des Gerichtsschreibers bezeugt. Es bedarf hiernach weder der Aushändigung der Urschrift an den Zustellungsbeamten, noch der Verbindung der Zustellungsurkunde mit der Urschrift,

noch im Falle der Zustellung durch die Post einer Bescheinigung der Uebergabe an die Post (C.P.O. §. 155, §. 178 Abs. 2, §§. 177, 179 [§. 169, §. 190 Abs. 2, §§. 194, 196 in der Fassung vom 20. Mai 1898])." Mot. S. 29, 30. Vergl. die durch Nr. 57 des R.G. vom 17. Mai 1898 hinzugefügten §§. 211—218 C.P.O.

§. 32.

Die von dem Zustellungsbeamten oder dem Postboten aufzunehmende Zustellungsurkunde muß die Art und Weise, in welcher der seiner Adresse und seiner Geschäftsnummer nach bezeichnete Briefumschlag übergeben ist, insbesondere den Ort und die Zeit der Uebergabe, sowie die Person, welcher zugestellt ist, bezeichnen und, wenn die Zustellung nicht an den Adressaten persönlich erfolgt ist, den Grund hiervon angeben. Die Urkunde ist von dem die Zustellung vollziehenden Beamten zu unterschreiben. 1.

Bei der Zustellung wird eine Abschrift der Zustellungsurkunde nicht übergeben. Der Tag der Zustellung ist von dem zustellenden Beamten auf dem Briefumschlage zu vermerken. 2.

1. „Für den Nachweis der Zustellung erfordert der Entwurf eine von dem Zustellungsbeamten oder Postboten aufzunehmende Zustellungsurkunde. Es wäre keine Erleichterung, wenn man sich statt dessen mit einer Empfangsbescheinigung der Person, welcher zugestellt wird, begnügen wollte. Denn abgesehen davon, daß in allen Fällen, in welchen das Schriftstück einem Anderen als dem Adressaten ausgehändigt wird, die amtliche Beurkundung doch nicht zu entbehren wäre, würde sich auch

die Empfangsbescheinigung selbst ihrem Inhalte nach nicht wesentlich einfacher gestalten lassen, als die Zustellungsurkunde. Der Inhalt der letzteren ist . . . auf das Nothwendigste beschränkt; er umfaßt im Wesentlichen die im §. 174 der C.P.O. [§. 191 in der Fassung vom 20. Mai 1898] unter Nr. 1, 4, 5 und 7 bezeichneten Angaben. Ferner kann, da die Zustellungsurkunde hier stets bei den Akten verbleibt, an die Stelle der Uebergabe einer Abschrift derselben an denjenigen, welchem zugestellt wird, ein einfacher Vermerk über den Tag der Zustellung auf dem zur Uebergabe bestimmten Briefumschlage treten. Um dem Zustellungsbeamten oder der Post die Anweisung zur Anwendung dieser vereinfachten Formen zu ertheilen, hat der Gerichtsschreiber den Briefumschlag mit einem entsprechenden Vermerk zu versehen (§. 27 [jetzt 31] Absatz 2 a. E.)." Mot. S. 30.

2. Zu Abs. 1. Wenn nach §. 182 [167] C.P.O. verfahren wird (Niederlegung des zuzustellenden Schriftstückes auf der Gerichtsschreiberei des Amtsgerichts, in dessen Bezirke der Ort der Zustellung liegt, bei der Postanstalt, dem Gemeinde- oder Polizeivorsteher), so muß aus der Urkunde hervorgehen, wie die bezeichneten Vorschriften befolgt sind. §. 191 [174] Nr. 4 a. a. O. §. 182 [167] C.P.O. kann nicht in der Weise entsprechend angewendet werden, daß die Niederlegung auf der Gerichtsschreiberei des Gewerbegerichts erfolgen muß oder kann; denn es handelt sich hier um eine den Amtsgerichten als Distriktsbehörden, nicht als Prozeßgerichten, zugewiesene Funktion (s. Busch Bd. 16 S. 332, a. M. Wilhelmi u. Fürst S. 139).

3. Zu Abs. 2. Damit der zustellende Beamte sicher erfahre, daß es sich um eine gewerbegerichtliche Zustellung handelt, welche den Vermerk des Zustellungstages auf dem Briefumschlage erfordert, empfiehlt es sich, auf dem Briefumschlage dem im §. 31 Abs. 2 vorgeschriebenen Vermerk „Vereinfachte Zustellung" noch die Bezeichnung

„Gewerbegerichtssache" hinzuzufügen. Erlaß des Preuß. Ministers für Handel und Gewerbe und des Justizministers v. 13. Februar 1892 (M. Bl. d. i. V. S. 88). Nach Inkrafttreten des §. 212 C.P.O. in der Fassung vom 20. Mai 1898 wird der Vermerk nicht mehr erforderlich sein.

§. 33.

Die zur Erledigung des Rechtsstreits erforderlichen Verhandlungstermine werden von dem Vorsitzenden von Amtswegen angesetzt. Nach Ansetzung des Termins ist die Ladung der Parteien durch den Gerichtsschreiber zu veranlassen. Ladungen durch die Parteien finden nicht statt. 1.

Die Zustellung der Ladung muß spätestens am Tage vor dem Termine erfolgen. 2.

Die Zustellung der Ladung an eine Partei ist nicht erforderlich, wenn der Termin in Anwesenheit derselben verkündet oder ihr bei Einreichung oder Anbringung der Klage oder des Antrags, auf Grund dessen die Terminsbestimmung stattfindet, mitgetheilt worden ist. Die erfolgte Mittheilung ist zu den Akten zu vermerken. 3.

1. Zu Abs. 1. „Aus der Vorschrift, daß die erforderlichen Verhandlungstermine von Amtswegen anzusetzen und Ladungen durch die Parteien ausgeschlossen sind, folgt einerseits, daß dem Verfahren, soweit angängig — z. B. nach Erledigung eines Zwischenstreites oder nach Eintritt der Rechtskraft eines bedingten Endurtheils —, durch Anberaumung des Termins von Amtswegen Fortgang zu geben ist, und andererseits, daß der Vorsitzende auch ohne besonders darauf gerichteten Antrag einen

Termin anzusetzen hat, sofern eine Parteihandlung, wie die Anbringung der Klage, des Einspruchs, des Antrags auf Ergänzung des Urtheils u. s. w., dies erforderlich macht. Die Befugniß der Parteien, das Verfahren ruhen zu lassen (C.P.O. §. 251 [228], Entwurf §. 33 [jetzt 37] Absatz 3), wird hierdurch nicht berührt." Mot. S. 30.

Die Schriftsätze bedürfen also nicht, wie nach §§. 214 [191] Abs. 2, 253 [230] Abs. 2 Nr. 3 C.P.O. des Vermerks, daß die Partei den Gegner zur Verhandlung lade. Die Ladung erfolgt hier nach Ansetzung des Termins durch Zustellung einer vom Gerichtsschreiber vollzogenen und mit dem Gerichtssiegel versehenen Ausfertigung der Ladung, sowie einer beglaubigten Abschrift des gleichzeitig zuzustellenden Schriftsatzes oder Protokolles. Der Androhung der Versäumnißfolgen bedarf es bei der Ladung der Parteien nach §. 231 [209] Abs. 1 C.P.O. nicht.

Die Bestimmung der Termine hat nach §. 216 [193] Abs. 2 C.P.O. binnen 24 Stunden durch den Vorsitzenden zu erfolgen; auf Sonntage und allgemeine Feiertage sind Termine nur im Nothfalle anzuberaumen (Abs. 3 a. a. O.).

2. Abs. 2 bestimmt sowohl die Ladungsfrist (§. 217 [194] C.P.O.), als auch die Einlassungsfrist (§§. 262, 498 [234, 459] a. a. O.). Eine weitere Abkürzung dieser Fristen ist nach §. 226 [204] C.P.O. auf Antrag zulässig (Wilhelmi u. Fürst S. 143, a. M. Schier S. 71). Ist die Zustellung der Klage im Auslande vorzunehmen, so hat das Gericht (d. h. der Vorsitzende, Abs. 1 dieses §., §. 58 Abs. 1) bei Festsetzung des Termins die Einlassungsfrist zu bestimmen (§. 498 [459] Abs. 2 C.P.O.). Im übr. ist für Zustellungen, welche nicht im Bezirke des Prozeßgerichts erfolgen, die Wahrung einer längeren Frist nicht vorgeschrieben. Ist die Frist nicht innegehalten, so kann gegen den Ausgebliebenen ein Versäumnißurtheil nicht ergehen (§. 335 [300] Nr. 2 C.P.O.). Erscheint der Geladene, so kann er Vertagung verlangen; durch

Unterlassung der Rüge des Mangels und Verhandeln zur Sache wird derselbe gemäß §§. 295, 333 [267, 298] C.P.O. geheilt (Wilhelmi u. Fürst S. 144).

3. Zu Abs. 3. Nach §. 218 [195] C.P.O. ist die Ladung nur entbehrlich, wenn der Termin in einer durch das Gericht verkündeten Entscheidung bestimmt ist; hier aber genügt auch Bekanntmachung durch den Gerichtsschreiber. Die Verkündung durch das Gericht ersetzt die Ladung nach der ausdrücklichen Vorschrift des Abs. 3 nur gegenüber der *anwesenden* Partei (anders §§. 218, 312, 329 Abs. 2 [195, 283, 294 Abs. 2] C.P.O.); die ausgebliebene Partei muß daher zu dem etwa erforderlichen neuen Termine stets von Amtswegen geladen werden.

§. 34.

**Nachdem die Klage eingereicht oder zum Pro- 1.
tokolle des Gerichtsschreibers angebracht ist, hat der Vorsitzende einen möglichst nahen Termin zur Verhandlung anzusetzen.**

**Die Klage gilt, unbeschadet der Bestimmung im 2.
§. 30 Absatz 4, erst mit der Zustellung an den Beklagten als erhoben.**

1. Zu Abs. 1. Die Klage *muß* enthalten: a) die Bezeichnung der Parteien und des Gerichts; b) die bestimmte Angabe des Gegenstandes und des Grundes des erhobenen Anspruchs, sowie einen bestimmten Antrag (§. 253 [230] Abs. 2 Nr. 1 u. 2 C.P.O., s. jedoch §. 254 C.P.O. [eingeschoben durch Nr. 68 d. R.G. v. 17. Mai 1898]). Die Ladung des Beklagten (Nr. 3 a. a. O.) ist nicht nothwendig (s. §. 33 Abs. 1), ebensowenig die Angabe des Werthes des nicht in einer bestimmten Summe bestehenden Streitgegenstandes (Abs. 3 a. a. O.), da die Zuständigkeit des Gewerbegerichts von dem Werthe des Streitgegenstandes unabhängig ist (§. 3).

Ferner soll die Klage enthalten: die beabsichtigten Anträge, die Angabe der zur Begründung der Anträge dienenden thatsächlichen Verhältnisse, die Bezeichnung der Beweismittel, die Unterschrift der Partei bezw. ihres Vertreters; die in Bezug genommenen Urkunden sind in Abschrift oder Urschrift beizufügen (§§. 130, 131, 253 Abs. 4 [121, 122, 230 Abs. 4] C.P.O.). Ueber die Folgen der Nichtbeachtung dieser instruktionellen Vorschriften s. §. 335 [300] Abs. 1 Nr. 3 C.P.O. (§. 37 des Ges. u. Anm.).

Wegen der Zulässigkeit der Klage auf künftige Zahlung oder Leistung s. §§. 257—259 C.P.O. [eingeschoben durch Nr. 69 d. R.G. v. 17. Mai 1898].

Wegen der Abschrift der Klage s. Anm. 3 zu §. 30, wegen der Einlassungsfrist s. §. 33 Abs. 2 u. Anm.

2. Die Einreichung einer Klagebeantwortung oder weiterer vorbereitender Schriftsätze ist nicht nothwendig (§. 129 [120] Abs. 2 C.P.O.). An Stelle derartiger Schriftsätze können auch Erklärungen zum Protokoll des Gerichtsschreibers treten; dieselben, wie auch die vorbereitenden Schriftsätze, können der Gegenpartei ohne besondere Form mitgetheilt werden. §. 502 [468] C.P.O.

3. Ueber die Zulässigkeit der Verbindung mehrerer Ansprüche des Klägers gegen denselben Beklagten s. §. 260 [232] C.P.O., über Streitgenossenschaft §§. 59, 60 [56, 57] a. a. O. (vgl. jedoch Anm. 6 zu §. 8), über die Aenderung der Klage §. 264 [eingeschoben durch Nr. 74 d. R.G. v. 17. Mai 1898], §§. 268 [240], 269 [241] 270 [242, abgeändert durch Nr. 78 a. a. O.], über die Zurücknahme derselben §. 271 [243] C.P.O.

§. 35.

1. **An ordentlichen Gerichtstagen können die Parteien zur Verhandlung des Rechtsstreits ohne Terminsbestimmung und Ladung vor dem Gerichte erscheinen.**

Die Erhebung der Klage erfolgt in diesem Falle 2.
durch den mündlichen Vortrag derselben. Die Klage ist zu Protokoll zu nehmen, falls die Sache streitig bleibt.

1. Entspricht dem §. 500 [461] C.P.O. Der zweite Satz des Abs. 2 soll die Partei von der Nothwendigkeit befreien, nachher noch schriftlich oder zum Protokolle des Gerichtsschreibers Klage zu erheben. Komm. Ber. S. 23, 24. Wenn nach Erhebung der Klage ein Vergleich zu Stande kommt, so findet aus demselben gemäß §. 56 Abs. 1 die Zwangsvollstreckung statt. Auch §. 510 [471] C.P.O. (s. Anm. 2 zu §. 24) findet entsprechende Anwendung. Wegen der Vollstreckung der geschlossenen Vergleiche s. §. 56 Anm. 2 a. E.

§. 36.

Die Verhandlung vor dem erkennenden Gerichte 1.
einschließlich der Verkündung der Urtheile und Beschlüsse desselben erfolgt öffentlich.

Durch das Gericht kann die Oeffentlichkeit für 2.
die Verhandlung oder für einen Theil derselben nach Maßgabe der Vorschriften in den §§. 173 bis 175 des Gerichtsverfassungsgesetzes ausgeschlossen werden.

Die Vorschriften der §§. 176 bis 193 des Ge- 3.
richtsverfassungsgesetzes über die Aufrechterhaltung der Ordnung in den Sitzungen und über die Gerichtssprache finden Anwendung.

1. Zu Abs. 1. Die Verhandlung vor dem beauftragten oder ersuchten Richter oder Gericht ist nicht öffentlich.

2. Zu Abs. 2. G.V.G. „§. 173. In allen Sachen kann durch das Gericht für die Verhandlung oder für

einen Theil derselben die Oeffentlichkeit ausgeschlossen werden, wenn sie eine Gefährdung der öffentlichen Ordnung, insbesondere der Staatssicherheit, oder eine Gefährdung der Sittlichkeit besorgen läßt.

§. 174. Die Verkündung des Urtheils erfolgt in jedem Falle öffentlich.

Durch einen besonderen Beschluß des Gerichts kann für die Verkündung der Urtheilsgründe oder eines Theiles derselben die Oeffentlichkeit ausgeschlossen werden, wenn sie eine Gefährdung der Staatssicherheit oder eine Gefährdung der Sittlichkeit besorgen läßt.

§. 175. Die Verhandlung über die Ausschließung der Oeffentlichkeit findet in nicht öffentlicher Sitzung statt, wenn ein Betheiligter es beantragt oder das Gericht es für angemessen erachtet. Der Beschluß, welcher die Oeffentlichkeit ausschließt, muß öffentlich verkündet werden. Bei der Verkündung ist anzugeben, ob die Ausschließung wegen Gefährdung der öffentlichen Ordnung, insbesondere wegen Gefährdung der Staatssicherheit, oder ob sie wegen Gefährdung der Sittlichkeit erfolgt.

Ist die Oeffentlichkeit wegen Gefährdung der Staatssicherheit ausgeschlossen, so kann das Gericht den anwesenden Personen die Geheimhaltung von Thatsachen, welche durch die Verhandlung, durch die Anklageschrift oder durch andere amtliche Schriftstücke des Prozesses zu ihrer Kenntniß gelangen, zur Pflicht machen. Der Beschluß ist in das Sitzungsprotokoll aufzunehmen. Gegen denselben findet Beschwerde statt. Die Beschwerde hat keine aufschiebende Wirkung."

Strafbestimmungen s. Art. II, III, IV d. Ges. vom 5. April 1888 (R.G.Bl. S. 133).

8. Zu Abs. 3. G.V.G. „§. 176. Der Zutritt zu öffentlichen Verhandlungen kann unerwachsenen und solchen Personen versagt werden, welche sich nicht im Besitze der bürgerlichen Ehrenrechte befinden, oder welche

in einer der Würde des Gerichts nicht entsprechenden Weise erscheinen.

Zu nicht öffentlichen Verhandlungen kann der Zutritt einzelnen Personen vom Gerichte gestattet werden. Einer Anhörung der Betheiligten bedarf es nicht.

Die Ausschließung der Oeffentlichkeit steht der Anwesenheit der die Dienstaufsicht führenden Beamten der Justizverwaltung bei den Verhandlungen vor dem erkennenden Gerichte nicht entgegen.

§. 177. Die Aufrechthaltung der Ordnung in der Sitzung liegt dem Vorsitzenden ob.

§. 178. Parteien, Beschuldigte, Zeugen, Sachverständige oder bei der Verhandlung nicht betheiligte Personen, welche den zur Aufrechthaltung der Ordnung erlassenen Befehlen nicht gehorchen, können auf Beschluß des Gerichts aus dem Sitzungszimmer entfernt, auch zur Haft abgeführt und während einer in dem Beschlusse zu bestimmenden Zeit, welche vierundzwanzig Stunden nicht übersteigen darf, festgehalten werden.

§. 179. Das Gericht kann gegen Parteien, Beschuldigte, Zeugen, Sachverständige oder bei der Verhandlung nicht betheiligte Personen, welche sich in der Sitzung einer Ungebühr schuldig machen, vorbehaltlich der strafgerichtlichen Verfolgung, eine Ordnungsstrafe bis zu einhundert Mark oder bis zu drei Tagen Haft festsetzen und sofort vollstrecken lassen.

§. 180. Das Gericht kann gegen einen bei der Verhandlung betheiligten Rechtsanwalt oder Vertheidiger, der sich in der Sitzung einer Ungebühr schuldig macht, vorbehaltlich der strafgerichtlichen oder disziplinaren Verfolgung eine Ordnungsstrafe bis zu einhundert Mark festsetzen.*)

§. 181. Die Vollstreckung der vorstehend bezeichneten

*) Vgl. §. 29 Ges.

Ordnungsstrafen hat der Vorsitzende unmittelbar zu veranlassen.

§. 182. Die in den §§. 177—181 bezeichneten Befugnisse stehen auch einem einzelnen Richter bei der Vornahme von Amtshandlungen außerhalb der Sitzung zu.

§. 183. Ist in den Fällen der §§. 179, 180, 182 eine Ordnungsstrafe festgesetzt, so findet binnen der Frist von einer Woche nach der Bekanntmachung der Entscheidung Beschwerde statt, sofern die Entscheidung nicht von dem Reichsgerichte oder einem Oberlandesgerichte getroffen ist.

Die Beschwerde hat in dem Falle des §. 179 keine aufschiebende Wirkung, in den Fällen des §. 180 und des §. 182 aufschiebende Wirkung.

Ueber die Beschwerde entscheidet das Oberlandesgericht.

§. 184. Ist eine Ordnungsstrafe wegen Ungebühr festgesetzt, oder eine Person zur Haft abgeführt, oder eine bei der Verhandlung betheiligte Person entfernt worden, so ist der Beschluß des Gerichts und dessen Veranlassung in das Protokoll aufzunehmen.

§. 185. Wird eine strafbare Handlung in der Sitzung begangen, so hat das Gericht den Thatbestand festzustellen und der zuständigen Behörde das darüber aufgenommene Protokoll mitzutheilen. In geeigneten Fällen ist die vorläufige Festnahme des Thäters zu verfügen.

§. 186. Die Gerichtssprache ist die deutsche.

§. 187. Wird unter Betheiligung von Personen verhandelt, welche der deutschen Sprache nicht mächtig sind, so ist ein Dolmetscher zuzuziehen. Die Führung eines Nebenprotokolls in der fremden Sprache findet nicht statt; jedoch sollen Aussagen und Erklärungen in fremder Sprache, wenn und soweit der Richter dies mit Rücksicht auf die Wichtigkeit der Sache für erforderlich erachtet, auch in der fremden Sprache in das Protokoll oder in eine Anlage niedergeschrieben werden. In den dazu geeigneten Fällen soll dem Protokolle eine durch den Dolmetscher zu beglaubigende Uebersetzung beigefügt werden.

Die Zuziehung eines Dolmetschers kann unterbleiben, wenn die betheiligten Personen sämmtlich der fremden Sprache mächtig sind.

§. 188. Zur Verhandlung mit tauben oder stummen Personen ist, sofern nicht eine schriftliche Verständigung erfolgt, eine Person als Dolmetscher zuzuziehen, mit deren Hülfe die Verständigung in anderer Weise erfolgen kann.

§. 189. Ob einer Partei, welche taub ist, bei der mündlichen Verhandlung der Vortrag zu gestatten sei, bleibt dem Ermessen des Gerichts überlassen.

Dasselbe gilt in Anwaltsprozessen von einer Partei, die der deutschen Sprache nicht mächtig ist.*)

§. 190. Personen, welche der deutschen Sprache nicht mächtig sind, leisten Eide in der ihnen geläufigen Sprache.

§. 191. Der Dolmetscher hat einen Eid dahin zu leisten:

daß er treu und gewissenhaft übertragen werde.

Ist der Dolmetscher für Uebertragungen der betreffenden Art im Allgemeinen beeidigt, so genügt die Berufung auf den geleisteten Eid.

§. 192. Der Dienst des Dolmetschers kann von dem Gerichtsschreiber wahrgenommen werden. Einer besonderen Beeidigung bedarf es nicht.

§. 193. Auf den Dolmetscher finden die Bestimmungen über Ausschließung und Ablehnung der Sachverständigen entsprechende Anwendung. Die Entscheidung erfolgt durch das Gericht oder den Richter, von welchem der Dolmetscher zugezogen ist."

4. Zu §. 181 G.V.G. Die Beitreibung der Geldstrafen erfolgt auf Grund einer vom Gerichtsschreiber zu ertheilenden vollstreckbaren Ausfertigung des betr. Beschlusses durch den Gerichtsvollzieher. Die Vollziehung

*) Vgl. §. 29 Ges.

der Haft hat der Vorsitzende gemäß §. 181 a. a. O. auch im Falle des §. 179 direkt, also ohne Vermittelung der Staatsanwaltschaft (Urth. d. R.G. v. 10./17. Januar 1887, Entsch. i. Straff. Bd. 15, S. 227) zu veranlassen; der Verurtheilte ist daher auf Anordnung des Vorsitzenden durch einen Gerichtsvollzieher (§. 19 Nr. 2 der preuß. Gerichtsvollzieherordnung v. 23. Februar 1885, J.M.Bl. S. 55) oder durch ein Polizeiorgan, und zwar regelmäßig mit einem schriftlichen Annahmebefehl des Vorsitzenden (§. 25 des Reglements für die Gefängnisse der Justizverwaltung, v. 16. März 1881, J.M.Bl. S. 50), dem Gefängniß zuzuführen.*) Im Falle des §. 178 kann die Haft auch in einem verschlossenen Raume des Gerichtsgebäudes vollstreckt werden. Löwe, St.P.O., Anm. 8 zu §. 178 cit.

5. Zu §§. 187 ff. G.V.G. „Es wurde von einem Mitgliede der Kommission angefragt, welche Vorschriften für die Beschaffung der nöthigen Anzahl geeignet vorgebildeter Dolmetscher in solchen Landestheilen maßgebend seien, in welchen Staatsbürger einer nicht deutschen Zunge ansässig wären. Die Kommission war mit den Vertretern der verbündeten Regierungen darin einverstanden, daß die Anordnungen der Landesjustizverwaltung hier zur Anwendung zu kommen hätten, daß es auch nicht angehe, der Landesjustizverwaltung über diesen Punkt Vorschriften zu machen, und daher die Ausfüllung der Lücken, soweit sie vorhanden sein sollten, der Landesjustizverwaltung überlassen bleiben müsse." Komm.-Ber. S. 24.

§. 37.

1. Erscheint der Kläger im Verhandlungstermine

*) In Preußen sind die Haftstrafen in den zur Aufnahme der Polizei-Gefangenen aus dem örtlichen Zuständigkeitsbereiche des Gewerbegerichts bestimmten Gefängnissen zu vollstrecken. Min.Erl. v. 14. Februar 1898, G.G. III. Sp. 77.

nicht, so ist auf Antrag des Beklagten das Versäumnißurtheil dahin zu erlassen, daß der Kläger mit der Klage abzuweisen sei.

Erscheint der Beklagte nicht und beantragt der 2.
Kläger das Versäumnißurtheil, so werden die in der Klage behaupteten Thatsachen als zugestanden angenommen. Soweit dieselben den Klageantrag rechtfertigen, ist nach dem Antrage zu erkennen; soweit dies nicht der Fall, ist die Klage abzuweisen.

Bleiben beide Parteien aus, so ruht das Ver- 3.
fahren, bis die Ansetzung eines neuen Verhandlungstermins beantragt wird.

1. Zu Abs. 1 und 2. Abs. 1 entspricht dem §. 380 [295], Abs. 2 dem §. 331 [296] C.P.O. Als nicht erschienen gilt nach §. 333 [298] C.P.O. auch diejenige Partei, welche im Termine zwar erscheint, aber nicht verhandelt. Ueber die Zurückweisung des Antrags auf Erlaß eines Versäumnißurtheils und Vertagung auf Antrag s. §§. 335, 336 [300, 301] C.P.O., über die Vertagung von Amtswegen §. 337 [302] a. a. O.

2. Zu Abs. 3. Nach §. 227 [205] C.P.O. können die Parteien die Aufhebung eines Termins vereinbaren; nach 228 [206] a. a. O. kann die Verlegung eines Termins, die Vertagung einer Verhandlung und die Anberaumung eines Termins zur Fortsetzung der Verhandlung auch von Amtswegen erfolgen. Ueber Unterbrechung und Aussetzung des Verfahrens s. §§. 239 bis 252 [217 bis 229] C.P.O.; die in diesen §§. angeordneten Ladungen und Zustellungen erfolgen hier auf Antrag der Partei durch das Gericht (s. §§. 30, 33).

§. 38.

Die Partei, gegen welche ein Versäumnißurtheil 1.

erlassen ist, kann binnen der Nothfrist von drei Tagen seit der an sie bewirkten Zustellung des Urtheils die Erklärung abgeben, daß sie Einspruch einlege. Die Einlegung gilt mit der Einreichung der Erklärung oder mit der Abgabe derselben zum Protokolle des Gerichtsschreibers als bewirkt.

2. In dem Versäumnißurtheil ist der Partei zu eröffnen, in welcher Form und Frist ihr der Einspruch zusteht.

3. Nach Einlegung des Einspruchs hat der Vorsitzende einen neuen Verhandlungstermin anzusetzen.

4. Erscheint die Partei, welche den Einspruch eingelegt hat, auch in dem neuen Termine nicht, so gilt der Einspruch als zurückgenommen. Anderenfalls wird, sofern der Einspruch zulässig ist, der Prozeß in die Lage zurückversetzt, in welcher er sich vor Eintritt der Versäumniß befand.

1. Zu Abs. 1.

Die Einlegung des Einspruchs kann wirksam auch schon vor Zustellung des Urtheils erfolgen. Urth. d. R.G. v. 25. Januar 1881, Entsch. Bd. 3. S. 408. Gegen die Versäumung der Nothfrist findet gemäß §§. 233 bis 238 [211 bis 216] C.P.O. die Wiedereinsetzung in den vorigen Stand statt, doch kann §. 235 [213] wegen der Kürze der Einspruchsfrist hier nicht zur Anwendung kommen (Schier S. 85, Wilhelmi u. Fürst S. 167). Wegen des Einflusses des Einspruchs und des Antrags auf Wiedereinsetzung in den vorigen Stand auf die Zwangsvollstreckung s. §§. 707, 719 [647, 657] C.P.O.

Ueber die Bestimmung der Einspruchsfrist bei der Zustellung im Auslande oder durch öffentliche Bekanntmachung s. §. 339 [304] Abs. 2 C.P.O.

2. Zu Abs. 2. Ist die Eröffnung unterlassen, so beginnt nicht der Lauf der Einspruchsfrist.

3. Zu Abs. 3. Zu diesem Termin sind die Parteien durch den Gerichtsschreiber zu laden (§. 33). §. 54 Abs. 1 wird Anwendung finden können (§. 342 [307] C.P.O.), a. A. Haas S. 87 u. frühere Auflagen.

4. Zu Abs. 4. Im Falle des Satz 1 ist ein richterlicher Ausspruch nicht nothwendig. Ob der Einspruch zulässig ist, hat das Gericht von Amtswegen zu prüfen; ev. ist er durch Urtheil zu verwerfen. §. 341 [306] C.P.O.

§. 39.

Erscheinen die Parteien in dem Termine, so 1.
hat das Gewerbegericht thunlichst auf eine gütliche Erledigung des Rechtsstreits hinzuwirken. Es kann den Sühneversuch in jeder Lage des Verfahrens erneuern und hat denselben bei Anwesenheit der Parteien am Schlusse der Verhandlung zu wiederholen.

Der Inhalt eines vor dem Gerichte abgeschlossenen 2.
Vergleichs ist durch Aufnahme in das Protokoll festzustellen. Die Feststellung ist den Parteien vorzulesen. In dem Protokolle ist zu bemerken, daß die Vorlesung stattgefunden hat und daß die Genehmigung erfolgt ist oder welche Einwendungen erhoben sind.

1. Zu Abs. 1. Die erfolglose Vornahme des Sühneversuchs im Protokoll zu erwähnen, ist nicht nothwendig; s. Abs. 2 u. Anm. zu §. 47.

2. Zu Abs. 2. Es genügt nicht, wie nach §. 162 [148] C.P.O., Vorlegung des Protokolls an die Betheiligten

zur Durchsicht. Die Unterschrift der Parteien ist nicht nothwendig.

§. 40.

1. Kommt ein Vergleich nicht zu Stande, so ist über den Rechtsstreit zu verhandeln. Die Leitung der Verhandlung liegt dem Vorsitzenden ob. Derselbe hat dahin zu wirken, daß die Parteien über alle erheblichen Thatsachen sich vollständig erklären, die Beweismittel für ihre Behauptungen bezeichnen und die sachdienlichen Anträge stellen. Derselbe kann jederzeit das persönliche Erscheinen der Parteien anordnen und für den Fall des Nichterscheinens eine Geldstrafe bis zu einhundert Mark androhen. Gegen die Festsetzung der Strafe findet Beschwerde nach den Bestimmungen der Civilprozeßordnung statt.

2. Wird die Fortsetzung der Verhandlung in einem weiteren Termine nothwendig, insbesondere weil eine erforderliche Beweisaufnahme nicht sofort bewirkt werden kann, so ist der weitere Termin alsbald zu verkünden. Der zur Beweisaufnahme vor dem Gerichte anberaumte Termin ist zugleich zur Fortsetzung der Verhandlung bestimmt.

1. Abs. 1. Das Fragerecht des Vorsitzenden ist nach §. 503 [464] C.P.O. geregelt (s. auch §. 139 [130] Abs. 1, 2 a. a. O.). Auch im übrigen finden die Vorschriften der C.P.O. über die mündliche Verhandlung — vgl. §§. 136 bis 138, (437, 452, 507), 139 Abs. 3, 140 bis 271 [127 bis 129 (404, 417, 468), 130 Abs. 3, 131 bis 248] (wegen §. 157 [143] s. §. 29 Ges.) 274, (504),

278 bis 283, [247 (465), 251 bis 256, 258] — Anwendung.*)

Ueber die Vollstreckung der Geldstrafe s. Anm. 4 zu §. 36. „Beschwerde" s. §. 55 u. Anm.; aufschiebende Wirkung hat die Beschwerde nicht (§. 572 [535] Abs. 1 C.P.O.), doch kann der Vorsitzende und das Beschwerdegericht die Aussetzung der Vollziehung anordnen (Abs. 2, 3 a. a. O.).

Die aus dem Ausbleiben einer persönlich vorgeforderten Partei sich ergebenden Folgerungen hat das Gericht nach der Sachlage auf Grund freier Beweiswürdigung zu bestimmen.

2. Abs. 2. Der neue Termin ist alsbald, also nicht etwa erst in einem Publikationstermine (§. 329 [294] Abs. 2 in Verbindung mit §. 310 [281] C.P.O.) zu verkünden.

§. 41.

Erscheinen in einem zur Fortsetzung der Ver- 1.
handlung bestimmten Termine die Parteien oder eine derselben nicht, so ist das Urtheil unter Berücksichtigung der bisherigen Verhandlungen, insbesondere einer etwaigen Beweisaufnahme, zu erlassen.

Das Gericht kann jedoch, sofern wegen eines 2.
neuen Vorbringens der erschienenen Partei oder aus einem anderen Grunde eine weitere Verhandlung angezeigt erscheint, zunächst die Anberaumung eines neuen Termins, sowie eine etwa erforderliche Beweisaufnahme beschließen.

*) §. 277 [250] (vorbereitendes Verfahren) findet nicht Anwendung, da im amtsgerichtlichen Verfahren (s. §. 24 des Ges.) ein vorbereitendes Verfahren ausgeschlossen ist (§. 508 [469] C.P.O.). Dungs bei Busch Bd. 16. S. 567, a. M. Schier S. 92

3. Erscheinen beide Parteien nicht, so kann das Gericht die Sache für ruhend erklären.

4. Erscheint in dem neuen Termine eine Partei nicht, so entscheidet das Gericht nach freiem Ermessen, inwieweit eine beantragte Beweisaufnahme zu bewirken oder ein neues thatsächliches Vorbringen der erschienenen Partei für zugestanden zu erachten und inwieweit eine von der Gegenpartei abzugebende Erklärung als verweigert oder ein früheres Vorbringen derselben als zurückgenommen anzusehen ist.

1. Der Entwurf (§. 35 Abs. 3) wollte beim Ausbleiben der Parteien oder einer derselben in dem zur Fortsetzung der Verhandlung bestimmten Termine in Uebereinstimmung mit der C.P.O. (§. 332 [297]) dieselben Versäumnißfolgen eintreten lassen, wie beim Ausbleiben im ersten Verhandlungstermine (§. 37). §. 41, der auf den Kommissionsbeschlüssen beruht, soll diese „harten Versäumnißfolgen" ausschließen. „Es wurde anerkannt, daß die unbeschränkte Zulassung der Versäumnißfolgen der C.P.O. in diesem gewerblichen Prozesse bei dem Ausschluß der Rechtsanwälte eine unnöthige Härte einschließe. Durch den Antrag wird dem Richter freie Hand gelassen, auf Grund der bisherigen Verhandlungen durch Urtheil zu erkennen, oder auch eine Vertagung eintreten zu lassen, um die Parteien persönlich zu hören." Komm.-Ber. 25.

Das persönliche Erscheinen der Parteien kann gemäß §. 40 Abs. 1 jederzeit angeordnet werden.

2. Zu Abs. 3. Das Gericht kann die Sache für ruhend erklären, es kann aber auch gemäß Abs. 1 und 2 ein Urtheil erlassen oder vertagen; Abs. 3 bezieht sich

auch auf den in Abs. 1 erwähnten Termin (Dungs bei Busch Bd. 16. S. 557, a. M. Schier S. 96).

3. Abs. 4 bezieht sich auf den gemäß Abs. 2 anberaumten neuen Termin, nicht auf den im Abs. 1 erwähnten Termin.

§. 42.

Gegen ein auf Grund des §. 41 ergangenes Urtheil steht der nicht erschienenen Partei der Einspruch (§. 38) zu, sofern sie durch Naturereignisse oder andere unabwendbare Zufälle am Erscheinen verhindert war. Dies ist der Partei in dem Urtheil zu eröffnen. Die Ansetzung des neuen Verhandlungstermins erfolgt nur, wenn ein Verhinderungsgrund der bezeichneten Art binnen der Einspruchsfrist glaubhaft gemacht ist. 1.

Im Uebrigen gilt ein auf Grund des §. 41 ergangenes Urtheil nicht als Versäumnißurtheil. 2.

1. Zu Abs. 1. Ueber die Einlegung des Einspruchs s. §. 38 und Anm. Der Einspruch ist jedoch hier nur aus bestimmten Gründen zulässig und muß daher beim Mangel dieser Gründe, über deren Vorhandensein ev. Beweis zu erheben ist, verworfen werden. Dem Vorsitzenden ist aber ein Vorprüfungsrecht insofern gegeben, als er die Ansetzung des neuen Termins (§. 38 Abs. 3) abzulehnen hat, sofern ihm nicht einer der zugelassenen Verhinderungsgründe binnen drei Tagen nach Zustellung des Urtheils glaubhaft gemacht ist. Gegen den ablehnenden Bescheid findet gemäß §. 55 d. Ges. (§. 567 [530] C.P.O.) die Beschwerde beim Landgericht statt. Die Vorprüfung des Vorsitzenden bindet das Gewerbegericht bei der Verurtheilung über die Zulässigkeit des Einspruchs nicht.

C.P.O. §. 294 [266].*) „Wer eine thatsächliche Behauptung glaubhaft zu machen hat, kann sich aller Beweismittel, mit Ausnahme der Eideszuschiebung, bedienen, auch zur Versicherung an Eidesstatt zugelassen werden.

Eine Beweisaufnahme, welche nicht sofort erfolgen kann, ist unstatthaft."

2. Zu Abs. 2. Ein auf Grund des §. 41 ergangenes Urtheil gilt nur, soweit Abs. 1 dies bestimmt, als Versäumnißurtheil, im Uebrigen also als eine nach kontradiktorischer Verhandlung ergangene Entscheidung. Die ausgebliebene Partei hat daher gegen das gemäß §. 41 ergangene Urtheil nach ihrer Wahl das Rechtsmittel der Berufung, soweit diese nach §. 55 statthaft ist, oder den beschränkten Einspruch; auch wenn der Einspruch als unzulässig verworfen ist, kann sie innerhalb der gesetzlichen Frist noch die Berufung einlegen.

3. Die gemäß §. 41 ergehenden Urtheile sind in den Fällen des §. 56 Abs. 2 für vorläufig vollstreckbar zu erklären.

§. 43.

1. **Die Beweisaufnahme erfolgt in der Regel vor dem Gewerbegerichte. Sie kann nur in den Fällen der §§. 337, 340, 347, 399, 441 der Civilprozeßordnung [§§. 372, 375, 382, 434, 479 in der Fassung vom 20. Mai 1898] dem Vorsitzenden des Gerichts oder mittelst Ersuchens einem Amtsgerichte übertragen werden.**

2. **Die Beweisaufnahme ist auch dann zu bewirken, wenn die Parteien oder eine derselben in dem für**

*) Die Worte „zur Versicherung an Eidesstatt" treten nach Nr. 83 des R.G. v. 17. Mai 1898 an die Stelle der Worte im § 266 C.P.O. vom 30. Januar 1877: „zur eidlichen Versicherung der Wahrheit der Behauptung".

die Beweisaufnahme bestimmten Termine nicht erscheinen.

1. Zu Abs. 1. Satz 1 entspricht dem §. 355 [320] Abs. 1 Satz 1 C.P.O. In den im Satz 2 hervorgehobenen Fällen kann die Beweisaufnahme nur dem Vorsitzenden oder einem Amtsgericht übertragen werden, nicht auch, wie nach §. 355 [320] Abs. 1 Satz 2 C.P.O., einem Beisitzer.

C.P.O. „§. 372 [337]. Das Prozeßgericht kann anordnen, daß bei der Einnahme des Augenscheins ein oder mehrere Sachverständige zuzuziehen seien.

Es kann einem Mitgliede des Prozeßgerichts oder einem anderen Gerichte die Einnahme des Augenscheins übertragen, auch die Ernennung der zuzuziehenden Sachverständigen überlassen.

§. 375 [340].*) Die Aufnahme des Zeugenbeweises kann einem Mitgliede des Prozeßgerichts oder einem anderen Gericht übertragen werden:

1. wenn zur Ausmittelung der Wahrheit die Vernehmung des Zeugen an Ort und Stelle dienlich erscheint;
2. wenn die Beweisaufnahme vor dem Prozeßgericht erheblichen Schwierigkeiten unterliegen würde;
3. wenn der Zeuge verhindert ist, vor dem Prozeßgerichte zu erscheinen;
4. wenn der Zeuge in großer Entfernung von dem Sitze des Prozeßgerichts sich aufhält.

Die Landesherren und die Mitglieder der landesherrlichen Familien sowie die Mitglieder der Fürstlichen Familie Hohenzollern sind durch ein Mitglied des Prozeßgerichts oder durch ein anderes Gericht in ihrer Wohnung zu vernehmen. Das Gleiche gilt in Ansehung der Mitglieder des vormaligen Hannoverschen Königshauses, des

*) Satz 2 des Abs. 2 hinzugefügt durch Nr. 92 des R.G. vom 17. Mai 1898.

vormaligen Kurhessischen und des vormaligen Herzoglich Nassauischen Fürstenhauses.

§. 382 [347]. Der Reichskanzler, die Minister eines Bundesstaates, die Mitglieder der Senate der freien Hansestädte, die Vorstände der obersten Reichsbehörden und die Vorstände der Ministerien sind an ihrem Amtssitze oder, wenn sie sich außerhalb desselben aufhalten, an ihrem Aufenthaltsorte zu vernehmen.

Die Mitglieder des Bundesraths sind während ihres Aufenthalts am Sitze des Bundesraths an diesem Sitze, die Mitglieder einer deutschen gesetzgebenden Versammlung während der Sitzungsperiode und ihres Aufenthalts am Orte der Versammlung an diesem Orte zu vernehmen.

Zu einer Abweichung von den vorstehenden Bestimmungen bedarf es:

in Betreff des Reichskanzlers der Genehmigung des Kaisers,

in Betreff der Minister und der Mitglieder des Bundesraths der Genehmigung des Landesherrn,

in Betreff der Mitglieder der Senate der freien Hansestädte der Genehmigung des Senats,

in Betreff der übrigen vorbezeichneten Beamten der Genehmigung ihres unmittelbaren Vorgesetzten,

in Betreff der Mitglieder einer gesetzgebenden Versammlung der Genehmigung der letzteren.

§. 434 [399]. Wenn die Vorlegung einer Urkunde bei der mündlichen Verhandlung wegen erheblicher Hindernisse nicht erfolgen kann oder wegen der Wichtigkeit der Urkunde und der Besorgniß des Verlustes oder der Beschädigung bedenklich erscheint, so kann das Prozeßgericht anordnen, daß die Vorlegung vor einem seiner Mitglieder oder vor einem anderen Gerichte geschehe.

§. 479 [441].*) Das Prozeßgericht kann anordnen,

---

*) Satz 2 des Abs. 2 hinzugefügt durch Nr. 102 des R.G. vom 17. Mai 1898.

daß die Eidesleistung vor einem seiner Mitglieder oder vor einem anderen Gericht erfolge, wenn der Schwurpflichtige am Erscheinen vor dem Prozeßgerichte verhindert ist oder in großer Entfernung von dem Sitze desselben sich aufhält.

Die Eidesleistung der Landesherren und der Mitglieder der landesherrlichen Familien sowie der Mitglieder der Fürstlichen Familie Hohenzollern erfolgt in der Wohnung derselben vor einem Mitgliede des Prozeßgerichts oder vor einem anderen Gerichte. Das Gleiche gilt in Ansehung der Mitglieder des vormaligen Hannoverschen Königshauses, des vormaligen Kurhessischen und des vormaligen Herzoglich Nassauischen Fürstenhauses."

§§. 375, 382 [340, 347] finden gemäß §. 402 [367] auf den Beweis durch Sachverständige entsprechende Anwendung. §. 405 [370] C.P.O. ist nicht für anwendbar erklärt; das Gewerbegericht darf daher nicht den mit der Beweisaufnahme betrauten Richter zur Ernennung der Sachverständigen ermächtigen (außer bei Einnahme des Augenscheins, s. §. 372 [337] C.P.O. am Anfange der Anm.).

Eine Anfechtung des Beschlusses, durch welchen die eine oder die andere Art der Beweisaufnahme angeordnet wird, findet nicht statt (§. 355 [320] Abs. 2 a. a. O.).

2. Abs. 2 entspricht dem §. 367 [332] Abs. 1 C.P.O. Vgl. §. 41 Ges.

3. Soweit §§. 43—46 nicht abweichende Vorschriften enthalten, finden die Vorschriften der C.P.O. über die Beweisaufnahme, sowohl die allgemeinen (§§. 355—370 [320—335], vgl. insbes. Beweisbeschluß, §§. 358—361 [323—326], Beweisaufnahme im Auslande, §§. 363, 364 [328, 329]), als auch die speziellen Bestimmungen (Beweis durch Augenschein, §§. 371, 372 [336, 337], Zeugenbeweis, §§. 373—401 [338—366], Beweis durch

Sachverständige, §§. 402—414 [367—379], Beweis durch Urkunden, §§. 415—444, 507 [380—409, 468], Beweis durch Eid, §§. 445—477 [410—439], Verfahren bei der Abnahme von Eiden, §§. 478—484 [440—446], Sicherung des Beweises, §§. 485—494 [447—455]) entsprechende Anwendung.

§. 44.

1. Beschließt das Gericht die Vernehmung von Zeugen oder Sachverständigen, so sind dieselben, falls sie nicht von den Parteien zur Stelle gebracht sind, zu laden. Von der Ladung der Sachverständigen kann abgesehen werden, wenn schriftliche Begutachtung angeordnet wird.

2. Die Beeidigung der Zeugen und Sachverständigen erfolgt nur, wenn das Gericht die Beeidigung zur Herbeiführung einer wahrheitsgemäßen Aussage für nothwendig erachtet oder wenn eine Partei dieselbe beantragt. Die Bestimmungen, nach welchen die Beeidigung in gewissen Fällen unzulässig ist (Civilprozeßordnung §. 358 [§. 393 in der Fassung vom 20. Mai 1898]), bleiben unberührt.

1. Abs. 1. Die Ladung ist durch den Gerichtsschreiber zu veranlassen (§. 377 [342] C.P.O.) und muß den dort aufgestellten Erfordernissen entsprechen; das Gericht kann gemäß §. 379 [344] a. a. O. die Ladung von der Hinterlegung eines Vorschusses durch den Beweisführer abhängig machen. Ueber die Folgen des Ausbleibens, sowie der Verweigerung des Zeugnisses und der Eidesleistung s. §§. 380—390 [345—355] a. a. O. Vgl. Sten. Ber. S. 482, 488. Die auf Grund dieser Vorschriften verhängten Geldstrafen sind auf Grund voll-

streckbarer Ausfertigungen in derselben Weise zu vollstrecken, wie Urtheile; die Vollstreckung der Haft als Exekutivstrafe (§. 390 [355] Abs. 2) erfolgt gemäß §§. 904 bis 913 [785 bis 794] a. a. O., dagegen die Vollstreckung der als Ordnungsstrafe (§§. 380 [345] Abs. 1, 390 [355] Abs. 1) festgesetzten Haft auf Ersuchen des Vorsitzenden durch die zuständige Staatsanwaltschaft (§. 164 G.V.G.).

2. Abs. 2. „Daß die Vereidigung der Zeugen nur auf Antrag einer Partei nothwendig, im Uebrigen aber von dem Ermessen des Gerichts abhängig ist, entspricht dem Charakter des gewerbegerichtlichen Verfahrens, sowie dem Bedürfniß, Eidesleistungen in geringfügigen Sachen thunlichst einzuschränken. . . . Inwieweit ein vor dem Gewerbegericht abgegebenes unbeeidetes Zeugniß in der Berufungsinstanz zu berücksichtigen ist, bestimmt sich nach den Vorschriften der Civilprozeßordnung, welche nach §. 49 (jetzt 55) für das Berufungsgericht maßgebend sind. Da hiernach der in erster Instanz vorschriftsmäßig erhobene Zeugenbeweis vom Berufungsgerichte zu berücksichtigen ist, so wird dasselbe auch das unbeeidete Zeugniß seiner Entscheidung zu Grunde legen können, sofern es nicht gemäß §§. 363, 485 der Civilprozeßordnung [398, 523 in der Fassung vom 20. Mai 1898] die wiederholte Vernehmung des Zeugen anordnet.“ Mot. S. 31.

Der Antrag der Partei auf Beeidigung eines Zeugen kann auch nach der Vernehmung erfolgen; ebenso kann oft erst dann das Gericht ermessen, ob es die Beeidigung für nothwendig erachtet; in diesen Fällen erfolgt sie nachträglich, §. 391 [356] Abs. 1 C.P.O. Sachverständige können nur vor Erstattung des Gutachtens beeidigt werden, §. 410 [375] a. a. O. Die Vorschrift der §§. 391 [356] Abs. 2, 410 [375], wonach beide Parteien wirksam auf die Vereidigung verzichten können, muß auch hier gelten, da Abs. 2 eine Verminderung der

Eidesleistungen gegenüber den Vorschriften der C.P.O. bezweckt; beim Vorliegen des Verzichtes darf also der Richter den Eid nie verlangen.

§. 45.

Ob die Leistung eines zugeschobenen oder zurückgeschobenen Eides durch bedingtes Urtheil oder durch Beweisbeschluß anzuordnen sei, bestimmt das Gericht nach freiem Ermessen.

Es „erscheinen die Vorschriften über die Voraussetzungen, unter welchen die Leistung eines zugeschobenen oder zurückgeschobenen Eides durch bedingtes Urtheil, beziehungsweise durch Beweisbeschluß anzuordnen ist (C.P.O. §§. 425, 426 [460, 461 in der Fassung vom 20. Mai 1898]), wegen der mit der Anwendung unter Umständen verbundenen Schwierigkeiten für das gewerbegerichtliche Verfahren nicht geeignet. Auch im Interesse der Beschleunigung des Verfahrens empfiehlt es sich, dem Gericht hinsichtlich der Wahl zwischen den bezeichneten beiden Alternativen freie Hand zu lassen; da die Eidesleistung in den bezeichneten Fällen stets auf dem Willen der Parteien beruht und einen vergleichartigen Charakter trägt, so wird hierdurch auch den Betheiligten nicht zu nahe getreten. Dagegen würde die Ausdehnung der Vorschrift auf den richterlichen Eid (Civilprozeßordnung §. 437 [475 in der Fassung vom 20. Mai 1898]) mit Rücksicht auf die verschiedene Natur des letzteren bedenklich sein. Die Gewerbegerichte könnten hierdurch leicht zu einer vorschnellen Auflage von Eiden unter Abschneidung des Nachbringens sonstiger Beweismittel veranlaßt werden, und es empfiehlt sich daher, an dem Grundsatze der Civilprozeßordnung festzuhalten, nach welchem die Auflage eines richterlichen Eides nur im Endurtheil erfolgen darf. Es hat dies zur Folge, daß gegebenenfalls die Entscheidung noch vor Ableistung des Eides der Prüfung der Berufungsinstanz unterworfen werden kann." Mot. S. 31, 32. Diese Erwägungen haben in Folge der beschränkten Zulassung der Berufung (§. 55) erheblich an Bedeutung verloren. Bei Streitigkeiten, in denen eine Berufung nicht gestattet ist, wird das bedingte Endurtheil sofort rechtskräftig; der Gegner der schwurpflichtigen Partei kann daher hier gemäß §. 312 [283] Abs. 2 C.P.O. die sofortige Abnahme des Eides verlangen, ohne daß das Urtheil dem Gegner zugestellt werden muß (außer im Falle der §§. 41, 42); ist der Gegner im Termin persönlich anwesend, so kann das Gericht auch hier, ebenso wie bei der Eidesauflage durch Beweisbeschluß, die sofortige Eidesabnahme anordnen und dann in demselben Termin den Eintritt der Folgen der Leistung oder Nichtleistung des Eides durch Endurtheil aussprechen.

§. 46.

Erscheint der Schwurpflichtige in dem zur Leistung 1. eines Eides bestimmten Termine nicht, so ist der Eid ohne Weiteres als verweigert anzusehen. Dem Verfahren ist Fortgang zu geben.

Der Schwurpflichtige kann binnen einer Noth- 2. frist von drei Tagen nach dem Termine sich zur nachträglichen Leistung des Eides erbieten. Auf ein inzwischen ergangenes Urtheil finden die Bestimmungen des §. 647 der Civilprozeßordnung [§. 707 in der Fassung vom 20. Mai 1898] entsprechende Anwendung. Ein solches Urtheil ist, wenn der Eid nachträglich geleistet wird, insoweit aufzuheben, als es auf der Annahme der Eidesverweigerung beruht.

3. Erscheint der Schwurpflichtige auch in dem zur nachträglichen Eidesleistung bestimmten Termine nicht, so findet ein nochmaliges Erbieten zur Eidesleistung nicht statt.

1. Die Regelung des Verfahrens beim Ausbleiben des Schwurpflichtigen „im §. 430 der C.P.O. [an dessen Stelle gemäß Nr. 99 des R.G. vom 17. Mai 1898 die §§. 465—468 in der Fassung vom 20. Mai 1898 treten] ist für die Gewerbegerichte zu umständlich und zeitraubend. Es verdient den Vorzug, den Eid im Falle des Ausbleibens des Schwurpflichtigen im Eidestermin ohne Weiteres als verweigert anzusehen. Da es in Folge dessen eines Versäumnißurtheils und des Ablaufs der Einspruchsfrist nicht bedarf, so erleidet das Verfahren keine Hemmung; vielmehr ist, sofern der Rechtsstreit zur Entscheidung reif ist, das Endurtheil alsbald zu fällen. Durch die im Abs. 2 und 3 . . . enthaltenen Bestimmungen über das Recht des Schwurpflichtigen, sich binnen drei Tagen zur nachträglichen Eidesleistung zu erbieten, wird das Interesse desselben ausreichend gewahrt. Im Falle einer entschuldbaren Versäumniß dieser Frist bietet sich die Wiedereinsetzung in den vorigen Stand. Die Möglichkeit einer Nichteinhaltung der Frist aus bloßer Unachtsamkeit bedarf keiner Berücksichtigung, und ebenso erscheint es für den Fall, daß auch der zur nachträglichen Eidesleistung angesetzte Termin versäumt wird, zur Vermeidung von Verschleppungen geboten, ein abermaliges Erbieten zur Eidesleistung auszuschließen. Das gleiche Prinzip liegt den Vorschriften in §§. 310, 430 der Civilprozeßordnung [§§. 345, 468 in der Fassung vom 20. Mai 1898] zu Grunde." Mot. S. 32. In den §§. 465—468 I.P.O. in der Fassung vom 20. Mai 1898 ist das Verfahren dem Vorgang des §. 46 entsprechend gestaltet worden.

2. Zu Abs. 1. War der Eid durch bedingtes End-

urtheil auferlegt, so sind die für den Fall der Nichtleistung festgesetzten Folgen auszusprechen; war der Eid durch Beweisbeschluß angeordnet, so ist das Verfahren unter der Annahme der Nichtleistung des Eides fortzusetzen.

8. Zu Abs. 2. Auf die Vollstreckbarkeit des Urtheils (§. 56) hat die gegebene Nachfrist zunächst keinen Einfluß; erst nach Eingang des Erbietens kann das Gericht auf Antrag die im §. 707 [647] erwähnten Anordnungen treffen.

C.P.O. §. 707 [647]: „Wird die Wiedereinsetzung in den vorigen Stand oder eine Wiederaufnahme des Verfahrens beantragt, so kann das Gericht auf Antrag anordnen, daß die Zwangsvollstreckung gegen oder ohne Sicherheitsleistung einstweilen eingestellt werde oder nur gegen Sicherheitsleistung stattfinde, und daß die erfolgten Vollstreckungsmaßregeln gegen Sicherheitsleistung aufzuheben seien. Die Einstellung der Zwangsvollstreckung ohne Sicherheitsleistung ist nur zulässig, wenn glaubhaft gemacht wird, daß die Vollstreckung einen nicht zu ersetzenden Nachtheil bringen würde.

Die Entscheidung kann ohne vorgängige mündliche Verhandlung erfolgen. Eine Anfechtung des Beschlusses findet nicht statt."

Das Erbieten kann schriftlich oder zum Protokolle des Gerichtsschreibers geschehen; ist die Eidesabnahme gemäß §§. 48 Abs. 1, 60 (§. 479 [441] C.P.O.) einem ersuchten Amtsgericht übertragen, so wird die Nothfrist durch rechtzeitigen Eingang des Erbietens bei diesem Amtsgericht gewahrt (Haas S. 98, Eccius bei Gruchot Bd. 36. S. 147, vgl. §. 467 Abs. 2 in der Fassung vom 20. Mai 1898).

§. 47.

Ueber die Verhandlung vor dem Gewerbegerichte ist ein Protokoll aufzunehmen. Dasselbe ist

von dem Vorsitzenden und dem Gerichtsschreiber zu unterzeichnen.

Vgl. §§. 159—168, 509 [145 bis 149, 470] C.P.O. Danach sind durch das Protokoll festzustellen:

a) Anträge und Erklärungen, deren Feststellung vorgeschrieben ist (§. 509 [470*)] C.P.O. s. diesen §. bei §. 24 Nr. 2).
b) Anerkenntnisse, Verzichtleistungen und Vergleiche, durch welche der geltend gemachte Anspruch ganz oder theilweise erledigt wird;
c) Aussagen der Zeugen und Sachverständigen, sofern dieselben früher nicht abgehört waren oder von ihrer früheren Aussage abweichen; die Feststellung dieser Aussagen kann jedoch unterbleiben, wenn das Endurtheil der Berufung nicht unterliegt, in welchem Falle nur zu bemerken ist, daß die Vernehmung stattgefunden habe;
d) das Ergebniß eines Augenscheines;
e) die Entscheidungen des Gerichtes, sofern sie nicht dem Protokolle schriftlich beigefügt sind;
f) die Verkündung der Entscheidungen;
g) die Klage im Falle des §. 85 dieses Ges.**)

Der Aufnahme in das Protokoll steht die Aufnahme in eine Schrift gleich, welche dem Protokolle als Anlage beigefügt und als solche in demselben bezeichnet ist.

Das Protokoll ist, soweit es die unter a bis d bezeichneten Punkte betrifft, den Betheiligten vorzulesen oder zur Durchsicht vorzulegen (s. wegen der Vergleiche §. 39 Abs. 2 und Anm.); in dem Protokolle ist zu bemerken, daß dies geschehen und die Genehmigung erfolgt sei, oder welche Einwendungen erhoben sind. Bei Verhinderung des Vorsitzenden genügt die Unterschrift des Gerichtsschreibers. Nach §. 164 [150] C.P.O. kann die Beob-

*) Geändert durch Nr. 108 des R.G vom 17. Mai 1898.
**) Vgl. auch §§. 184, 185 G.V.G. (Anm. 3 zu §. 36).

achtung der für die mündliche Verhandlung vorgeschriebenen Förmlichkeiten nur durch das Protokoll bewiesen werden; gegen seinen darauf bezüglichen Inhalt ist nur der Nachweis der Fälschung zulässig.

§. 48.

Das Urtheil ist in dem Termine, in welchem die Verhandlung geschlossen wird, zu verkünden. Ist dies nicht ausführbar, so erfolgt die Verkündung in einem sofort anzuberaumenden Termine, welcher nicht über drei Tage hinaus anberaumt werden soll. 1.

Die Wirksamkeit der Verkündung des Urtheils ist von der Anwesenheit der Parteien und der Beisitzer nicht abhängig. 2.

1. Zu Abs. 1. Der zweite Satz enthält nur eine Anweisung („soll"), durch welche eine weitere Hinausschiebung aus besonderen Gründen nicht ausgeschlossen ist. Protokolle der Justizkommission S. 101, 102 zu §. 281 C.P.O. [§. 310 in der Fassung vom 20. Mai 1898]). Nach §. 30 Abs. 2 Satz 2 muß die Anberaumung des Publikationstermins der nicht anwesenden Partei durch Zustellung des Beschlusses mitgetheilt werden.

Die Verkündung des Urtheils erfolgt durch Vorlesung der Urtheilsformel; Versäumnißurtheile, (worunter die Urtheile des §. 41 nicht fallen) Urtheile, welche auf Grund eines Anerkenntnisses erlassen werden, sowie Urtheile, welche die Folge der Zurücknahme der Klage oder des Verzichts auf den Klageanspruch oder welche den Eintritt der in einem bedingten Endurtheil ausgedrückten Folgen aussprechen, können vor Abfassung der Formel verkündet werden. Die etwa für angemessen erachtete Mittheilung der Gründe erfolgt durch Vorlesung oder mündliche Eröffnung des wesentlichen Inhalts. §. 311

[282] C.P.O.*) Ein Urtheil, welches bei der Verkündung noch nicht in vollständiger Form abgefaßt war, ist vor Ablauf einer Woche von der Verkündung an in vollständiger Abfassung dem Gerichtsschreiber zu übergeben. §. 315 [286] Abs. 2 a. a. O.

2. Abs. 2 entspricht dem §. 312 [283] Abs. 1 Satz 1 C.P.O., und erklärt darüber hinaus auch die Anwesenheit der Beisitzer für entbehrlich.

3. Die Vorschriften der §§. 286, 287 [259, 260] C.P.O. (freie Beweiswürdigung) finden auch hier Anwendung.

§. 49.

1. **Aus dem Urtheile müssen ersichtlich sein:**
   1. **die Mitglieder des Gerichts, welche bei der Entscheidung mitgewirkt haben,**
   2. **die Parteien,**
   3. **das Sach- und Streitverhältniß in gedrängter Darstellung nebst den wesentlichen Entscheidungsgründen,**
   4. **der Spruch des Gerichts in der Hauptsache und in Betreff der Kosten. Der Betrag der letzteren soll, soweit er sofort zu ermitteln ist, im Urtheil festgesetzt werden.**

2. **Das Urtheil ist von dem Vorsitzenden zu unterzeichnen.**

1. §. 49 entspricht im Wesentlichen dem §. 313 [284] C.P.O.

Bei der Darstellung des Thatbestandes (Nr. 3) ist eine Bezugnahme auf den Inhalt vorbereitender Schrift-

*) Die Worte: „Urtheile, welche" bis „aussprechen" sind eingefügt durch Nr. 86 des R.G. vom 17. Mai 1898.

sätze und auf die Feststellungen des Protokolls nicht ausgeschlossen (§. 313 [284] Abs. 2 a. a. O.).

2. Satz 2 der Nr. 4 soll ein besonderes Kostenfestsetzungsverfahren überflüssig machen; er bezieht sich auf die dem Gegner zu erstattenden Kosten und die Gerichtskosten (§§. 52, 57). Wenn die Festsetzung der ersteren im Urtheil unterbleibt, so erfolgt sie gemäß §§. 104, 105 [98, 99] C.P.O. im Wege des Kostenfestsetzungsverfahrens regelmäßig durch den Vorsitzenden (§. 58), sofern nicht die Partei im Falle der Uebergehung gemäß § 321 [292] C.P.O. eine nachträgliche Ergänzung des Urtheils beantragt.

3. Andere nothwendige Bestandtheile des Urtheils, als die im Abs. 1 aufgezählten, können durch das Statut, dem hier kein Spielraum gelassen ist, nicht mit prozessualer Wirksamkeit gefordert werden. Wenn daher §. 57 Abs. 3 des Berl. Stat. vorschreibt, daß das Urtheil eine Belehrung über die ev. zulässige Berufung enthalten müsse, so liegt in der Unterlassung dieser Belehrung kein prozessualer Mangel; die Berufungsfrist läuft also unabhängig hiervon (anders §. 38 Abs. 2 d. Ges., s. Anm. 2 hierzu); das Gleiche gilt von der Vorschrift, wonach diese Belehrung bei der Publikation des Urtheils mündlich zu verkünden ist.

4. Zu Abs. 2. Die Unterschrift der Beisitzer ist auch hier nicht beizufügen.

5. Der Gerichtsschreiber hat auf dem Urtheil den Tag der Verkündung zu bemerken und diese Bemerkung zu unterschreiben (§. 315 [286] Abs. 3 C.P.O.). Vgl. wegen der Beweiskraft des Thatbestandes §. 314 [285] wegen des Aushanges eines Verzeichnisses der verkündeten und unterschriebenen Urtheile §. 316 [287], wegen der Berichtigung von Schreib- und Rechnungsfehlern 2c. §. 319 [290], wegen Berichtigung des Thatbestandes §. 320 [291],*)

*) Abgeändert durch Nr. 89 d. R.G. v. 17. Mai 1898.

wegen Uebergehung von Haupt- und Nebenansprüchen und des Kostenpunktes §. 321 [292], wegen der materiellen Rechtskraft der Urtheile §. 322 [293]*) C.P.O. Wegen der Ausfertigungen s. Anm. 2 a. E. zu §. 30.

§. 50.

Ein über den Grund des Anspruches vorab entscheidendes Zwischenurtheil ist in Betreff der Rechtsmittel nicht als Endurtheil anzusehen.

„Nach §. 276 der Civilprozeßordnung [§. 304 in der Fassung vom 20. Mai 1898] ist das Zwischenurtheil, durch welches über den Grund eines Anspruchs vorab entschieden wird, hinsichtlich der Rechtsmittel als Endurtheil zu behandeln. Diese Bestimmung ist auf umfangreichere Streitsachen berechnet, bei welchen außer über den Rechtsgrund auch über weitschichtige Differenzen hinsichtlich der eventuellen Höhe des Anspruches zu entscheiden ist. Sie erscheint aber nicht angebracht, wo es sich um so einfache Verhältnisse handelt, wie sie regelmäßig den Gewerbestreitigkeiten zu Grunde liegen. Hier würde vielmehr die Nöthigung zu einer wiederholten Beschreitung der Berufungsinstanz in derselben Sache sich als ein Mißstand geltend machen, und es empfiehlt sich daher, die Anwendung der Vorschrift für das gewerbegerichtliche Verfahren auszuschließen." Mot. S. 32. Die Bestimmung hat für die der Berufung entzogenen Streitfälle keine praktische Bedeutung.

§. 51.

1. **Erfolgt die Verurtheilung auf Vornahme einer Handlung, so ist der Beklagte zugleich auf Antrag des Klägers für den Fall, daß die Handlung nicht**

---

*) Desgl. durch Nr. 90 a. a. O.

binnen einer zu bestimmenden Frist vorgenommen ist, zur Zahlung einer nach dem Ermessen des Gerichts festzusetzenden Entschädigung zu verurtheilen.

In diesem Falle ist die Zwangsvollstreckung in 2.
Gemäßheit der §§. 773, 774 der Civilprozeßordnung [887, 888 in der Fassung vom 20. Mai 1898] ausgeschlossen.

Dieser §. „gewährt für den bei Streitigkeiten aus Arbeitsverhältnissen nicht seltenen Fall der Verurtheilung zur Vornahme einer Handlung dem Kläger das Mittel, gegen den Beklagten, welcher dem Urtheil nicht Folge leistet, an Stelle direkter Vollstreckungsmaßregeln den Anspruch auf Schadensersatz ohne Anstellung einer neuen Klage auf dem kürzesten Wege zur Durchführung zu bringen." Mot. S. 32, 33. Hierher gehören besonders die Urtheile auf Rückkehr in die Arbeit oder Vollendung einer zu Unrecht verlassenen Arbeit. Bei diesen wird regelmäßig §. 888 [774] C.P.O. nicht zur Anwendung kommen können, vgl. v. Wilmowski u. Levy Anm. 1 zu §. 774, Anm. 2 zu §. 778, und auch §. 887 [778] wird nicht immer zutreffen; der Kläger würde dann auf eine neue Interessenklage beim Gewerbegericht (§. 893 [778] Abs. 2 a. a. O.) angewiesen sein. Daß das Ermessen des Gerichts über die Höhe der Entschädigung entscheidet, entspricht dem Prinzipe des §. 287 [260] a. a. O.

§. 52.

Die Verpflichtung der unterliegenden Partei, 1.
die Kosten des Rechtsstreits zu tragen, erstreckt sich auf die Erstattung der dem Gegner durch die Zuziehung eines Prozeßbevollmächtigten oder Beistandes entstandenen Auslagen nur unter der Vor-

aussetzung, daß die Zuziehung durch besondere Umstände gerechtfertigt war, und nur in Ansehung des Betrages, welchen das Gericht für angemessen erachtet.

2. Auf Antrag kann der obsiegenden Partei für die ihr durch das Erscheinen bei dem Gerichte entstandenen Versäumnisse in dem Urtheil eine Entschädigung zugebilligt werden.

1. „Die Grundsätze der C.P.O. über die Kostenpflichtigkeit der unterliegenden Partei finden im Allgemeinen auch für das gewerbegerichtliche Verfahren Anwendung. Nur in einzelnen Beziehungen ist eine Modifikation oder Ergänzung erforderlich. Zunächst ist davon auszugehen, daß es bei der Einfachheit der meisten gewerbegerichtlichen Streitsachen ebenso thunlich, wie im Interesse der Beschleunigung des Verfahrens und zur Erleichterung einer gütlichen Einigung wünschenswerth ist, daß die Prozesse durch die Parteien in eigener Person geführt werden. Es genügt, auf die persönliche Prozeßführung der Parteien dadurch hinzuwirken, daß im Gegensatz zu §. 87 Abs. 2 der C.P.O. [§. 91 Abs. 2 in der Fassung vom 20. Mai 1898] auch der obsiegenden Partei die Kosten eines Bevollmächtigten oder Beistandes nur unter besonderen Umständen zu ersetzen sind, über welche, ebenso wie über die Höhe des zu erstattenden Betrages, das Gericht nach freiem Ermessen entscheidet. Auf der andern Seite macht die hieraus sich ergebende Nöthigung zum persönlichen Erscheinen vor Gericht es zum Bedürfniß, daß der obsiegenden Partei die Möglichkeit gegeben wird, geeignetenfalls eine Entschädigung für ihre eigenen Versäumnisse zu erlangen. Die Bemessung der Entschädigung wird, da sie unter Zuziehung der Beisitzer im Urtheil zu erfolgen hat, keine Schwierigkeiten bereiten.“ Mot. S. 33.

2. Zu Abs. 1. Die durch Zuziehung einer der im §. 29 bezeichneten Personen entstandenen Auslagen sind nie erstattungsfähig. Ueber die Art der Kostenfestsetzung s. Anm. 2 zu §. 49, über die Rechtsbehelfe wegen der Kosten s. §. 55 Abs. 1 Satz 3.

3. Zu Abs. 2. Die Zubilligung kann nur im Urtheil erfolgen (Mot. S. 33); wird der Antrag übergangen, so greift §. 321 [292] C.P.O. Platz. §. 55 Abs. 1 Satz 3 bezieht sich auch auf den in Rede stehenden Fall. Die Bemessung der Entschädigung erfolgt nach freier Würdigung des Gerichts (§. 287 [260] C.P.O.). Nach dem durch Nr. 24 des R.G. vom 17. Mai 1898 eingefügten Satz 2 des §. 91 Abs. 1 in der Fassung vom 20. Mai 1898 finden die für die Entschädigung von Zeugen geltenden Vorschriften entsprechende Anwendung.

§. 53.

Die nicht auf Grund einer mündlichen Verhandlung ergehenden Beschlüsse und Verfügungen werden, soweit nicht ein Anderes bestimmt ist, von dem Vorsitzenden allein erlassen. 1.

Im Uebrigen sind für die Befugnisse des Vorsitzenden und der Beisitzer die Vorschriften über das landgerichtliche Verfahren maßgebend. 2.

In Bezug auf die Berathung und Abstimmung finden die Vorschriften der §§. 194 bis 200 des Gerichtsverfassungsgesetzes entsprechende Anwendung. 3.

1. Zu Abs. 1.

„Soll eine zu häufige Inanspruchnahme der Beisitzer vermieden und doch zugleich einer Verzögerung des Verfahrens vorgebeugt werden, so ist die Theilnahme der Beisitzer auf die mündliche Verhandlung zu beschränken. Die Erlassung der außerhalb der letzteren ergehenden

Beschlüsse und Verfügungen des Gewerbegerichts kann dem Vorsitzenden allein übertragen werden." Mot. S. 33.

2. Zu Abs. 2. Vgl. §§. 136, 139 (508), 140 [127, 130 (464), 131] C.P.O., §. 131 G.V.G. (Anm. 3, 4 zu §. 36).

3. Zu Abs. 3: G.V.G. „§. 194. Bei Entscheidungen dürfen Richter nur in der gesetzlich bestimmten Anzahl mitwirken.

Bei Verhandlungen von längerer Dauer kann der Vorsitzende die Zuziehung von Ergänzungsrichtern anordnen, welche der Verhandlung beizuwohnen und im Falle der Verhinderung eines Richters für denselben einzutreten haben.

Die vorstehenden Bestimmungen finden auch auf Schöffen und Geschworene Anwendung.

§. 195. Bei der Berathung und Abstimmung dürfen außer den zur Entscheidung berufenen Richtern nur die bei demselben Gerichte zu ihrer juristischen Ausbildung beschäftigten Personen zugegen sein, soweit der Vorsitzende deren Anwesenheit gestattet.

§. 196. Der Vorsitzende leitet die Berathung, stellt die Fragen und sammelt die Stimmen.

Meinungsverschiedenheiten über den Gegenstand, die Fassung und die Reihenfolge der Fragen oder über das Ergebniß der Abstimmung entscheidet das Gericht.

§. 197. Kein Richter, Schöffe oder Geschworener darf die Abstimmung über eine Frage verweigern, weil er bei der Abstimmung über eine vorhergegangene Frage in der Minderheit geblieben ist.

§. 198. Die Entscheidungen erfolgen, soweit das Gesetz nicht ein Anderes bestimmt, nach der absoluten Mehrheit der Stimmen.

Bilden sich in Beziehung auf Summen, über welche zu entscheiden ist, mehr als zwei Meinungen, deren keine die Mehrheit für sich hat, so werden die für die größte Summe abgegebenen Stimmen den für die zunächst geringere abgegebenen so lange hinzugerechnet, bis sich eine Mehrheit ergiebt.

[Bilden sich in einer Strafsache, von der Schuldfrage abgesehen, mehr als zwei Meinungen, deren keine die Mehrheit für sich hat, so werden die dem Beschuldigten nachtheiligsten Stimmen den zunächst minder nachtheiligen so lange hinzugerechnet, bis sich eine Mehrheit ergiebt.]

§. 199. Die Reihenfolge bei der Abstimmung richtet sich nach dem Dienstalter, bei den Schöffengerichten und den Kammern für Handelssachen nach dem Lebensalter; der Jüngste stimmt zuerst, der Vorsitzende zuletzt. Wenn ein Berichterstatter ernannt ist, so giebt dieser seine Stimme zuerst ab.

[Bei der Abstimmung der Geschworenen richtet sich die Reihenfolge nach der Ausloosung. Der Obmann stimmt zuletzt.]

§. 200. Schöffen und Geschworene sind verpflichtet, über den Hergang bei der Berathung und Abstimmung Stillschweigen zu beobachten."

Die Beisitzer sind als Schöffen im Sinne der vorstehenden Bestimmungen anzusehen.

§. 54.

In dem ersten, auf die Klage angesetzten Termine 1.
kann die Zuziehung der Beisitzer unterbleiben.

Erscheint in dem Termine nur eine der Parteien, 2.
so erläßt auf Antrag derselben der Vorsitzende das Versäumnißurtheil.

Erscheinen beide Parteien, so hat der Vorsitzende 3.
einen Sühneversuch vorzunehmen. Kommt ein Vergleich zu Stande, so ist derselbe in Gemäßheit des §. 39 Absatz 2 im Protokolle festzustellen. Das Gleiche gilt, wenn die Klage zurückgenommen oder wenn auf den Klageanspruch verzichtet oder wenn derselbe anerkannt wird; in diesen Fällen hat, so-

fern beantragt wird, die Rechtsfolgen durch Urtheil auszusprechen, der Vorsitzende das Urtheil zu erlassen.

4. Bleibt die Sache in dem Termine streitig, so hat der Vorsitzende die Entscheidung zu erlassen, wenn dieselbe sofort erfolgen kann und beide Parteien sie beantragen. Anderenfalls ist ein neuer Verhandlungstermin, zu welchem die Beisitzer zuzuziehen sind, anzusetzen und sofort zu verkünden. Zeugen und Sachverständige, deren Vernehmung der Vorsitzende für erforderlich erachtet, sind zu diesem Termine zu laden.

1. „Häufig wird bei Streitigkeiten zwischen Arbeitgebern und Arbeitern die Erörterung des Vorsitzenden mit den Parteien genügen, um durch Klärung des Sachverhaltes die Streitpunkte ohne kontradiktorisches Urtheil zu beseitigen; oft wird auch den Parteien mit einer beschleunigten Entscheidung durch den Vorsitzenden allein am besten gedient sein. Der Paragraph sieht deshalb ein Verfahren ohne Zuziehung der Beisitzer vor, welches die Ansetzung eines Termines in kürzester Frist gestattet und nur dann nicht zur endgültigen Erledigung der Sache führt, wenn diese streitig bleibt und entweder die Parteien auf die Mitwirkung der Beisitzer bei der Entscheidung nicht verzichten wollen oder die Entscheidung wegen der Nothwendigkeit eines besonderen Beweisverfahrens nicht alsbald im ersten Termine erfolgen kann. Noch weiter zu gehen und die Durchführung des Verfahrens durch den Vorsitzenden ohne Rücksicht auf den Willen der Parteien und auf die Möglichkeit sofortiger Entscheidung zu gestatten, wäre bedenklich, da hierdurch die Wirksamkeit der Beisitzer unter Umständen völlig in den Hintergrund gedrängt werden könnte.

Auch soweit die Entscheidung durch den Vorsitzenden allein erfolgt, gilt sie nach dem Entwurf als Entscheidung des Gewerbegerichts und steht insbesondere hinsichtlich der Rechtsmittel einer Entscheidung, welche unter Zuziehung der Beisitzer ergangen ist, gleich. Wollte man statt dessen für den Fall, daß eine Partei mit der Entscheidung des Vorsitzenden sich nicht beruhigen will, zunächst die Verhandlung vor dem kollegialisch besetzten Gewerbegerichte eintreten lassen, so würde dies nicht nur zu einer erheblichen Verzögerung des Verfahrens führen, sondern auch den Beisitzern in gewissem Sinne die Stellung einer Berufungsinstanz gegenüber dem Vorsitzenden einräumen, was der gedeihlichen Wirksamkeit der Gewerbegerichte jedenfalls nicht förderlich sein könnte." Mot. S. 33, 34.

2. Zu Abs. 1. Das Statut (§. 1 Abs. 5) darf an der Vorschrift nichts ändern. Es bleibt lediglich dem Ermessen des Vorsitzenden überlassen, ob er im ersten Termine Beisitzer zuziehen will oder nicht; im Beschwerdewege kann die Zuziehung nicht erzwungen werden. Vgl. Komm.-Ber. S. 23, Sten.Ber. S. 487, 489, 490. (Ebenso Schier S. 130. Wilhelmi u. Fürst S. 219, a. M. hinsichtlich der Zulässigkeit abweichender statutarischer Vorschriften Bachem S. 96, Haas S. 107.)

3. Zu Abs. 2. Der Inhalt des Versäumnißurtheils bestimmt sich nach §. 37 Abs. 1, 2.

4. Zu Abs. 3. Die Rechtsfolgen der Zurücknahme der Klage sind: Tragung der Kosten seitens des Klägers, soweit über die Kosten nicht bereits rechtskräftig erkannt ist, §. 271 [248] Abs. 3 C.P.O., die des Verzichtes auf den Klageanspruch: Abweisung des Klägers mit dem Anspruche, §. 306 [277] a. a. O., die des Anerkenntnisses: Verurtheilung dem Anerkenntnisse gemäß, §. 307 [278] a. a. O.

5. Zu Abs. 4. Sobald aus irgend einem Grunde die Entscheidung erst in einem neuen Termine erfolgen könnte (z. B. wegen erforderlicher Vernehmung von nicht

zur Stelle gebrachten Zeugen, wegen einer Eidesleistung seitens einer nicht persönlich erschienenen Partei), muß die Sache vor das vollbesetzte Kollegium verwiesen werden. Die mündliche Verhandlung muß nach §. 309 [280] C.P.O. vor dem letzteren wiederholt werden, nicht dagegen eine etwa vom Vorsitzenden allein vorgenommene und protokollirte Beweisaufnahme; vgl. v. Wilmowski u. Levy, C.P.O., Anm. zu §. 147. Eine solche Beweisaufnahme — z. B. Vernehmung der von den Parteien zur Stelle gebrachten Zeugen — muß für zulässig erachtet werden; denn der Vorsitzende ist hier „das Gewerbegericht" und hat daher gemäß §. 24 jene Befugniß ebenso, wie das ordentliche Gericht (§. 358 [323] C.P.O., v. Wilmowski u. Levy Anm. zu §. 323). Ebenso Bachem S. 96, Haas S. 108, Schier S. 132, a. M. Wilhelmi u. Fürst S. 222, Levy bei Gruchot Bd. 35 S. 178; vgl. auch Busch Bd. 16 S. 332.

§. 55.

1. In den vor die Gewerbegerichte gehörigen Rechtsstreitigkeiten finden die Rechtsmittel statt, welche in den zur Zuständigkeit der Amtsgerichte gehörigen bürgerlichen Rechtsstreitigkeiten zulässig sind. Die Berufung ist jedoch nur zulässig, wenn der Werth des Streitgegenstandes den Betrag von einhundert Mark übersteigt. Entscheidungen über die Festsetzung der Kosten einschließlich der gemäß §. 52 ergangenen sind nicht anfechtbar.
2. Als Berufungs- und Beschwerdegericht ist das Landgericht, in dessen Bezirk das Gewerbegericht seinen Sitz hat, zuständig.
3. Ist für das Rechtsmittel gegen eine Entscheidung

des Gewerbegerichts eine Nothfrist bestimmt, so beginnt diese für jede Partei mit der an sie bewirkten Zustellung und, sofern auf die Zustellung verzichtet war (§. 30 Absatz 2), mit der Verkündung der Entscheidung. Im Uebrigen richtet sich die Einlegung des Rechtsmittels und das Verfahren in der Rechtsmittelinstanz nach den Vorschriften der Civilprozeßordnung. Die Bestimmung im §. 532 Absatz 2 der Civilprozeßordnung [569 Abs. 2 in der Fassung vom 20. Mai 1898] über die Einlegung der Beschwerde in den bei einem Amtsgerichte anhängigen oder anhängig gewesenen Sachen findet entsprechende Anwendung.

1. Zu Abs. 1. Die im Satz 1 erwähnten Rechtsmittel sind die Berufung (§§. 511—544 [472—506] C.P.O.), sowie die Beschwerde (§§. 567—577 [530—540] a. a. O.). Der Einspruch (§§. 38, 42) ist kein Rechtsmittel im Sinne der C.P.O.

Nach der Vorlage (§. 49) war die Berufung gegen jedes Endurtheil gegeben; die Beschränkung des Satz 2 rührt von den Kommissionsbeschlüssen her. Vgl. Komm.-Ber. S. 27, 28. Entscheidend für die Zulässigkeit der Berufung ist nicht der Werth des Beschwerdegegenstandes (§. 546 [508] C.P.O.), sondern der des Streitgegenstandes erster Instanz.*) Vgl. Sten. Ber. S. 490, 491, 507—509. Dieser Werth ist nach den Vorschriften der §§. 3—9 C.P.O. von dem Gewerbegericht festzusetzen, und zwar (§. 3 a. a. O.) nach freiem Ermessen des Gerichts innerhalb der Grenzen der §§. 4—9 a. a. O., vgl. Komm.-Ber. S. 28. Die Festsetzung hat in den

*) Aehnlich §. 18 Abs. 1 d. Ges. über die Konsulargerichtsbarkeit v. 10. Juli 1879 (R.G.Bl. S. 197).

Gründen des Urtheils zu geschehen; wird eine bestimmte Geldsumme gefordert, so ist eine besondere Festsetzung nicht nothwendig. Die Angemessenheit und Richtigkeit der Festsetzung unterliegt der Nachprüfung seitens des Berufungsgerichts (Entsch. des Landgerichts Berlin, G.G. II Sp. 58). Eine Beschwerde gegen die Festsetzung des Gewerbegerichts lediglich zu dem Zweck der Erhöhung des Streitwerths auf mehr als 100 M. ist nicht zulässig. Das Berufungsgericht hat vielmehr bei der ihm nach §. 535 [497] C.P.O. obliegenden Prüfung der Zulässigkeit der Berufung darüber zu entscheiden, ob die vom Gewerbegericht erfolgte Festsetzung richtig ist. (Beschl. des Landgerichts Berlin, G.G. III, Sp. 30, a. A. Landgericht Dresden G.G. III Sp. 57.)

Nach §. 4 C.P.O. ist für die Werthsberechnung der Zeitpunkt der Erhebung der Klage entscheidend. Diese Bestimmung hat den Zweck, eine Aenderung des Werths des unveränderten Streitgegenstandes auf die Werthsberechnung für einflußlos zu erklären. Durch Erweiterung oder Beschränkung der Klageanträge (§. 268 Nr. 2 [240 Nr. 2] C.P.O.), durch Verbindung mehrerer Prozesse (§. 147 [138] C.P.O.) oder Trennung mehrerer in einer Klage erhobenen Ansprüche (§. 145 [136] C.P.O.) wird der Streitgegenstand selbst, dessen Werth nach §. 4 zu berechnen ist, geändert. Durch die Bezugnahme auf diese Bestimmung ist daher keine Entscheidung darüber zu gewinnen, welcher Streitgegenstand für die Frage der Zulässigkeit der Berufung maßgebend ist. Für das ordentliche Verfahren hat die Aenderung der Klageanträge, Verbindung und Trennung mehrerer Prozesse mit der einen Ausnahme des §. 596 [467] C.P.O. auf die Zuständigkeit keinen Einfluß (§. 263 [235] Abs. 2 Nr. 2 C.P.O.); bezüglich des Einflusses solcher Aenderung auf die Zulässigkeit der Berufung fehlt eine Bestimmung. Wollte man den Zeitpunkt der Klageerhebung entscheidend sein lassen, so würde, wenn zunächst nur ein Theilbetrag bis 100 M. geltend gemacht wird, demnächst der Klageantrag auf über 100 M. erweitert wird, die Berufung unzulässig sein. Der Absicht des Gesetzgebers wird es entsprechen, wenn der Streitgegenstand für maßgebend erachtet wird, welcher bei der Urtheilsfällung vorliegt, dessen Werth dann nach §§. 3—8 C.P.O. zu berechnen ist. Zweck der Bestimmung ist, die Berufung dann zuzulassen, wenn das Gewerbegericht über erhebliche Vermögenswerthe Entscheidung trifft. Diese Annahme führt zu folgendem Ergebniß: Ist im Laufe des Rechtsstreits der Anspruch erweitert oder die Verbindung mehrerer Prozesse (desselben oder verschiedener Kläger) angeordnet worden, sodaß zur Zeit des Urtheils der Werth des Streitgegenstandes 100 M. übersteigt, so ist die Berufung zulässig; ob nur einer von mehreren Streitgenossen, für welche im einzelnen der Streitgegenstand unter der in diesem §. festgesetzten Grenze liegt, von dem Rechtsmittel Gebrauch machen will, ist unerheblich (a. A., abgesehen vom Fall nothwendiger Streitgenossenschaft, Wilhelmi u. Fürst, S. 229).

Hat bei Erhebung der Klage der Streitgegenstand mehr als 100 M. betragen, ist aber im Laufe des Rechtsstreites durch Beschränkung des Klageanspruchs oder Trennung mehrerer Ansprüche auf 100 M. und darunter herabgemindert, so ist die Berufung nicht zulässig.

Bei Erlaß eines Theilurtheils richtet sich die Zulässigkeit der Berufung sowohl bezüglich des Theilurtheils als des Endurtheils nach dem Werth des Streitgegenstandes im Ganzen, nicht nach den getrennten Werthen, über die durch Theilurtheil und Endurtheil entschieden wird.

Der Werth der Klage und Widerklage sind nicht zusammenzurechnen (§. 8 C.P.O.). Die Zulässigkeit der Berufung ist daher für Klage und Widerklage gesondert zu beurtheilen. (G.G. II Sp. 124.)

In allen diesen Fragen hat die Praxis noch kein festes Prinzip ausgebildet. (Vgl. Bl. f. soz. Pr. Nr. 79

S. 6, Nr. 88 S. 89, Nr. 108 S. 228 Soz. Pr. V Nr. 26 Sp. 729, G.G. I Nr. 2 Sp. 18, III Nr. 4 Sp. 46, Nr. 10 Sp. 118. — Bachem S. 97, Wilhelmi u. Fürst S. 229, sowie frühere Auflagen dieses Kommentars sind theilweise anderer Ansicht).

Das Rechtsmittel der Beschwerde ist, ohne Rücksicht auf den Werth des Streitgegenstandes, in den in diesem Gesetze und der C.P.O. besonders hervorgehobenen Fällen und, von speziellen Ausnahmen abgesehen, gegen solche eine mündliche Verhandlung nicht erfordernde Entscheidungen gegeben, durch welche ein das Verfahren betreffendes Gesuch zurückgewiesen wird. Für des Verfahren vor dem Gewerbegericht ist die Beschwerde besonders hervorgehoben im Falle des §. 40 Abs. 1; die einschlägigen Fälle der C.P.O. s. bei v. Wilmowski und Levy Anm. 1 zu §. 530. Jede Anfechtung ist ausgeschlossen in dem Falle des Satz 3 des Abs. 1, sowie nach der C.P.O. in den bei v. Wilmowski u. Levy in Anm. 8 zu §. 478 aufgeführten Fällen. Die sofortige Beschwerde (§. 577 [540] C.P.O.) findet nur in den im Gesetze besonders erwähnten Fällen statt (s. v. Wilmowski u. Levy Anm. 1 zu §. 540).

Satz 3 des Abs. 1 entzieht alle Entscheidungen über die Festsetzung der Kosten, mögen sie durch Urtheil oder Beschluß erfolgt sein (s. Anm. 2 zu §. 49) der Anfechtung durch Berufung oder Beschwerde. Wenn aber in der Berufungsinstanz die Kostenpflicht in Folge abweichender Entscheidung anders geregelt wird, als in erster Instanz, so wird insoweit auch die Vorentscheidung über die Kosten geändert.

2. Zu Abs. 2. Zuständig ist die Civilkammer (§. 71 G.V.G.). Ueber die geschäftliche Behandlung der gegen Entscheidungen der Gewerbegerichte eingelegten Rechtsmittel vgl. Allg. Verf. des Preuß. Justizministers vom 11. April 1892 (J.M.Bl. S. 146).

3. Zu Abs. 3. Satz 1 ist eine Konsequenz der Vor-

schriften des §. 30. Eine Nothfrist ist bestimmt für die Berufung (§. 516 [477] C.P.O.) und die sofortige Beschwerde (§. 577 [540] Abs. 2 a. a. O.). Das Material für die Prüfung, ob die Berufung an sich statthaft und in der gesetzlichen Frist eingelegt ist (§. 535 [497] a. a. O.), bieten dem Berufungsrichter die gemäß §. 544 [506] a. a. O. vom Gerichtsschreiber einzufordernden Akten des Gewerbegerichts, in denen sich auch die Urkunden über die Zustellung des Urtheils befinden.

Die Berufung unterliegt dem Anwaltszwange (§. 78 [74] Abs. 1 C.P.O.). Ueber die obligatorische oder fakultative Zurückweisung der Sache an das Gewerbegericht (s. §§. 538, 539 [500, 501] a. a. O.).

Gegen die Berufungsurtheile der Landgerichte ist ein weiteres Rechtsmittel nicht gegeben; gegen ihre Entscheidungen in Beschwerdesachen findet, sofern in denselben ein neuer selbständiger Beschwerdegrund enthalten ist, weitere Beschwerde an den Civilsenat des Oberlandesgerichts (§. 123 Nr. 4 G.V.G.) statt. Die nach §. 531 Abs. 2 der C.P.O. v. 30. Januar 1877 zulässige weitere Beschwerde an das Reichsgericht bezw. oberste Landesgericht findet nicht mehr statt. (§. 568 Abs. 4 C.P.O. vom 20. Mai 1898, hinzugefügt durch Nr. 123 des R.G. vom 17. Mai 1898).

Vgl. wegen Einlegung der Beschwerde beim Gewerbegericht und der Befugniß desselben zur Abhülfe §§. 569, 571, 577 Abs. 3 [532, 534, 540 Abs. 3],*) wegen der aufschiebenden Wirkung §. 572 [535],**) wegen Beschwerden gegen Entscheidungen des Gerichtsschreibers §. 576 [539] a. a. O.

Satz 3 des Abs. 3 stellt die Ausschließung des Anwaltszwanges für das Beschwerdeverfahren sicher. §. 569 [532] Abs. 2 C.P.O.:

---

*) Geändert durch Nr. 120 a. a. O.

**) Geändert durch Nr. 124 a. a. O.

„ . . . Die Einlegung kann auch durch Erklärung zum Protokolle des Gerichtsschreibers erfolgen, wenn der Rechtsstreit bei einem Amtsgericht anhängig ist oder anhängig war. . . .“

4. Ein durch rechtskräftiges Urtheil geschlossenes Verfahren vor dem Gewerbegericht kann nach Maßgabe der §§. 578—591 [541—554] C.P.O. im Wege der Nichtigkeitsklage und Restitutionsklage wieder aufgenommen werden.

5. Beschwerden, welche Angelegenheiten der Verwaltung, insbesondere den Geschäftsbetrieb und Verzögerungen betreffen, werden im Aufsichtswege erledigt (vgl. §. 85 des Preuß. Ausführungsges. zum G.V.G. v. 24. April 1878). Da die Gewerbegerichte eine Einrichtung der betr. Gemeinden oder weiteren Kommunalverbände sind, so sind hier zunächst die leitenden Organe und in höherer Instanz die staatlichen Aufsichtsbehörden dieser Gemeinden und Verbände zuständig, falls nicht statutarisch (s. Anm. 2 zu §. 9) oder landesrechtlich etwas Anderes bestimmt ist (a. M. theilweise Bachem S. 48).

§. 56.

1. Aus den Endurtheilen der Gewerbegerichte, welche rechtskräftig oder für vorläufig vollstreckbar erklärt sind, sowie aus den Vergleichen, welche nach Erhebung der Klage vor dem Gewerbegerichte geschlossen sind, findet die Zwangsvollstreckung statt.

2. Die der Berufung oder dem Einspruch unterliegenden Urtheile sind von Amtswegen für vorläufig vollstreckbar zu erklären, wenn sie die in Nr. 1 des §. 3 bezeichneten Streitigkeiten betreffen oder der Gegenstand der Verurtheilung an Geld

oder Geldeswerth die Summe von dreihundert Mark nicht übersteigt.

Die vorläufige Vollstreckbarkeit ist nicht auszu- 3.
sprechen, wenn glaubhaft gemacht wird, daß die Vollstreckung dem Schuldner einen nicht zu ersetzenden Nachtheil bringen würde; auch kann sie von einer vorgängigen Sicherheitsleistung abhängig gemacht werden.

Im Uebrigen finden auf die Zwangsvollstreckung 4.
sowie auf den Arrest und die einstweiligen Verfügungen die Vorschriften im achten Buche der Civilprozeßordnung Anwendung. Die für den Beginn der Zwangsvollstreckung erforderlichen Zustellungen (§§. 671, 672 der Civilprozeßordnung [750, 751 in der Fassung vom 20. Mai 1898] sind, soweit sie nicht bereits vorher erfolgt sind, auf Antrag des Gläubigers durch das Gewerbegericht zu bewirken.

1. „In Bezug auf die Zwangsvollstreckung aus den Urtheilen der Gewerbegerichte und aus den vor den letzteren geschlossenen Vergleichen können im Allgemeinen die für die ordentlichen Gerichte maßgebenden Grundsätze Anwendung finden. Nur in Betreff der vorläufigen Vollstreckbarkeit der Urtheile ist, um den Betheiligten eine möglichst schleunige Durchführung ihrer Rechte zu sichern, über die Vorschriften in §. 649 der Civilprozeßordnung [709 in der Fassung vom 20. Mai 1898] hinausgegangen, indem . . . die vorläufige Vollstreckbarkeit der Regel nach auch ohne besonderen Antrag von Amtswegen durch das Gewerbegericht ausgesprochen werden soll. Im Uebrigen bleiben die auf die vorläufige Vollstreckbarkeit bezüglichen Vorschriften der Civilprozeßordnung (§§. 648, 650 ff. [708, 710 ff. in der Fassung vom 20. Mai 1898]) unbe-

rührt. Die Bestimmungen des §. 651 und des §. 652 Abs. 1 [712 und 713 Abs. 1 in der Fassung vom 20. Mai 1898] sind mit Rücksicht auf ihre praktische Wichtigkeit in den Abs. 3 . . . besonders aufgenommen.“ Mot. S. 84, 85.

2 Zu Abs. 1. Gemäß §. 705 [645] C.P.O. tritt die Rechtskraft der Endurtheile vor Ablauf der für die Einlegung der Berufung oder des Einspruchs (auch im Falle des §. 42) bestimmten Frist nicht ein und wird der Eintritt durch rechtzeitige Einlegung der Berufung oder des Einspruchs gehemmt. Zeugnisse über die Rechtskraft s. §. 706 [646] C.P.O. „Vergleiche“ s. §. 39 Abs. 2. Auch aus den in entsprechender Anwendung des §. 510 [471] C.P.O. (s. Anm. 2 zu §. 24, Anm. 2 zu §. 35) geschlossenen Vergleichen findet die Zwangsvollstreckung statt, da nach Satz 1 des Abs. 4 auch §. 794 [702] Nr. 2 a. a. O. entsprechend anzuwenden ist.

3. Zu Abs. 2. Wenn das Urtheil eine in Nr. 1 und 2 des §. 3 bezeichnete Streitigkeit betrifft, z. B. auf Rückkehr in die Arbeit, ev. Schadensersatz geklagt ist, so kann, falls der zugebilligte Schadensersatz 300 Mark übersteigt, nur der auf Rückkehr in die Arbeit lautende Spruch für vorläufig vollstreckbar erklärt werden. Entscheidend ist der Gegenstand der Verurtheilung, nicht der Streitgegenstand (§. 55 Abs. 1), welcher höher sein kann. Der Werth des Gegenstandes der Verurtheilung ist nach §§. 3—9 C.P.O. zu berechnen (§. 709 [649] Nr. 4 C.P.O.).

Neben Abs. 2 findet ohne Rücksicht auf die Höhe des Gegenstandes der Verurtheilung auch §. 708 [648] C.P.O. Anwendung:

„Auch ohne Antrag sind für vorläufig vollstreckbar zu erklären:

1. Urtheile, welche auf Grund eines Anerkenntnisses eine Verurtheilung aussprechen (§. 278 [307]);
2. Urtheile, welche den Eintritt der in einem be-

bingten Endurtheile ausgedrückten Folgen aus-
sprechen;

3. ein zweites oder ferneres in derselben Instanz gegen dieselbe Partei zur Hauptsache erlassenes Versäumnißurtheil;*)
4. Urtheile, welche in Urkunden- [oder Wechsel]prozesse erlassen werden;
5. Urtheile, durch welche Arreste oder einstweilige Verfügungen aufgehoben werden;

[6. Urtheile, welche die Verpflichtung zur Entrichtung von Alimenten aussprechen, soweit die Alimente für die Zeit nach der Erhebung der Klage und für das diesem Zeitpunkte vorausgehende letzte Vierteljahr zu entrichten sind.]"

Die eingeklammerten Bestimmungen können im Verfahren vor dem Gewerbegericht nicht zur Anwendung kommen a. M. zu 6 Haas S. 113).

Ist in Fällen, in denen das Urtheil von Amtswegen für vorläufig vollstreckbar zu erklären ist, eine derartige Entscheidung nicht erfolgt, so ist eine Ergänzung gemäß (§. 321 [292] C.P.O. herbeizuführen (§. 716 [654] a. a. O)

Auch Urtheile, welche nicht unter Abs. 2 fallen, sind auf Antrag (s. §. 714 [653] C.P.O.) für vorläufig vollstreckbar zu erklären, wenn glaubhaft gemacht wird §. 294 [266]**) C.P.O., s. Anm. 1 zu §. 42), daß die Aussetzung der Vollstreckung dem Gläubiger einen schwer zu ersetzenden oder schwer zu ermittelnden Nachtheil bringen würde oder wenn der Gläubiger sich erbietet, vor der Vollstreckung Sicherheit zu leisten, §. 710 [650] C.P.O. Die Sicherheitsleistung erfolgt gemäß §. 108 [101]***) C.P.O. durch Hinterlegung von Geld oder solchen Werthpapieren,

---

*) Ein solches ist sehr wohl denkbar, s. Dungs bei Busch Bd. 16 S. 558, Haas S. 113, a. M. Schier S. 142, Wilhelmi u. Fürst S. 236.

**) Geändert.

***) Geändert

welche nach §. 234 Absatz 1, 3 des B.G.B. zur Sicherheitsleistung geeignet sind oder nach richterlichem Ermessen eine genügende Deckung gewähren; die Höhe ist unter Berücksichtigung der Hauptsumme nebst Zinsen und Kosten vom Gericht festzusetzen. Die Art der Hinterlegung bestimmt sich nach den landesgesetzlichen Vorschriften; in Preußen erfolgt sie bei den staatlichen Hinterlegungsstellen oder interimistisch bei dem Vollstreckungsgericht, ev. dem Amtsgericht, in dessen Bezirk das Gewerbegericht seinen Sitz hat (§§. 1, 70 bis 73, 74 Nr. 3 a, 76 Abs. 1 Nr. 1 der Hinterlegungsordnung v. 14. März 1879, G.S. S. 249). Ueber die Mitwirkung des Gerichts behufs Rückgabe der Sicherheit s. §. 109 C.P.O. vom 20. Mai 1898, eingestellt durch Nr. 33 des R.G. vom 17. Mai 1898.

Bedingte Endurtheile (§. 45) können nie für vorläufig vollstreckbar erklärt werden (§. 460 [425] Abs. 2 C.P.O.).

4. Zu Abs. 2. Von einer vorgängigen Sicherheitsleistung, deren Höhe das Gericht hier nach freiem Ermessen bestimmt, kann die vorläufige Vollstreckbarkeit auch ohne Antrag (anders §. 718 [652] Abs. 1 C.P.O. abhängig gemacht werden.

Ferner findet aber §. 713 [652] Abs. 2 C.P.O. Anwendung: „Das Gericht hat auf Antrag dem Schuldner nachzulassen, durch Sicherheitsleistung oder durch Hinterlegung die Vollstreckung abzuwenden, wenn nicht der Gläubiger sich erbietet, vor der Vollstreckung Sicherheit zu leisten."

Betreffs der Wirkungen der vorläufigen Vollstreckbarkeit s. §§. 717—720 [655—659] C.P.O. Nach §. 719 [657] a. a. O. kann insbesondere das Gewerbegericht, wenn gegen ein für vorläufig vollstreckbar erklärtes Urtheil der Einspruch eingelegt wird, auf Antrag die in §. 707 [647] C.P.O. (s. Anm. 3 zu §. 46) bezeichneten Maßregeln zur Verhütung der Vollstreckung treffen.

5. Zu Abs. 4 Satz 1. „Das Verfahren bei der Vollstreckung selbst folgt lediglich den für die gerichtliche

Zwangsvollstreckung geltenden Grundsätzen. Eine genügende Veranlassung, dieselbe anderen, als den hiernach zuständigen Behörden zu übertragen oder das Verfahren in anderer Weise zu regeln, liegt nicht vor. Als Vollstreckungsgericht im Sinne des §. 684 der C.P.O. [764 in der Fassung vom 20. Mai 1898] ist daher nicht das Gewerbegericht, sondern das Amtsgericht zuständig. Nur soweit es sich um Entscheidungen handelt, welche im Laufe der Zwangsvollstreckung von dem Prozeßgericht als solchem zu erlassen sind, gehören dieselben zur Zuständigkeit des Gewerbegerichts. Daß nur in den letzteren Fällen die besonderen Vorschriften über das gewerbegerichtliche Verfahren Platz greifen, ergiebt sich ohne Weiteres.

Die vorstehenden Grundsätze finden . . . auch in Bezug auf den Erlaß von Arresten und einstweiligen Verfügungen Anwendung." Mot. S. 35.

Hiernach erfolgt die Zwangsvollstreckung auf Grund einer mit der Vollstreckungsklausel versehenen, vom Gerichtsschreiber des Gewerbegerichts zu ertheilenden Ausfertigung des Urtheils (vollstreckbare Ausfertigung) §§. 724, 725 [662, 663] C.P.O. Die Ertheilung erfolgt in den Fällen der §§. 726 [664], 727 [665], 728 (neu), 729 (neu), 733 [669] 738 (neu), 742 (neu), 744 (neu), 745 Abs. 2 (neu), 749 (neu) a. a. O. auf Anordnung des Vorsitzenden; im Falle des §. 731 [667] muß der Kläger beim Gewerbegericht als Prozeßgericht I. Instanz auf Ertheilung der Vollstreckungsklausel klagen. Ebenso entscheidet das Gewerbegericht, wenn dessen Gerichtsschreiber die Vollstreckungsklausel ertheilt hat, über Einwendungen des Schuldners, welche die Zulässigkeit der Klausel betreffen, und zwar kann die Entscheidung ohne mündliche Verhandlung, also durch den Vorsitzenden, erfolgen (§. 53 Abs. 1); das Gericht, bez. der Vorsitzende, kann vor der Entscheidung eine einstweilige Anordnung treffen, insbes. anordnen, daß die Zwangsvollstreckung gegen oder ohne Sicherheitsleistung einstweilen einzustellen oder nur gegen Sicherheitsleistung fortzusetzen sei. §. 782 [668] C.P.O. Ferner sind Einwendungen, welche den durch Urtheil festgestellten Anspruch selbst betreffen, gemäß §. 767 [686] a. a. O. durch Klage beim Gewerbegericht geltend zu machen, ebenso Einwendungen der im §. 768 [687] a. a. O. bezeichneten Art, sowie Einwendungen des Erben gemäß §. 781 [696]*), 782—784 (neu) a. a. O.; in diesen drei Fällen kann das Gewerbegericht (auch ohne mündliche Verhandlung, also durch den Vorsitzenden allein) auf Antrag die im §. 769 [688] C.P.O. bezeichneten Maßregeln zur Hinderung der Vollstreckung erlassen, und es kann diese Anordnungen in seinem Urtheil aufheben, abändern oder bestätigen (§. 770 [689] a. a. O.)**) Gemäß §. 791 [700] a. a. O. hat, wenn die Zwangsvollstreckung in einem ausländischen Staate erfolgen soll, dessen Behörden im Wege der Rechtshülfe die Urtheile deutscher Gerichte vollstrecken, auf Antrag des Gläubigers das Gewerbegericht (d. h. der Vorsitzende) die zuständige ausländische Behörde oder, falls angängig, einen Reichskonsul um die Vollstreckung zu ersuchen. Weiterhin hat das Gewerbegericht als Prozeßgericht I. Instanz bei der Zwangsvollstreckung zur Erwirkung von Handlungen oder Unterlassungen die in §§. 887 [773], 888 [774], 889 (neu), 890 [775] a. a. O. bezeichneten Entscheidungen zu treffen, und zwar ist auch hier mündliche Verhandlung nicht erforderlich; §. 891 [776]. Ferner hat der Gläubiger, welcher in den Fällen der §§. 883—892 [769 bis 777] C.P.O. die Leistung des Interesses verlangt, beim Prozeßgericht I. Instanz, also ev. beim Ge-

*) Geändert.

**) Im Falle des §. 771 [690] C.P.O. (Interventionsprozeß) ist das Gewerbegericht nicht zuständig; das Gericht, in dessen Bezirk die Zwangsvollstreckung erfolgt, ist das Amtsgericht, bezw. Landgericht; das Gewerbegericht kommt im Zwangsvollstreckungsverfahren nur als Prozeßgericht in Betracht.

werbegericht zu klagen. §. 898 [778] Abs. 2 a. a. O. Soweit hiernach das Gewerbegericht zuständig ist, kann ein anderes Gericht durch Vereinbarung der Parteien nie zuständig werden (§. 802 [707] a. a. O.). Gegen Entscheidungen, welche im Zwangsvollstreckungsverfahren ohne vorgängige mündliche Verhandlung erfolgen können, findet sofortige Beschwerde statt (§§. 793, 577 [701, 540] a. a. O.).

Eine weitere Thätigkeit liegt dem Gewerbegericht bei der Zwangsvollstreckung nicht ob. Insbes. erfolgt dieselbe, soweit sie nicht einem Gerichte zugewiesen ist, im Auftrage des Gläubigers durch Gerichtsvollzieher; doch kann der Gläubiger wegen Ertheilung des Auftrags die Mitwirkung des Gerichtsschreibers in Anspruch nehmen; der von letzterem beauftragte Gerichtsvollzieher gilt als vom Gläubiger beauftragt (§. 753 [674] C.P.O.).

Für die Anordnung von Arresten und einstweiligen Verfügungen ist das Gewerbegericht als Gericht der Hauptsache zuständig, sofern nicht die Hauptsache bereits in der Berufungsinstanz anhängig ist (§§. 919 [799], 930 [810 Abs. 1], 931 (neu), 937 [816], 941 (neu), 943 [821] C.P.O.). Mit dem Gewerbegericht konkurrirt nach Wahl des Gläubigers in den Fällen der §§. 919, 942 [799, 820] a. a. O. das dort bezeichnete Amtsgericht. Im übrigen s. §§. 916—945 [796—822] C.P.O. (insbes. vgl. §. 944 [822] über die Befugnisse des Vorsitzenden).

6. Zu Abs. 4 Satz 2. C.P.O. „§. 750 [671].*)

*) Geändert durch Nr. 195 d. R.G. v. 17. Mai 1898 Abs. 2 des §. 671 C.P.O. vom 30. Januar 1877 lautete:

Hängt die Vollstreckung eines Urtheils seinem Inhalte nach von dem durch den Gläubiger zu beweisenden Eintritt einer Thatsache ab oder handelt es sich um die Vollstreckung eines Urtheils für die Rechtsnachfolger des in demselben bezeichneten Gläubigers oder gegen die Rechtsnachfolger des in demselben bezeichneten Schuldners, so muß u. s. w.

Die Zwangsvollstreckung darf nur beginnen, wenn die Personen, für und gegen welche sie stattfinden soll, in dem Urtheil oder in der demselben beigefügten Vollstreckungsklausel namentlich bezeichnet sind und das Urtheil bereits zugestellt ist oder gleichzeitig zugestellt wird.

Handelt es sich um die Vollstreckung eines Urtheils, dessen vollstreckbare Ausfertigung nach §. 726 Abs. 1 ertheilt worden ist, oder soll ein Urtheil, welches nach den §§. 727 bis 729, 738, 742, 744, dem §. 745 Abs. 2 und dem §. 749 für oder gegen eine der dort bezeichneten Personen wirksam ist, für oder gegen eine dieser Personen vollstreckt werden, so muß außer dem zu vollstreckenden Urtheil auch die demselben beigefügte Vollstreckungsklausel und, sofern die Vollstreckungsklausel auf Grund öffentlicher Urkunden ertheilt ist, auch eine Abschrift dieser Urkunden vor Beginn der Zwangsvollstreckung zugestellt sein oder gleichzeitig mit Beginn derselben zugestellt werden.

§. 751 [672] Abs. 2. Hängt die Vollstreckung von einer dem Gläubiger obliegenden Sicherheitsleistung ab, so darf der Beginn der Zwangsvollstreckung nur erfolgen, wenn die Sicherheitsleistung durch eine öffentliche Urkunde nachgewiesen und eine Abschrift dieser Urkunde bereits zugestellt ist oder gleichzeitig zugestellt wird."

Die in den vorstehenden §§. vorgeschriebenen Zustellungen sind Voraussetzungen der Zwangsvollstreckung, gehören aber nicht zum Zwangsvollstreckungsverfahren selbst. Nach dem Grundsatz des §. 30 Abs. 1 darf daher die Partei diese Zustellungen nicht direkt durch einen Gerichtsvollzieher bewirken lassen; sie müssen vielmehr durch den Gerichtsschreiber veranlaßt werden. Ist nun der Schuldtitel gemäß §. 30 Abs. 2 bereits dem Schuldner zugestellt, so genügt dies für den Beginn der Zwangsvollstreckung; der Gläubiger kann sich auf der ihm ertheilten vollstreckbaren Ausfertigung durch den Gerichtsschreiber bescheinigen lassen, daß und wann die Zustellung an den Schuldner erfolgt sei, und kann sich dann an den Gerichtsvollzieher rc. wenden. Ist aber die Zustellung bisher nicht erfolgt, weil gegen das Urtheil oder den Beschluß ein Rechtsmittel nicht stattfindet oder der früher erschienene Schuldner auf die Zustellung verzichtet hatte, so muß der Gläubiger, da die zwingende Vorschrift des §. 750 [671] C.P.O. für alle Schuldtitel gilt, nachträglich die Zustellung beim Gerichtsschreiber des Gewerbegerichts beantragen und kann sich dann, wie oben, die erfolgte Zustellung bescheinigen lassen. (Ebenso Haas S. 115, v. Wilmowski und Levy Anm. 1 zu §. 671, a. M. Wilhelmi und Fürst S. 240, Gewerbegericht und Landgericht Frankfurt a. M., Soz.-Pr. IV. Nr. 32 Sp. 497, vgl. Busch Bd. 16 S. 383). Eine gleiche Bescheinigung wird auch für die Zustellung der Vollstreckungsklausel bez. von Urkunden gemäß §§. 751 [671] Abs. 2, 752 [672] Abs. 2 erforderlich sein. Diese durch §. 30 Abs. 2 bedingte Auslegung des auf einem Antrag Eberty beruhenden zweiten Satzes des Abs. 4 führt zu einer wesentlichen Verzögerung der Zwangsvollstreckung im gewerbegerichtlichen Verfahren. Während im ordentlichen Verfahren meist das Urtheil durch den mit der Zwangsvollstreckung beauftragten Gerichtsvollzieher gleichzeitig zugestellt wird, muß hier in allen Fällen, in denen nach §. 30 Abs. 2 eine Zustellung des Urtheils nicht erforderlich ist, die Partei zunächst das Gewerbegericht um Zustellung des Urtheils ersuchen und kann erst, nachdem ihr eine Bescheinigung über die erfolgte Zustellung ertheilt ist, den Gerichtsvollzieher mit der Zwangsvollstreckung beauftragen. Nach Absicht des Antragstellers sollten die Worte „auf Antrag des Gläubigers" bedeuten: „sofern der Gläubiger es beantragt", ohne die Zustellung im Parteibetrieb auszuschließen. Es ist übersehen, daß nach § 30 Abs. 1 die Zustellung im Parteibetrieb unzulässig ist. Das Gewerbegericht Berlin läßt deshalb im Interesse der Parteien Urtheile und Vergleiche, wenn vollstreckbare Ausfertigung erbeten wird, zunächst dem Gegner zustellen; im Anschluß an die Vollstreckungsklausel wird die erfolgte Zustellung bescheinigt.

§. 57.

1. Für die Verhandlung des Rechtsstreits vor den Gewerbegerichten wird eine einmalige Gebühr nach dem Werthe des Streitgegenstandes erhoben.

2. Dieselbe beträgt bei einem Gegenstande im
Werthe bis 20 Mark einschließlich 1,00 Mark,
von mehr als 20 Mark bis
50 Mark einschließlich . . . 1,50 „
von mehr als 50 Mark bis
100 Mark einschließlich . . 3,00 „

Die ferneren Werthsklassen steigen um je einhundert Mark, die Gebühren um je drei Mark. Die höchste Gebühr beträgt dreißig Mark.

3. Wird der Rechtsstreit durch Versäumnißurtheil oder durch eine auf Grund eines Anerkenntnisses oder einer Zurücknahme der Klage erlassene Entscheidung erledigt, ohne daß eine kontradiktorische Verhandlung vorhergegangen war, so wird eine Gebühr in Höhe der Hälfte der oben bezeichneten Sätze erhoben.

4. Wird ein zur Beilegung des Rechtsstreits abgeschlossener Vergleich aufgenommen, so wird eine Gebühr nicht erhoben, auch wenn eine kontradiktorische Verhandlung vorausgegangen war.

5. Schreibgebühren kommen nicht in Ansatz. Für

Zustellungen werden baare Auslagen nicht erhoben. Im Uebrigen findet die Erhebung der Auslagen nach Maßgabe des §. 79 des Gerichtskostengesetzes statt. Der §. 2 desselben findet Anwendung.

Durch das Statut (§. 1 Absatz 2 bis 4) kann 6. vorgeschrieben werden, daß Gebühren und Auslagen in geringerem Betrage oder gar nicht erhoben werden.

1. „Die Gebühren in dem Verfahren vor den Gewerbegerichten sind so zu bemessen, daß einerseits dem Bedürfniß einer möglichst billigen Rechtsprechung genügt, andererseits weder eine frivole Prozeßführung begünstigt, noch eine übermäßige Belastung der Gemeinden herbeigeführt wird. Um diesen Gesichtspunkten Rechnung zu tragen und die Kostenberechnung thunlichst zu vereinfachen, läßt der Entwurf nur eine Gebühr nach mäßigen, aber mit dem Werthe des Streitgegenstandes wachsenden Sätzen erheben. Die Gebühr soll auf einen Höchstbetrag von dreißig Mark beschränkt sein und nur im Falle der kontradiktorischen Verhandlung des Rechtsstreits als volle Gebühr, dagegen bei Erledigung der Sache durch Versäumnißurtheil, sowie in den übrigen im Abs. 3 . . . bezeichneten Fällen nur zur Hälfte erhoben werden. Für den Fall der Beendigung des Rechtsstreits durch Vergleich sieht der Entwurf von jeder Gebührenerhebung ab, um das an der Kostenfrage häufig scheiternde Zustandekommen von Vergleichen thunlichst zu fördern.

Auch die Erhebung der Auslagen wird durch den Entwurf auf das thunlichst geringe Maß beschränkt. Die Erhebung von Schreibgebühren ist im Abs. 5 besonders ausgeschlossen, und, da die Zustellungen von Amtswegen erfolgen, so führt schon die Bestimmung im §. 80b des Gerichtskostengesetzes dazu, auch Zustellungsgebühren von den Parteien nicht zu erheben. Die im Falle der Postzustellung der Post zu entrichtende Zustellungsgebühr, sowie die dem Zustellungsbeamten etwa zu gewährende Vergütung fällt daher der Gemeindekasse beziehungsweise der Kasse des weiteren Kommunalverbandes zur Last." Mot. S. 85.

2. Zu Abs. 1. Wegen Berechnung des Werthes des Streitgegenstandes s. §§. 9—11, 15—17 G.K.G. Hiernach sind die §§. 3—9 C.P.O. und die seitens des Prozeßgerichts erfolgte Festsetzung maßgebend; die letztere Festsetzung ist event. gemäß §. 16 G.K.G. nachzuholen; über die Beschwerde gegen diese Festsetzung s. Abs. 2 a. a. O. Die Entscheidung von Erinnerungen des Zahlungspflichtigen gegen den Ansatz von Gebühren und Auslagen erfolgt gemäß §. 4 a. a. O. erstinstanzlich durch das Gewerbegericht (ebenso Schier S. 187, 155, Wilhelmi u. Fürst S. 242, a. M. Haas S. 121). Wegen Nachforderung von Kosten s. §. 5 a. a. O.

3. Zu Abs. 5. Nach §. 79 G.K.G. werden daher an baaren Auslagen erhoben:

1. die Post- und Telegraphengebühren;
2. die durch Einrückung einer Bekanntmachung in öffentliche Blätter entstehenden Kosten;
3. die an Zeugen und Sachverständige zu zahlenden Gebühren;
4. die bei Geschäften außerhalb der Gerichtsstelle den Gerichtsbeamten zustehenden Tagegelder und Reisekosten;
5. die an andere Behörden oder Beamte oder an Rechtsanwälte für deren Thätigkeit zu zahlenden Beträge;
6. die Kosten eines Transports von Personen;
7. die Haftkosten nach Maßgabe der für die Strafhaft geltenden landesgesetzlichen Vorschriften.

Die unter 1 und 2 bezeichneten Auslagen werden jedoch nicht erhoben, wenn sie für Zustellungen erwachsen sind (s. Anm. 1 zu §. 31).

§. 2 G.K.G. lautet:

„Eine Erhebung von Stempeln und anderen Abgaben neben den Gebühren findet nicht statt.

Urkunden, von denen im Verfahren Gebrauch gemacht wird, sind nur insoweit einem Stempel oder einer anderen Abgabe unterworfen, als sie es ohne diesen Gebrauch sein würden.

Urkunden, welche im Verfahren errichtet werden, bleiben, soweit ihr Inhalt über den Gegenstand des Verfahrens hinausgeht, den allgemeinen Vorschriften über Erhebung von Stempeln oder anderen Abgaben unterworfen."

Damit ist insbesondere für Preußen die Stempelpflichtigkeit gewerbegerichtlicher Urtheile und Vergleiche ausgeschlossen. Prozeßvollmachten bleiben gemäß Abs. 2 des §. 2 in Preußen stempelpflichtig, wenn sie einen Gegenstand von mindestens 150 Mark betreffen.

4. Zu Abs. 6. Eine solche Bestimmung kann nur durch das Statut, nicht auch durch die Anordnung der Landes-Zentralbehörde (§. 1 Abs. 5), getroffen werden; letztere kann den Kommunalverbänden wider ihren Willen das Recht der Kostenerhebung nicht schmälern. Das Statut kann nur anordnen, daß Gebühren und Auslagen oder auch eine dieser Kategorien gar nicht oder in geringerem Maße als in Abs. 1—4 bestimmt, erhoben werden; es darf aber nicht andere Arten von Gebühren einführen, z. B. nicht sog. Sukkumbenzstrafen, wonach der unterliegenden Partei in geeigneten Fällen eine gewisse Gebühr auferlegt werden kann, oder bestimmen, daß die Kosten in geeigneten Fällen außer Ansatz gelassen werden können (Unger in der „Selbstverwaltung" 1892. S. 337).

5. Die Vorschriften der C.P.O. über das Armenrecht (§§. 114—127 [106—118]) finden nach §. 24 entsprechende Anwendung. Gemäß §. 115 [107] Nr. 3 C.P.O. kann die Partei hier die Beiordnung eines Ge-

richtsvollziehers zur vorläufig unentgeltlichen Bewirkung von Zustellungen im Vollstreckungsverfahren (soweit nicht das Gewerbegericht zuständig ist, s. §. 56 Anm. 5) und von Vollstreckungshandlungen fordern. Für Preußen bedarf es nach §. 5 der Verf. des Justizministers vom 28. Februar 1885 (J.M.Bl. S. 68) in der Regel nicht der Zuordnung eines bestimmten Gerichtsvollziehers; die Partei hat sich dann direkt oder durch Vermittelung des Gerichtsschreibers oder durch ihren Prozeßbevollmächtigten an den Gerichtsvollzieher des Amtsgerichts zu wenden, in dessen Bezirke die Amtshandlung vorzunehmen ist, unter mehreren Gerichtsvollziehern an denjenigen, welcher nach der Geschäftsvertheilung für den Ort, wo die Amtshandlung vorzunehmen ist, die durch den Gerichtsschreiber vermittelten Parteiaufträge zu besorgen hat. In entsprechender Anwendung des §. 21 der Gebührenordnung für Gerichtsvollzieher vom 20. Mai 1898 werden die baaren Auslagen des beigeordneten Gerichtsvollziehers, falls sie nicht gemäß §§. 124, 788 [115, 697] C.P.O. von dem Ersatzpflichtigen beigetrieben werden können, von dem nach §. 8 d. Ges. verpflichteten Verbande zu erstatten sein.

§. 58.

1. Schuldner der entstandenen Gebühren und Auslagen ist derjenige, welchem durch die gerichtliche Entscheidung die Kosten auferlegt sind, oder welcher dieselben durch eine vor dem Gewerbegerichte abgegebene oder diesem mitgetheilte Erklärung übernommen hat, und in Ermangelung einer solchen Entscheidung oder Uebernahme derjenige, welcher das Verfahren beantragt hat.

2. Die Einziehung der Gerichtskosten erfolgt nach

den für die Einziehung der Gemeindeabgaben geltenden Vorschriften.

1. Zu Abs. 1. „Der §. . . . wiederholt im Abs. 1 die Bestimmungen des §. 86 Abs. 1 und des §. 89 Absatz 1 des Gerichtskostengesetzes. Von der Erhebung eines Kostenvorschusses kann, vorbehaltlich der Vorschrift im §. 344 der C.P.O. [379 in der Fassung vom 20. Mai 1898], abgesehen werden." Mot. S. 85, 86. Ueber §. 379 [844] C.P.O. s. Anm. 1 zu §. 44.

„In Ermangelung — Uebernahme." Dies bezieht sich auf diejenigen Fälle, in denen die Sache liegen geblieben ist und auch ein Vergleich, in welchem über die Tragung der etwaigen baaren Auslagen des Gerichts Bestimmung getroffen ist, nicht vorliegt. Sten. Ber. S. 512.

Wenn durch die gerichtliche Entscheidung die Kosten auferlegt sind, bestimmt die C.P.O. (§§. 91—96 [87 bis 91], 100—102 [95—97], 278 [251] Abs. 2, 283 [256] Abs. 2. Vgl. §. 52 d. Ges.

Betreffs der Verpflichtung von Ausländern zur Sicherheitsleistung gegenüber dem Beklagten wegen der Gerichtskosten s. §. 110—113 [102—105] C.P.O.

2. Zu Abs. 2. Die Einziehung geschieht in Preußen nach Maßgabe der V. betr. das Verwaltungszwangsverfahren wegen Beitreibung von Geldbeträgen, v. 7. September 1879 (G.S. S. 591), also durch Vollziehungsbeamte, nicht durch Gerichtsvollzieher.

§. 59.

Die Kosten der Rechtsmittel und der Zwangs- 1.
vollstreckung bestimmen sich nach den für die ordentlichen Gerichte maßgebenden Vorschriften. Das Gesuch um Festsetzung der Kosten zweiter Instanz ist bei dem Landgerichte anzubringen.

2. Die Gebührenordnung für Zeugen und Sachverständige findet in dem Verfahren vor den Gewerbegerichten Anwendung.

1. „In Betreff der Gerichtsvollziehergebühren in der Zwangsvollstreckung ergiebt sich die Anwendbarkeit der Gebührenordnung aus Abs. 1." Mot. S. 36.

2. Der zweite Satz des Abs. 1 ist der Erwägung entsprungen, „daß die civilprozessualischen Vorschriften, wonach die Kostenfestsetzungsanträge stets bei dem Gericht der ersten Instanz anzubringen sind, hier nicht maßgebend sein können, weil die Gewerbegerichte nicht geeignet seien, die oft sehr schwierigen Kostenfragen des landgerichtlichen Verfahrens mit seinen verschiedenen Gebühren und seiner Erstattung der Kosten der Rechtsanwälte richtig zu entscheiden. Auch sei es nicht erwünscht, diese Festsetzung den Gewerbegerichten zu überlassen, um die Geschäftslast derselben nicht unnöthig zu vergrößern." Komm.-Ber. S. 30.

§. 60.

Die ordentlichen Gerichte haben den Gewerbegerichten nach Maßgabe der Bestimmungen des Gerichtsverfassungsgesetzes Rechtshülfe zu leisten.

1. „Da die Vorschriften des Gerichtsverfassungsgesetzes über die Leistung der Rechtshülfe an sich nur auf das Verhältniß der ordentlichen Gerichte zu einander Bezug haben, so erscheint eine ausdrückliche Anerkennung der Rechtshülfepflicht auch gegenüber den Gewerbegerichten erforderlich." Mot. S. 36.

2. G.V.G. „§. 158. Das Ersuchen um Rechtshülfe ist an das Amtsgericht zu richten, in dessen Bezirke die Amtshandlung vorgenommen werden soll.

§. 159. Das Ersuchen darf nicht abgelehnt werden.

Das Ersuchen eines nicht im Instanzenzuge vorgesetzten Gerichts ist jedoch abzulehnen, wenn dem ersuchten

Gerichte die örtliche Zuständigkeit mangelt, oder die vorzunehmende Handlung nach dem Rechte des ersuchten Gerichts verboten ist.

§. 160. Wird das Ersuchen abgelehnt, oder wird der Vorschrift des §. 159 Abs. 2 zuwider dem Ersuchen stattgegeben, so entscheidet das Oberlandesgericht, zu dessen Bezirke das ersuchte Gericht gehört. Eine Anfechtung dieser Entscheidung findet nur statt, wenn dieselbe die Rechtshülfe für unzulässig erklärt, und das ersuchende und das ersuchte Gericht den Bezirken verschiedener Oberlandesgerichte angehören. Ueber die Beschwerde entscheidet das Reichsgericht.

Die Entscheidungen erfolgen auf Antrag der Betheiligten oder des ersuchenden Gerichts ohne vorgängige mündliche Verhandlung.

§. 161. Die Herbeiführung der zum Zwecke von Vollstreckungen, Ladungen und Zustellungen erforderlichen Handlungen erfolgt nach Vorschrift der Prozeßordnungen ohne Rücksicht darauf, ob die Handlungen in dem Bundesstaate, welchem das Prozeßgericht angehört, oder in einem anderen Bundesstaate vorzunehmen sind.

§. 162. Gerichte, Staatsanwaltschaften und Gerichtsschreiber können wegen Ertheilung eines Auftrags an einen Gerichtsvollzieher die Mitwirkung des Gerichtsschreibers des Amtsgerichts in Anspruch nehmen, in dessen Bezirke der Auftrag ausgeführt werden soll. Der von dem Gerichtsschreiber beauftragte Gerichtsvollzieher gilt als unmittelbar beauftragt.

§. 163. Eine Freiheitsstrafe, welche die Dauer von sechs Wochen nicht übersteigt, ist in demjenigen Bundesstaate zu vollstrecken, in welchem der Verurtheilte sich befindet.

§. 164. Soll eine Freiheitsstrafe in dem Bezirke eines anderen Gerichts vollstreckt oder ein in dem Bezirke eines anderen Gerichts befindlicher Verurtheilter zum Zwecke der Strafverbüßung ergriffen und abgeliefert werden, so ist die Staatsanwaltschaft bei dem Landgerichte des Bezirks um die Ausführung zu ersuchen.

§. 165. Im Falle der Rechtshülfe unter den Behörden verschiedener Bundesstaaten sind die baaren Auslagen, welche durch eine Ablieferung oder Strafvollstreckung entstehen, der ersuchten Behörde von der ersuchenden zu erstatten.

Im Uebrigen werden Kosten der Rechtshülfe von der ersuchenden Behörde nicht erstattet.

Ist eine zahlungspflichtige Partei vorhanden, so sind die Kosten von derselben durch die ersuchende Behörde einzuziehen und der eingezogene Betrag der ersuchten Behörde zu übersenden.

Stempel-, Einregistrirungsgebühren oder andere öffentliche Abgaben, welchen die von der ersuchenden Behörde übersendeten Schriftstücke (Urkunden, Protokolle) nach dem Rechte der ersuchten Behörde unterliegen, bleiben außer Ansatz.

§. 166. Für die Höhe der den geladenen Zeugen und Sachverständigen gebührenden Beträge sind die Bestimmungen maßgebend, welche bei dem Gerichte gelten, vor welches die Ladung erfolgt.

Sind die Beträge nach dem Rechte des Aufenthaltsorts der geladenen Personen höher, so können die höheren Beträge gefordert werden.

Bei weiterer Entfernung des Aufenthaltsorts der geladenen Personen ist denselben auf Antrag ein Vorschuß zu bewilligen.

§. 167. Ein Gericht darf Amtshandlungen außerhalb seines Bezirks ohne Zustimmung des Amtsgerichts des Orts nur vornehmen, wenn Gefahr im Verzuge obwaltet. In diesem Falle ist dem Amtsgerichte des Orts Anzeige zu machen.

§. 169. Die in einem Bundesstaate bestehenden Vorschriften über die Mittheilung von Akten einer öffentlichen Behörde an ein Gericht dieses Bundesstaates kommen auch dann zur Anwendung, wenn das ersuchende Gericht einem anderen Bundesstaate angehört."

3. Die dem ersuchten Gericht entstandenen Kosten sind nur insoweit zu erstatten, als eine zahlungspflichtige Partei vorhanden ist. Dies ist bei den Gewerbegerichten nach §. 57 Nr. 5 bezüglich der Schreibgebühren und baaren Auslagen für Zustellungen nicht der Fall. (Bl. f. soz. Pr. Nr. 79 S. 7, G.G. II Sp. 66).

Dritter Abschnitt.

Thätigkeit des Gewerbegerichts als Einigungsamt.

§. 61.

Das Gewerbegericht kann in Fällen von Streitigkeiten, welche zwischen Arbeitgebern und Arbeitern über die Bedingungen der Fortsetzung oder Wiederaufnahme des Arbeitsverhältnisses entstehen, als Einigungsamt angerufen werden.

1. Ueber die Motive, die zur Betrauung der Gewerbegerichte mit den Funktionen der Einigungsämter geführt haben, s. Einl. Die Einigungsämter haben nie über individuelle Ansprüche einzelner Personen zu entscheiden, sondern nur über die Bedingungen der Fortsetzung oder Wiederaufnahme des Arbeitsverhältnisses, sei es in einem oder in mehreren Betrieben; ihre Aufgabe ist also nur die Verhütung drohender und die Beseitigung eingetretener Arbeitseinstellungen oder Aussperrungen.

2. „Eine Verpflichtung, ihre Streitigkeiten vor einem Einigungsamt zum Austrage zu bringen, kann weder den Arbeitgebern noch den Arbeitern auferlegt werden, zumal es an geeigneten Mitteln fehlen würde, die Erfüllung dieser Verpflichtung zu erzwingen. Die Thätig-

keit des Gewerbegerichts als Einigungsamt soll daher nur eintreten, wenn sie von beiden Theilen angerufen wird. Dadurch wird nicht ausgeschlossen, daß bei drohenden Arbeitseinstellungen das Gewerbegericht oder dessen Vorsitzender die Arbeitgeber und Arbeiter zur Anrufung zu veranlassen sucht, oder, wenn der eine Theil das Gewerbegericht angerufen hat, den anderen Theil zu gleicher Anrufung auffordert." Mot. S. 36. Vgl. Berl. Stat. §. 71 Abs. 6, 7.

3. Die Zuständigkeit des Gewerbegerichts als Einigungsamt bei Streitigkeiten zwischen Innungsmeistern und deren Arbeitern wird durch das Vorhandensein von Innungs-Schiedsgerichten nicht beschränkt, da letztere als Einigungsämter nicht ausgebildet sind. Komm.-Ber. S. 86. Dagegen werden die Grenzen der sachlichen und örtlichen Zuständigkeit des Gewerbegerichts (§. 6) auch hinsichtlich der Zuständigkeit des Einigungsamts zu beachten sein. Auf die im §. 76 genannten Personen und überhaupt auf alle Personen, welche nicht Arbeiter im Sinne dieses Ges. sind (§§. 2, 4), finden auch die Vorschriften über Einigungsämter keine Anwendung; Streitigkeiten, welche zwischen solchen Personen und ihren Arbeitgebern ausbrechen, können daher dem Gewerbegericht zur Schlichtung nicht unterbreitet werden.

4. Das Gesetz ordnet das Verfahren vor dem Einigungsamt nur in großen Zügen. Im übrigen, z. B. hinsichtlich der Form der Vorladungen, der Protokollirung der Verhandlungen, muß, sofern nicht etwa das Statut (s. §. 1 Abs. 5) spezielle Anordnungen enthält, das Ermessen des Vorsitzenden, event. ein Beschluß des Einigungsamts entscheiden, vgl. Cuno, Die Praxis des Berliner Gewerbegerichts als Einigungsamt, Soz. Pr. V Nr. 22 Sp. 623 ff.; Blendermann, Das Verfahren vor dem Einigungsamt. G.G. III Nr. 2 Sp. 13 ff.

5. Die Kosten des Verfahrens vor dem Einigungsamt fallen dem im §. 8 bezeichneten Verbande, bei den

gemäß §. 77 Abs. 1 errichteten Gewerbegerichten nach Nr. 8 a. a. O. dem Staate zur Last; den Betheiligten dürfen keinerlei Kosten auferlegt werden.

§. 62.

Der Anrufung ist Folge zu geben, wenn sie von 1.
beiden Theilen erfolgt und die betheiligten Arbeiter und Arbeitgeber — letztere, sofern ihre Zahl mehr als drei beträgt — Vertreter bestellen, welche mit der Verhandlung vor dem Einigungsamt beauftragt werden.

Als Vertreter können nur Betheiligte bestellt 2.
werden, welche das fünfundzwanzigste Lebensjahr vollendet haben, sich im Besitze der bürgerlichen Ehrenrechte befinden und nicht durch gerichtliche Anordnung in der Verfügung über ihr Vermögen beschränkt sind.

Soweit Arbeiter in diesem Alter nicht, oder nicht 3.
in genügender Anzahl vorhanden sind, können jüngere Vertreter zugelassen werden.

Die Zahl der Vertreter jedes Theiles soll in 4.
der Regel nicht mehr als drei betragen. Das Einigungsamt kann eine größere Zahl von Vertretern zulassen.

Ob die Vertreter für genügend legitimirt zu 5.
erachten sind, entscheidet das Einigungsamt nach freiem Ermessen.

1. „Voraussetzung einer geordneten Verhandlung ist bei einer größeren Zahl von Betheiligten die Bestellung einer nicht zu großen Zahl von Vertretern. Für die

Arbeiter wird eine Vertretung immer erforderlich sein, für die Arbeitgeber nur, wenn eine größere Zahl derselben betheiligt ist. Sind nicht mehr als drei Arbeitgeber betheiligt, so werden sie persönlich vor dem Einigungsamt verhandeln können. Der Regel nach soll die Zahl der beiderseitigen Vertreter nicht mehr als je drei betragen.

Da es aber unter Umständen, z. B. wenn für einen Industriezweig verschiedene Klassen von Arbeitern in Betracht kommen, für die Verhandlungen förderlich sein kann, wenn eine größere Zahl von Vertretern an denselben theilnimmt, so soll das Einigungsamt befugt sein, eine größere als die regelmäßige Zahl von Vertretern zuzulassen.

Für die Bestellung der Vertreter kann ein bestimmtes Verfahren nicht vorgeschrieben werden, da die in Betracht kommenden Verhältnisse zu verschiedenartig sind, und da derartige Vorschriften leicht zu unnützen Streitigkeiten über die Einhaltung der vorgeschriebenen Formen führen könnten. Es muß daher dem Gewerbegerichte überlassen werden, zu beurtheilen, ob diejenigen, welche als Vertreter der beiden Theile auftreten, als solche legitimirt erscheinen. Wo für die Arbeitgeber und Arbeiter organisirte Vereinigungen bestehen, werden die Organe derselben oder die nach den Statuten gewählten besonderen Vertreter sich leicht als solche legitimiren können. Wo solche Vereinigungen nicht bestehen, wird sich für die Vertreter der meist weniger zahlreichen Arbeitgeber die Legitimation leicht durch schriftliche Vollmacht erbringen lassen. In manchen Fällen, z. B. bei Arbeitseinstellungen, die sich auf eine einzelne Fabrik beschränken, wird letzteres auch für die Vertreter der Arbeiter geschehen können. Im Uebrigen wird die Wahl der Vertreter der Arbeiter in der Regel in einer öffentlichen Versammlung erfolgen, und die darüber in den öffentlichen Blättern erscheinenden Berichte werden meist genügen, um sowohl den betheiligten Arbeitgebern wie dem Einigungsamte selbst ein Urtheil über die Legitimation der als Vertreter auftretenden Personen zu ermöglichen." Mot. S. 36, 37. Regelmäßig wird das Einigungsamt die Vertreter nur zulassen können, dann aber auch zulassen müssen, wenn die Vertreter beider Parteien sich gegenseitig — ausdrücklich oder stillschweigend — als legitimirt anerkennen. Vgl. Komm.-Ber. S. 81, Berl. Stat. §. 71 Abs. 5.

2. Eine besondere Form der Anrufung ist nicht vorgeschrieben; dieselbe wird daher auch mündlich beim Vorsitzenden erfolgen können. Wird der Anrufung zu Unrecht keine Folge gegeben, so steht die Beschwerde bei der vorgesetzten Dienstbehörde offen.

3. Als Vertreter werden nur Betheiligte zugelassen, also nur Arbeiter und Arbeitgeber, welche bei der ausgebrochenen Differenz Partei sind; den Arbeitgebern stehen auch hier die in §. 14 Abs. 1 bezeichneten Personen gleich; eine weitere Vertretung ist unzulässig.

§. 63.

Das Gewerbegericht, welches als Einigungsamt thätig wird, soll neben dem Vorsitzenden mit vier Beisitzern, Arbeitgeber und Arbeiter in gleicher Zahl, besetzt sein. Die Zuziehung der Beisitzer erfolgt, sofern durch das Statut nicht anderes bestimmt ist, durch den Vorsitzenden. 1.

Das Einigungsamt kann sich durch Zuziehung von Vertrauensmännern der Arbeitgeber und Arbeiter in gleicher Zahl ergänzen. Dies muß geschehen, wenn es von den Vertretern beider Theile unter Bezeichnung der zuzuziehenden Vertrauensmänner beantragt wird. 2.

3. **Die Beisitzer und Vertrauensmänner dürfen nicht zu den Betheiligten gehören. Befinden sich unter den Beisitzern unbetheiligte Arbeitgeber und Arbeiter nicht in genügender Zahl, so werden die fehlenden durch Vertrauensmänner ersetzt, welche von den Vertretern der Arbeitgeber beziehungsweise der Arbeiter zu wählen sind.**

1. Zu Abs. 1:

„Die Wichtigkeit des Einigungsverfahrens rechtfertigt die Vorschrift, daß das Gewerbegericht, wenn es als Einigungsamt thätig wird, mit vier Beisitzern besetzt sein soll. Die näheren Bestimmungen über die Zuziehung können dem Statut überlassen bleiben mit der Maßgabe, daß, wenn solche näheren Bestimmungen nicht getroffen sind, die Auswahl durch den Vorsitzenden erfolgt." Mot. S. 87. Falls das Gewerbegericht mehrere Vorsitzende hat (§. 9 Abs. 2), wird das Statut auch darüber, wer von ihnen im Einigungsamt den Vorsitz führt, Vorschriften enthalten müssen. Die Bestimmungen über die Zahl der Beisitzer können durch das Statut nicht geändert werden. „Statut" s. §. 1 Abs. 5. Vgl. Berl. Stat. §. 72 Abs. 1—4.

2. Zu Abs. 2 und 3: „Die Ergänzung des Einigungsamts durch Vertrauensmänner der Betheiligten wird dazu beitragen, eine erfolgreiche Thätigkeit desselben zu befördern. Sie soll daher eintreten müssen, wenn sie von beiden Theilen unter Bezeichnung der zuzuziehenden Vertrauensmänner beantragt wird. Es muß demnach, wenn die Vertreter eines jeden der beiden Theile die Zuziehung einer gleichen Zahl bestimmt bezeichneter Personen beantragen, die Zuziehung der von jedem der beiden Theile bezeichneten Vertrauensmänner erfolgen, vorausgesetzt selbstverständlich, daß nicht das Einigungsamt bereits selbst eine Wahl vollzogen und diese Wahl

zur Kenntniß der Gewählten gebracht hat. Der Aufgabe des Einigungsamts entspricht es, daß die Mitglieder desselben kein persönliches Interesse an dem Ausgang des Streites haben, und daß demnach weder die Beisitzer noch die Vertrauensmänner zu den Betheiligten gehören. Da es aber — namentlich in Folge der Bestimmung des §. 12 (jetzt 13) Abs. 2 — vorkommen kann, daß unter den Beisitzern Nichtbetheiligte gar nicht oder nicht in der erforderlichen Anzahl vorhanden sind, so muß für diesen Fall auf einen Ersatz für die fehlenden Beisitzer Bedacht genommen werden. Dies soll nach der Vorlage dadurch geschehen, daß an die Stelle der Beisitzer Vertrauensmänner treten." Mot. S. 37. Ein Zwang zur Uebernahme der Funktionen eines Vertrauensmannes kann nicht ausgeübt werden; die Verpflichtung der Beisitzer zur Theilnahme an den Berathungen richtet sich nach den allgemeinen Grundsätzen (§. 21).

Wegen der Anwendbarkeit des Abs. 3 im Falle des §. 77 Abs. 1 s. das. Abs. 2 Nr. 6.

3. Dem Statut, ev. dem Ermessen des Einigungsamts bleibt die Bestimmung überlassen, ob und inwieweit Oeffentlichkeit der Verhandlungen stattfindet. Vgl. Berl. Stat. §. 71 Abs. 3.

4. Die Zuziehung eines Protokollführers ist nicht vorgeschrieben, aber zulässig.

§. 64.

Das Einigungsamt hat durch Vernehmung der Vertreter beider Theile die Streitpunkte und die für die Beurtheilung derselben in Betracht kommenden Verhältnisse festzustellen. Es ist befugt, zur Aufklärung der letzteren Auskunftspersonen vorzuladen und zu vernehmen. 1.

Jedem Beisitzer und Vertrauensmann steht das 2.

Recht zu, durch den Vorsitzenden Fragen an die Vertreter und Auskunftspersonen zu richten.

1. „Die nächste Aufgabe des Einigungsamts besteht in der Klarstellung der Streitpunkte und in der Ermittelung aller derjenigen Verhältnisse, welche für die Beurtheilung derselben von Bedeutung sind. Zu dem Ende sollen zunächst die Vertretungen beider Theile vernommen werden; und um eine beiden Theilen gerecht werdende und möglichst erschöpfende Feststellung zu sichern, soll jedem Beisitzer und Vertrauensmann gestattet sein, Fragen zu stellen. Die Vernehmung von Auskunftspersonen wird namentlich in solchen Fällen einzutreten haben, in denen sich zwischen den thatsächlichen Angaben der Vertreter Widersprüche finden." Mot. S. 37.

2. Das Erscheinen der vorgeladenen Auskunftspersonen, sowie die Abgabe von Erklärungen seitens der Erschienenen kann nicht erzwungen werden. Eine Vereidigung der Auskunftspersonen ist unzulässig.

3. Die Beisitzer und Vertrauensmänner dürfen nur durch den Vorsitzenden, nicht direkt, Fragen stellen.

§. 65.

Nach erfolgter Klarstellung der Verhältnisse ist in gemeinsamer Verhandlung jedem Theile Gelegenheit zu geben, sich über das Vorbringen des anderen Theiles, sowie über die vorliegenden Aussagen der Auskunftspersonen zu äußern. Demnächst findet ein Einigungsversuch zwischen den streitenden Theilen statt.

„Nach abgeschlossenem Ermittelungsverfahren — welches übrigens in jedem Stadium der Verhandlung wieder aufgenommen werden kann — soll eine Verhandlung mit den beiderseitigen Vertretern stattfinden, in welcher zunächst die Anerkennung der Ergebnisse des Ermittelungsverfahrens durch die Vertreter beider Theile herbeizuführen und auf der so gewonnenen Grundlage der Versuch einer Einigung anzustellen ist." Mot. S. 37. Die Verhandlung soll gemeinsam sein; es dürfen also nicht die Vertreter einer Partei in Abwesenheit derjenigen der anderen Partei vernommen werden. Wohl aber ist es zulässig, zum Zweck des Einigungsversuchs mit jeder Partei einzeln zu verhandeln.

§. 66.

Kommt eine Vereinbarung zu Stande, so ist der Inhalt derselben durch eine von sämmtlichen Mitgliedern des Einigungsamts und von den Vertretern beider Theile zu unterzeichnende Bekanntmachung zu veröffentlichen.

1. „Daß eine auf diese Weise herbeigeführte und öffentlich kundgegebene Vereinbarung von allen Betheiligten für die Bedingungen des weiteren Arbeitsverhältnisses als maßgebend anerkannt wird, kann zwar durch äußere Mittel nicht erzwungen werden, wird aber als Regel angenommen werden dürfen." Mot. S. 37. Ueber die rechtliche Bedeutung eines vor dem Einigungsamte geschlossenen Vergleichs für den Arbeitsvertrag s. Urth. d. G.G. Berlin G.G. II. Nr. 2 Sp. 14. Der Schiedsspruch unterliegt in Preußen der Stempelsteuer nicht. G.G. I. Nr. 5 Sp. 48.

2. Ueber die Art der Veröffentlichung vgl. Anm. 4 zu §. 61, Berl. Stat. §. 77 Abs. 2 a. E.

§. 67.

Kommt eine Vereinbarung nicht zu Stande, so hat das Einigungsamt einen Schiedsspruch abzugeben, welcher sich auf alle zwischen den Parteien streitigen Fragen zu erstrecken hat. 1.

2. **Die Beschlußfassung über den Schiedsspruch erfolgt mit einfacher Stimmenmehrheit. Stehen bei der Beschlußfassung über den Schiedsspruch die Stimmen sämmtlicher für die Arbeitgeber zugezogenen Beisitzer und Vertrauensmänner denjenigen sämmtlicher für die Arbeiter zugezogenen gegenüber, so kann der Vorsitzende sich seiner Stimme enthalten und feststellen, daß ein Schiedsspruch nicht zu Stande gekommen ist.**

1. „Auch wenn eine Einigung zwischen den Vertretern beider Theile nicht erreicht wird, soll das Einigungsamt seine Bemühungen, eine Beilegung der Streitigkeiten herbeizuführen, nich. ohne Weiteres einstellen, vielmehr den Versuch machen, über die Bedingungen, auf welche hin eine Einigung billigerweise erwartet werden kann, seinerseits zu einem Beschlusse zu gelangen, und den auf Grund dieses Beschlusses abzugebenden Schiedsspruch den Vertretern beider Theile zur Erklärung vorlegen. Das moralische Gewicht, welches einem solchen Schiedsspruch beiwohnt, wird um so größer sein, je sorgfältiger und objektiver das Einigungsamt bei der Feststellung der Thatsachen und bei den Einigungsverhandlungen vorgegangen ist, und es ist die Hoffnung nicht ausgeschlossen, daß — namentlich wenn die neue Einrichtung erst länger in Wirksamkeit gewesen ist — in nicht seltenen Fällen beide Theile sich schließlich dem Schiedsspruche unterwerfen werden. Dies wird allerdings in der Regel dann nicht zu erwarten sein, wenn auch innerhalb des Einigungsamts die Ansicht sämmtlicher für die Arbeitgeber zugezogenen Beisitzer und Vertrauensmänner derjenigen sämmtlicher für die Arbeiter zugezogenen gegenübergestanden hat, und der Schiedsspruch nur durch die ausschlaggebende Stimme des Vorsitzenden zu Stande gekommen ist. Deshalb soll in solchen Fällen

der Vorsitzende berechtigt sein, sich seiner Stimme zu enthalten und zu konstatiren, daß ein Schiedsspruch nicht zu Stande gekommen ist." Mot. S. 38.

2. Die Beisitzer und Vertrauensmänner dürfen sich der Stimmabgabe nicht enthalten (vgl. Anm. 1 zu §. 21); der Vorsitzende darf dies nur in dem im Abs. 2 Satz 2 bezeichneten Falle thun. Komm.-Ber. S. 32.

§. 68.

Ist ein Schiedsspruch zu Stande gekommen, so 1.
ist derselbe den Vertretern beider Theile mit der Aufforderung zu eröffnen, sich binnen einer zu bestimmenden Frist darüber zu erklären, ob sie sich dem Schiedsspruche unterwerfen. Die Nichtabgabe der Erklärung binnen der bestimmten Frist gilt als Ablehnung der Unterwerfung.

Nach Ablauf der Frist hat das Einigungsamt 2.
eine von sämmtlichen Mitgliedern desselben unterzeichnete öffentliche Bekanntmachung zu erlassen, welche den abgegebenen Schiedsspruch und die darauf abgegebenen Erklärungen der Parteien enthält.

Auch wenn die Vertreter ihre Unterwerfung erklären, ist eine Vollstreckbarkeit des Schiedsspruches ausgeschlossen; eine solche wurde als „sowohl vom juristischen, wie vom sozialpolitischen Standpunkte aus für die deutschen Verhältnisse weder möglich noch wünschenswerth" erachtet. Komm.-Ber. S. 80.

§. 69.

Ist weder eine Vereinbarung (§. 66) noch ein Schiedsspruch zu Stande gekommen, so ist dies von dem Vorsitzenden des Einigungsamts öffentlich bekannt zu machen.

„Auch in dem Falle, in welchem nur eine der beiden Parteien oder keine von beiden sich dem Schiedsspruche unterworfen hat, soll eine Veröffentlichung des letzteren stattfinden, da die Möglichkeit nicht ausgeschlossen ist, daß trotzdem größere oder kleinere Kreise der Betheiligten auf beiden Seiten sich entschließen, unter den im Schiedsspruche angegebenen Bedingungen das Arbeitsverhältniß fortzusetzen oder wieder aufzunehmen. Unter allen Umständen wird die Veröffentlichung des Schiedsspruches den Werth haben, daß sie auf die öffentliche Meinung, deren Bedeutung für den Ausgang von Streitigkeiten der in Frage stehenden Art erfahrungsmäßig eine sehr erhebliche ist, aufklärend und berichtigend einzuwirken geeignet ist." Mot. S. 38.

Vierter Abschnitt.

Gutachten und Anträge der Gewerbegerichte.

§. 70.

1. Das Gewerbegericht ist verpflichtet, auf Ansuchen von Staatsbehörden oder des Vorstandes des Kommunalverbandes, für welchen dasselbe errichtet ist, Gutachten über gewerbliche Fragen abzugeben. Zur Vorbereitung oder Abgabe derartiger Gutachten können Ausschüsse aus der Mitte des Gewerbegerichts gebildet werden.
2. Diese Ausschüsse müssen, sofern es sich um Fragen handelt, welche die Interessen beider Theile berühren, zu gleichen Theilen aus Arbeitgebern und Arbeitern zusammengesetzt sein.
3. In gleicher Weise ist das Gewerbegericht berechtigt, in gewerblichen Fragen, welche die seiner

Gerichtsbarkeit unterstehenden Betriebe berühren, Anträge an Behörden und an Vertretungen von Kommunalverbänden zu richten.

Das Nähere bestimmt das Statut. 4.

1. Es wurde hervorgehoben, „daß auch die rheinischen Gewerbegerichte nach ihrer ursprünglichen Verfassung die Aufgabe gehabt hätten, den staatlichen Behörden in gewerblichen Angelegenheiten mit Gutachten zu dienen, daß diese Thätigkeit jedoch niemals zu voller Ausbildung gelangt und nunmehr vollständig eingeschlafen sei.

Eine Thätigkeit der Gewerbegerichte nach dieser Richtung hin sei um so mehr dort erwünscht, wo Gewerbekammern nicht beständen. In Ländern, wo — wie in Sachsen, Bayern und sonstwo — Gewerbekammern beständen, welche dieselbe Aufgabe hätten, könne aber trotzdem eine derartige Bestimmung kein Bedenken erregen, weil der Vorschlag doch nur eine Pflicht der Gewerbegerichte einführen wolle, zu antworten, wenn sie gefragt werden, ohne ihnen ein Recht zu geben, gehört zu werden. Eine Kompetenzstreitigkeit könne also nicht eintreten. Auch würde es vom allgemeinen Gesichtspunkte aus durchaus erwünscht sein, die Möglichkeit zu haben, in gewerblichen Fragen ein Gutachten zu erhalten, das nicht einseitig von den Arbeitgebern ausgehe, wie das auch dort der Fall sei, wo Gewerbekammern beständen, da in diesen doch nur die Arbeitgeber vertreten seien. Namentlich bei den heutigen vielfachen sozialen Schwierigkeiten würde es von hohem Werthe sein, im gegebenen Falle ein Gutachten erhalten zu können, das kontradiktorisch zwischen Arbeitgebern und Arbeitern unter der unparteiischen Leitung eines unbetheiligten Dritten fest gestellt worden sei. Bedenken gegen eine derartige Thätigkeit der Gewerbegerichte seien nach keiner Richtung hin möglich." Komm.-Ber. S. 32, 33.

Zur Begründung des Abs. 3 wurde angeführt, „daß

dieses Recht die naturgemäße Ergänzung der den Gewerbegerichten auferlegten Pflicht zur Antwortertheilung sei, und die Gewerbegerichte noch viel mehr befähige, diejenigen Funktionen zu erfüllen, welche man sonst von Gewerbekammern zu erwarten pflege." Komm.-Ber. S. 33.

2. Die Ausschüsse können zur Vorprüfung oder Abgabe der Gutachten, im Falle des Abs. 3 also zur Vorprüfung der vorliegenden Anträge oder zur selbstständigen Stellung derselben eingerichtet werden. Der Vorsitzende hat in diesen Ausschüssen volles Stimmrecht.

3. „Statut" s. §. 1 Abs. 5. Vgl. Berl. Stat. §§. 80—87.

Fünfter Abschnitt.

Verfahren vor dem Gemeindevorsteher.

§. 71.

1. Ist ein zuständiges Gewerbegericht nicht vorhanden, so kann bei Streitigkeiten der in Nr. 1 und 3 des §. 3 bezeichneten Art jede Partei die vorläufige Entscheidung durch den Vorsteher der Gemeinde (Bürgermeister, Schultheiß, Ortsvorsteher u. s. w.) nachsuchen. Zuständig ist der Vorsteher der Gemeinde, in deren Bezirk die streitige Verpflichtung aus dem Arbeitsverhältnisse zu erfüllen ist.

2. Den Parteien ist Gelegenheit zu geben, ihre Ausführungen und Beweismittel in einem Termine vorzubringen. Eine Beweisaufnahme durch Ersuchen anderer Behörden findet nicht statt; Vereidigungen sind nicht zulässig.

Kommt ein Vergleich zu Stande, so ist ein Protokoll darüber aufzunehmen und von den Parteien und dem Gemeindevorsteher zu unterschreiben.

1. Nach §. 120a der Gewerbeordnung erfolgt in Ermangelung eines gewerblichen Schiedsgerichts oder einer sonst zuständigen besonderen Behörde die Entscheidung der Gewerbestreitigkeiten durch die Gemeindebehörde. Die Bestimmung ist zwingender Natur, indem der Rechtsweg bei den ordentlichen Gerichten überhaupt nicht beschritten werden kann, bevor die Entscheidung der Gemeindebehörde ergangen ist. Die praktischen Erfahrungen, welche mit der Einrichtung gemacht worden sind, sprechen nicht dafür, sie in der bisherigen Ausdehnung beizubehalten. Insbesondere hat der unbedingte Zwang, welchem die Betheiligten in der Richtung unterworfen werden, vor Angehung des ordentlichen Gerichtes ihren Rechtsstreit der Vorentscheidung einer nicht richterlichen Behörde zu unterwerfen, sich als zu weitgehend erwiesen, und bereits die Vorlage von 1878 beabsichtigte aus diesem Grunde, die obligatorische Anrufung der Gemeindebehörde durch eine nur fakultative, ins Ermessen des Klägers gestellte Anrufung des Gemeindevorstehers zu ersetzen und sie zugleich auf diejenigen Streitsachen zu beschränken, welche, wie die Streitigkeiten über Antritt, Fortsetzung oder Auflösung des Arbeitsverhältnisses, sowie über das Arbeitsbuch oder Arbeitszeugniß, der schleunigen Erledigung in besonderem Grade bedürfen. Dieser Weg ist auch im Entwurfe betreten, wobei jedoch im Einklange mit den Vorschriften des Krankenversicherungsgesetzes vom 15. Juni 1883 auch die Streitigkeiten über die Berechnung und Anrechnung der von den Arbeitern zu leistenden Krankenkassenbeiträge berücksichtigt sind. Es darf angenommen werden, daß in der bezeichneten Beschränkung die Einrichtung sich da, wo es an Gewerbegerichten fehlt, im

Bedürfnißfalle als ein angemessener Ersatz für dieselben erweisen wird.

Zu diesem Zweck sind Bestimmungen über das Verfahren vor dem Gemeindevorsteher und über die Vollstreckung seiner Entscheidung nicht zu entbehren. Daß es der §. 120a der Gewerbeordnung an solchen Bestimmungen vollständig fehlen ließ, hat nicht zum wenigsten dazu beigetragen, die Thätigkeit der Gemeindebehörden auf dem in Frage stehenden Gebiete zu erschweren. An das Verfahren lassen sich, da es auch für die Handhabung durch Vorsteher kleinerer Gemeinden geeignet sein muß, strengere Anforderungen freilich nicht stellen. Es kann sich nur darum handeln, daß der Gemeindevorsteher, gestützt auf seine Kenntniß der Personen und Verhältnisse und auf Grund unmittelbarer Anhörung der Parteien und etwaiger Auskunftspersonen, das Streitverhältniß hinreichend aufklärt, um einen Vergleich vermitteln oder eine vorläufige Entscheidung fällen zu können. Der Entwurf sieht deshalb davon ab, den Gemeindevorsteher . . . an die Formen des gewerbegerichtlichen Verfahrens zu binden. . . .

Daß da, wo kein zur Entscheidung von Gewerbestreitsachen zuständiges besonderes Organ vorhanden und auch der Gemeindevorsteher von den Betheiligten nicht angegangen ist, die ordentlichen Gerichte zuständig sind, bedarf mit Rücksicht auf die rechtliche Natur der in Frage stehenden Streitsachen keiner besonderen Bestimmung. Auch bei den Streitigkeiten über die Anrechnung von Krankenkassenbeiträgen (§. 3 Nr. 3) kann ein Zweifel in dieser Richtung nicht wohl erhoben werden." Mot. S. 38, 39.

Eine Verpflichtung zur Anrufung des Gemeindevorstehers besteht hiernach in keiner Weise.

2. Die Kompetenz des Gemeindevorstehers ist außer beim Vorhandensein eines zuständigen Gewerbegerichts auch dann ausgeschlossen, wenn eine Innung oder ein

Innungs-Schiedsgericht (§§. 81a Ziffer 4, 81b Ziffer 4 G.O. in der Fassung des R.G v. 26. Juli 1897), oder ein nach §. 14 Nr. 4 G.B.G. auf Grund der Landesgesetze berufenes Gewerbegericht für den betreffenden Fall zuständig ist (vgl. §§. 79, 80), außerdem auch, wenn es sich um die im §. 76 bezeichneten Personen handelt (s. jedoch Anm. 8).

3. In den Fällen des §. 3 Nr. 3 (Krankenversicherungsbeiträge, vgl. jetzt §. 53a K.V.G., Anm. 3 zu §. 3) erstreckt sich die Zuständigkeit des Gemeindevorstehers auch auf andere Personen, als die in §§. 2, 4 bezeichneten Arbeiter, und wird rücksichtlich dieser auch durch das Vorhandensein eines Gewerbegerichts nicht beschränkt. Vgl. §. 78 Abs. 3 u. Anm.

4. Nur der Vorsteher der Gemeinde ist zuständig; die Entscheidung durch ein Kollegium (Magistrat xc.) ist ausgeschlossen.

5. Der Vorstand selbständiger Gutsbezirke und Gemarkungen ist zur Entscheidung nicht zuständig; s. Anm. 3 zu §. 1.

6. Ueber den Erfüllungsort vgl. §. 25 und Anm. 1 hierzu.

7. Das Nachsuchen der Entscheidung ist an keine Form gebunden und kann daher auch mündlich geschehen. Wird der Erlaß einer Entscheidng abgelehnt, so steht der betreffenden Partei die Wahl frei, entweder sofort den Rechtsweg zu beschreiten oder Beschwerde bei der dem Gemeindevorsteher landesrechtlich vorgesetzten Instanz zu erheben.

8. In welcher Weise der Termin den Parteien bekannt zu geben ist, bestimmt das Gesetz nicht. Jedenfalls empfiehlt sich die Beurkundung der Bekanntgebung durch Beschaffung einer Empfangsbescheinigung, einen Aktenvermerk über die mündliche Mittheilung des Termins oder dgl., schon mit Rücksicht auf ein ev. zu erlassendes Versäumnißurtheil.

9. Den Parteien ist nur Gelegenheit zur Verhandlung

zu geben. Durch das Ausbleiben einer Partei wird der Erlaß der Entscheidung nicht gehindert. Welche Folgen die Versäumniß einer Partei hat, bestimmt das Gesetz nicht; der Gemeindevorsteher wird daher die für das Verfahren vor dem Gewerbegericht geltenden Grundsätze anwenden, aber auch unabhängig hiervon entscheiden können. Vgl. Komm.-Ber. S. 33. Zeugen und andere Beweismittel sind regelmäßig zur Stelle zu bringen, doch ist auch eine Vorladung von Zeugen und Sachverständigen zu einem neuen Termine nicht ausgeschlossen. Eine Verpflichtung zum Erscheinen und zur Abgabe einer Aussage besteht nicht. Ein Anspruch auf Gebühren steht den Zeugen und Sachverständigen gegenüber der entscheidenden Behörde nicht zu; die Entschädigung ist Sache der Partei, welche den Zeugen rc. vorschlägt oder stellt. Anderweitige Kosten des Verfahrens dürfen den Parteien nicht zur Last gelegt werden, sie sind von der Gemeinde zu tragen.

10. Die Zuziehung eines Protokollführers ist nicht nothwendig; die Führung eines förmlichen Protokolles ist überhaupt nur beim Zustandekommen eines Vergleiches direkt vorgeschrieben. Die vor dem Gemeindevorsteher abgeschlossenen Vergleiche und von ihm erlassenen Entscheidungen unterliegen dem landesgesetzlich vorgeschriebenen Stempel, da §. 2 G.K.G. hier nicht wie in §. 57 Abs. 5 für anwendbar erklärt ist.

§. 72.

1. Die Entscheidung des Gemeindevorstehers ist schriftlich abzufassen; sie geht in Rechtskraft über, wenn nicht binnen einer Nothfrist von zehn Tagen von einer der Parteien Klage bei dem ordentlichen Gerichte erhoben wird. Die Frist beginnt mit der Verkündung, gegen eine bei der Verkündung nicht

anwesende Partei mit der Behändigung der Entscheidung.

Die Entscheidungen des Gemeindevorstehers sind von Amtswegen für vorläufig vollstreckbar zu erklären. 2.

Die vorläufige Vollstreckbarkeit ist nicht auszusprechen, wenn glaubhaft gemacht wird, daß die Vollstreckung dem Schuldner einen nicht zu ersetzenden Nachtheil bringen würde; auch kann sie von einer vorgängigen Sicherheitsleistung abhängig gemacht werden. 3.

Ist rechtzeitig Klage erhoben, so findet der §. 647 der Civilprozeßordnung [707 in der Fassung vom 20. Mai 1898] entsprechende Anwendung. 4.

1. Die Beifügung von Gründen der Entscheidung ist nicht nothwendig.

2. Die in Uebereinstimmung mit dem bisherigen Rechte auf 10 Tage festgesetzte Frist zur Erhebung der Klage ist ausdrücklich als Nothfrist bezeichnet; sie wird daher weder durch die Gerichtsferien (§. 228 [201] Abs. 2 C.P.O.), noch durch Parteivereinbarungen beeinflußt (§§. 224 [202] Abs. 1, 251 [228] Abs. 1 a. a. O.); gegen ihre Versäumung ist die Wiedereinsetzung in den vorigen Stand gegeben (§§. 233 [211] ff. a. a. O.). Die Rechtskraft der Entscheidung hat denselben Umfang, wie die eines gerichtlichen Urtheils (§. 322 [293] a. a. O.); eine Wiederaufnahme des Verfahrens im Wege der Nichtigkeits- oder Restitutionsklage (§§. 578 [541] ff. a. a. O.) findet nicht statt. Nur wirkliche Entscheidungen werden rechtskräftig, also nur solche Sprüche, welche in der Sache selbst ergehen; ein Bescheid, welcher eine Entscheidung in der Sache

selbst wegen sachlicher oder örtlicher Unzuständigkeit oder aus anderen Gründen ablehnt, wird auch dann nicht rechtskräftig, wenn nach dem äußeren Anschein eine Entscheidung vorliegt. Für die Berechnung der Frist werden die in §. 222 [199,*) 200**)] C.P.O. ausgesprochenen Grundsätze anwendbar sein.

3. Eine bestimmte Form für die gegenüber der abwesenden Partei nothwendige Behändigung der Entscheidung ist nicht vorgeschrieben; eine Beurkundung der Behändigung ist aber dringend geboten, um den Beginn der Frist zu fixiren. Die Verkündung gegenüber der anwesenden Partei muß aus demselben Grunde aktenkundig gemacht werden.

4. Die Erhebung der Klage erfolgt durch Zustellung der Klageschrift. §. 253 [230] C.P.O. Die Einreichung der Klageschrift beim Gericht wahrt also die zehntägige Frist nicht. Nach §. 207 Abs. 2 C.P.O. vom 20. Mai 1898, eingefügt durch Nr. 56 des R.G. vom 17. Mai 1898, tritt jedoch bei allen zur Wahrung einer Nothfrist erforderlichen Zustellungen die Wirkung der Zustellung bereits mit der Einreichung des Schriftsatzes bei dem Gerichtsschreiber ein, sofern der Schriftsatz innerhalb einer Frist von zwei Wochen nach der Einreichung zugestellt wird. Vgl. §§ 166 [152], 168 [154] in der Fassung der Nr. 40 und Nr. 41 des R.G. vom 17. Mai 1898. Die Zuständigkeit des ordentlichen Gerichts bestimmt sich nach den allgemeinen Vorschriften über die sachliche und örtliche Zuständigkeit der Gerichte (vgl. bes. §. 23 Nr. 1 und 2 G.V.G.). Die als besondere Gerichte gemäß §. 14 Nr. 3 G.V.G. zugelassenen Gemeindegerichte sind niemals zur Entscheidung der gegen den Spruch des Gemeindevorstehers erhobenen Klage zuständig. Mot. S. 42, 48, vgl. Anm. 4 zu §. 80.

---

*) Aufgehoben durch Nr. 59 b R.G. v. 17. Mai 1898.
**) Geändert durch Nr. 60a und 60b a. a. O.

5. Das angerufene ordentliche Gericht entscheidet nicht als höhere Instanz, es hat vielmehr lediglich zu prüfen, ob nicht die Entscheidung des Gemeindevorstehers rechtskräftig geworden ist, und in diesem Fall die Klage wegen Unzulässigkeit des Rechtsweges abzuweisen, selbst wenn der Gemeindevorsteher nach Ansicht des Richters örtlich oder sachlich nicht zuständig war; im Uebrigen aber muß der Richter den ihm unterbreiteten Streitfall, wie jeden direkt an ihn gelangten, entscheiden, ohne daß die Parteien in der Geltendmachung ihres Anspruches durch die Vorentscheidung materiell oder formell beschränkt sind. Erk. d. Reichs-Oberhandelsgerichts vom 22. Mai 1878 (Entsch. Bd. 24, S. 51), Urth. d. R.Gr. v. 7. Februar 1891, Gruchot Bd. 35 S. 1144, Eccius bei Gruchot Bd. 36 S. 146.

6. Zu Abs. 2. Wenn der Gemeindevorsteher die Vollstreckbarkeitserklärung unterläßt, so ist die Beschwerde an die vorgesetzte Dienstbehörde gegeben; so lange die Vollstreckbarkeitserklärung fehlt, kann die Zwangsvollstreckung nicht erfolgen.

7. Zu Abs. 3. Vgl. §. 56 Abs. 3 u. Anm.

8. Zu Abs. 4. Vgl. Anm. 3 zu §. 46. Auch wenn die Wiedereinsetzung in den vorigen Stand beantragt wird, hat das zuständige ordentliche Gericht die im §. 707 [647] C.P.O. bezeichneten Befugnisse.

§. 73.

Die vor dem Gemeindevorsteher geschlossenen Vergleiche, sowie die rechtskräftigen oder vollstreckbaren Entscheidungen desselben sind, sofern die Partei es beantragt, auf Ersuchen des Gemeindevorstehers durch die Ortspolizeibehörde nach den Vorschriften über das Verwaltungszwangsverfahren zu vollstrecken. Ein unmittelbarer Zwang zur Vornahme einer Handlung ist nur im Falle des §. 130 der Gewerbeordnung [§. 127d in der Fassung d. R.G. v. 26. Juli 1897] zulässig. Wo ein Verwaltungszwangsverfahren nicht besteht, finden die Bestimmungen über die Zwangsvollstreckung in bürgerlichen Rechtsstreitigkeiten Anwendung.

1. „Die Vollstreckung der Entscheidungen des Gemeindevorstehers den Organen der gerichtlichen Zwangsvollstreckung nach Maßgabe der Vorschriften der Civilprozeßordnung zu übertragen, würde dem Verhältnisse der Gerichte und der Gemeindebehörden nicht entsprechen und zu unzweckmäßigen Weiterungen und Schwierigkeiten führen. Es erscheint unbedenklich, die Vollstreckung, welche hier regelmäßig auf die Erwirkung von Handlungen gerichtet sein wird, der Ortspolizeibehörde nach Maßgabe der Vorschriften über das Verwaltungszwangsverfahren zu überweisen. Die Grundsätze des letzteren werden mit der Schranke, welche hinsichtlich der Anwendung körperlichen Zwanges . . . gezogen wird, als ausreichend angesehen werden können. Nur wo ein Verwaltungszwangsverfahren nicht besteht, muß auf die Vorschriften der Civilprozeßordnung zurückgegriffen werden." Mot. S. 89, 40.

2. Die Partei darf die Ortspolizeibehörde nicht direkt angehen, muß vielmehr die Vermittelung des Gemeindevorstehers erwirken, dessen Ersuchen Vorbedingung der Zwangsvollstreckung ist. Der Gemeindevorsteher hat die Rechtskraft seiner Entscheidung zu prüfen; zu diesem Behufe wird er, da ihm die Erhebung der Klage nicht nothwendiger Weise amtlich bekannt wird, in dem Falle des §. 72 Abs. 8 von der betreibenden Partei ein Zeugniß des Gerichtsschreibers des für die Klage zuständigen Gerichts fordern können, wonach innerhalb der Nothfrist ein Schriftsatz zum Zwecke der Terminsbestimmung nicht eingereicht ist (§. 706 [646] Abs. 2 C.P.O.).

3. Das Verwaltungszwangsverfahren ist in Preußen durch die Verordnung vom 7. September 1879 (G.S. S. 591) hinsichtlich der Beitreibung von Geldbeträgen geregelt; soweit es sich um die Erwirkung von Handlungen oder Unterlassungen handelt, sind die Zwangsbefugnisse der Ortspolizeibehörden durch §§. 132, 133 des Ges. über die allgemeine Landesverwaltung v. 30. Juli 1883 (G.S. S. 195) bestimmt. Dagegen ist in Preußen das Verwaltungszwangsverfahren zur Erwirkung der Herausgabe oder Leistung von Sachen (z. B. hier von Zeugnissen, Arbeitsbüchern) nicht geregelt; nach Satz 3 finden also hier die Vorschriften der C.P.O. (§§. 883—886 [769—772]) Anwendung. Durch Satz 2 ist unmittelbarer (körperlicher) Zwang (§. 132 Nr. 3 d. Ges. v. 30. Juli 1883) regelmäßig ausgeschlossen, nicht aber die Exekutivstrafe der Haft an Stelle der Geldstrafe im Falle des Unvermögens (Nr. 2 a. a. O.) und in den Fällen der §§. 888, 890 [774, 775] C.P.O.

4. §. 130 G.O. ist gemäß Art. 5 des R.G. vom 26. Juli 1897 (vgl. §. 13 Anm. 2) durch den am 1. April 1898 in Kraft getretenen §. 127d ersetzt: „Verläßt der Lehrling in einem durch dies Gesetz nicht vorgesehenen Falle ohne Zustimmung des Lehrherrn die Lehre, so kann letzterer den Anspruch auf Rückkehr des Lehrlings nur geltend machen, wenn der Lehrvertrag schriftlich geschlossen ist. Die Polizeibehörde kann in diesem Falle auf Antrag des Lehrherrn den Lehrling anhalten, solange in der Lehre zu verbleiben, als durch gerichtliches Urtheil das Lehrverhältniß nicht für aufgelöst erklärt ist, oder dem Lehrlinge durch einstweilige Verfügung eines Gerichts gestattet ist, der Lehre fern zu bleiben. Der Antrag ist nur zulässig, wenn er binnen einer Woche nach dem Austritte des Lehrlings gestellt ist. Im Falle unbegründeter Weigerung der Rückkehr hat die Polizeibehörde den Lehrling zwangsweise zurückführen zu

lassen, oder durch Androhung von Geldstrafe bis zu fünfzig Mark oder Haft bis zu fünf Tagen zur Rückkehr anzuhalten."

In diesem Falle, d. h. wenn der Antrag Seitens des Lehrherrn innerhalb der einwöchigen Frist gestellt war, kann die Polizeibehörde auch nach Erlaß der Entscheidung des Gemeindevorstehers auf Ersuchen desselben den Lehrling zwangsweise zurückführen lassen.

5. Auch wo ein Verwaltungszwangsverfahren nicht besteht, ist die Ortspolizeibehörde zuständig (a. M. Bachem S. 123, Haas S. 143, Schier S. 186, Wilhelmi u. Fürst S. 279 vgl. dagegen Busch Bd. 16 S. 333), die sich jedoch dann, ebenso wie gemäß §. 91b Abs. 5 G.O., nach den Vorschriften der C.P.O. über die Zwangsvollstreckung richten muß.

§. 74.

Der Gemeindevorsteher kann die Wahrnehmung der ihm nach den §§. 71 bis 73 obliegenden Geschäfte mit Genehmigung der höhren Verwaltungsbehörde einem Stellvertreter übertragen. Derselbe muß aus der Mitte der Gemeindeverwaltung oder Gemeindevertretung auf mindestens ein Jahr berufen werden. Die Berufung ist öffentlich bekannt zu machen.

§. 67 disponirt über die dauernde Vertretung des Gemeindevorstehers. Mot. S. 40. Der Vertreter muß Mitglied der Gemeindeverwaltung oder Gemeindevertretung, also z. B. im Bereich der Städteordnung v. 30. Mai 1853 Magistratsmitglied oder Stadtverordneter, sein. Zur zeitweiligen Vertretung des behinderten Gemeindevorstehers ist sein gesetzlich verordneter allgemeiner Stellvertreter — z. B. der Beigeordnete oder zweite Bürgermeister, §. 29 Abs. 1 der Städteordnung v. 30. Mai 1853, die Schöffen, §. 74 der Landgemeindeordnung v. 3. Juli 1891 — befugt.

„Höhere Verwaltungsbehörde" ist in Preußen der Regierungs-Präsident, für Berlin der Ober-Präsident. S. Anm. 3 zu §. 83.

§. 75.

Durch Anordnung der Landes-Zentralbehörde kann an Stelle des Gemeindevorstehers ein zur Vornahme von Sühneverhandlungen über streitige Rechtsangelegenheiten staatlich bestelltes Organ mit Wahrnehmung der in den §§. 71 bis 73 aufgeführten Geschäfte beauftragt werden. Die Anordnung ist öffentlich bekannt zu machen.

1. „Mit Rücksicht auf die Verhältnisse in einzelnen Bundesstaaten erscheint es wünschenswerth, daß die Möglichkeit nicht ausgeschlossen wird, an Stelle der Gemeindevorsteher andere, nach den örtlichen Verhältnissen geeigneter erscheinende Organe mit der Wahrnehmung der in den §§. 64 (jetzt 71) ff. vorgesehenen Funktionen zu betrauen. Insbesondere werden die zur Vornahme von Sühneverhandlungen über streitige Rechtsangelegenheiten staatlich bestellten Personen (Schiedsmänner, Friedensrichter u. s. w.) hierzu unter Umständen als besonders qualifizirt zu betrachten sein, und der Entwurf gewährt deshalb den Landes-Zentralbehörden die Befugniß, diesen Organen die Vorentscheidung in Gewerbestreitsachen an Stelle der Gemeindevorsteher zu übertragen." Mot. S. 40.

2. Die Beauftragung kann für einzelne Gemeinden oder größere Bezirke stattfinden und jederzeit widerrufen werden. Für Preußen kommen insbesondere die Schiedsmänner (Schiedsmannsordnung v. 29. März 1879, G.S. S. 321) in Betracht. Dieselben sind allgemein verpflichtet, in bürgerlichen Rechtsstreitigkeiten über vermögensrechtliche Ansprüche auf Anrufen einer Partei eine Sühneverhandlung vorzunehmen und den zu Stande gekommenen

Vergleich zu protokolliren. Aus einem solchen Vergleich findet die gerichtliche Zwangsvollstreckung unter entsprechender Anwendung der Vorschriften über die Zwangsvollstreckung aus notariellen Urkunden statt. §§. 12 bis 32 der Schiedsmannsordnung. Wenn aber ein preußischer Schiedsmann gemäß §. 75 an die Stelle des Gemeindevorstehers tritt, so finden auf diese seine Thätigkeit die Vorschriften der §§. 71—73 Anwendung; falls er daher, um seine Entscheidung gemäß §. 71 angegangen, einen Vergleich zu Stande bringt, so ist dieser gemäß §. 73, ebenso wie eine von ihm erlassene Entscheidung, auf Antrag der Partei und Ersuchen des Schiedsmannes durch die Ortspolizeibehörde zu vollstrecken. Allerdings wird es im Einzelfalle zweifelhaft sein können, ob der Schiedsmann nur zum Zwecke der Sühneverhandlung oder zur Entscheidung gemäß §. 71 angerufen war; falls das Protokoll hierüber keine Auskunft ertheilt, wird die Vollstreckung des Vergleichs nur gemäß §. 32 der Schiedsmannsordnung zu erlangen sein. Ebenso ist der Fall zu behandeln, wenn der Gemeindevorsteher zugleich Schiedsmann ist.

8. „Landes-Zentralbehörde" s. Anm. 1 zu §. 83.

Sechster Abschnitt.

Schlußbestimmungen.

§. 76.

Die Bestimmungen dieses Gesetzes finden keine Anwendung auf Gehülfen und Lehrlinge in Apotheken und Handelsgeschäften, sowie auf Arbeiter, welche in den unter der Militär- oder Marineverwaltung stehenden Betriebsanlagen beschäftigt sind.

1. Die Erwähnung der Gehülfen und Lehrlinge in Apotheken und Handelsgeschäften schien erforderlich, weil

die damals dem Reichstag vorgelegte Gewerbeordnungsnovelle den Titel 7 (s. §. 2 d. G.) in mehrfachen Richtungen auf die Hilfsarbeiter dieser Gruppen ausdehnte. Komm.-Ber. S. 85. Vgl. Anm. 1 zu §. 2. Es gehören aber hierher außer den Apotheker-Gehülfen und -Lehrlingen nur Handlungs-Gehülfen und -Lehrlinge (§. 59 ff. des Handelsgesetzbuches vom 10. Mai 1897), nicht etwa auch andere Gewerbe-Gehülfen und -Lehrlinge, die in Apotheken und Handelsgeschäften thätig sind; diese fallen unter §. 2 d. Ges. (s. hierzu und über den Begriff „Handlungsgehülfe" Anm. 1 zu §. 2.)

2. Die Ausnahmestellung der Arbeiter in den unter der Militär- oder Marineverwaltung stehenden Betriebsanlagen ist mit Rücksicht auf die mehr militärische Organisation derartiger Betriebe ausgesprochen. Vgl. Mot. S. 40, Komm.-Ber. S. 84, 85, Sten. Ber. S. 517 bis 524.

3. Streitigkeiten der im §. 76 bezeichneten Personen mit ihren Arbeitgebern sind der Zuständigkeit der Gewerbegerichte entzogen; eine trotzdem eingereichte Klage muß wegen sachlicher Unzuständigkeit abgewiesen werden, und zwar, da eine Prorogation unzulässig ist, von Amtswegen. Wegen der Zuständigkeit des Gemeindevorstehers s. §. 78 Abs. 3 u. Anm. hierzu, Anm. 3 zu §. 71.

Die im §. 76 bezeichneten Personen und ihre Arbeitgeber — letztere natürlich nur, sofern sie nicht, wie ein großer Theil der Kaufleute, daneben andere unter das Gesetz fallende Personen (Hausdiener ꝛc. s. Anm. 1) beschäftigen — sind bei den Wahlen zu den Gewerbegerichten weder wählbar noch wahlberechtigt. Mot. S. 40, Bl. f. soz. Pr. 1893. S. 93.

§. 77.

Auf Streitigkeiten der in Bergwerken, Salinen, Aufbereitungsanstalten und unterirdisch betriebenen Brüchen und Gruben beschäftigten Arbeiter mit ihren 1.

Arbeitgebern finden die Bestimmungen dieses Gesetzes mit der Maßgabe Anwendung, daß die Errichtung von Gewerbegerichten, deren Zuständigkeit auf die vorbezeichneten Betriebe beschränkt wird, unabhängig von den Voraussetzungen des §. 1 Absatz 5 durch Anordnung der Landes-Zentralbehörde erfolgen kann.

2. Für die auf Grund der letzteren Bestimmung errichteten Gewerbegerichte gelten nachstehende besondere Vorschriften:

1. Die Bestimmung des letzten Satzes im Absatz 2 des §. 6 findet keine Anwendung.
2. Durch die Zuständigkeit eines solchen Gerichts wird die Zuständigkeit anderer innerhalb seines Bezirks bestehender oder später errichteter Gewerbegerichte ausgeschlossen.
3. Die Kosten der Gewerbegerichte werden, soweit sie in deren Einnahmen nicht Deckung finden, vom Staate getragen.
4. Der Vorsitzende und dessen Stellvertreter werden von der Landes-Zentralbehörde ernannt. Zur Bewirkung der Zustellungen können an Stelle der Gerichtsvollzieher oder Gemeindebeamten (§. 23 Absatz 2) andere Beamte verwendet werden.
5. Insoweit den Arbeitgebern im Sinne der §§. 11 bis 13 die mit der Leitung eines Betriebes oder eines bestimmten Zweiges des-

selben betrauten Stellvertreter der selbständigen Gewerbetreibenden gleichstehen, wird durch Anordnung der Landes-Zentralbehörde bestimmt.

6. Die Bestimmung des §. 63 Absatz 3 findet, soweit sie sich auf Beisitzer bezieht, keine Anwendung.

1. „Die Erfahrungen der jüngsten Vergangenheit lassen die Anwendung des vorliegenden Gesetzes auch auf den Bergbau dringend wünschenswerth erscheinen. Die Eigenthümlichkeiten desselben und das öffentliche Interesse an einer zweckmäßigen Einrichtung der Gewerbegerichte für diesen wichtigen Industriezweig machen aber einige Abweichungen von den allgemeinen Bestimmungen erforderlich. Namentlich würde die Errichtung der Gewerbegerichte durch Ortsstatut nicht zweckmäßig sein. Die Gemeinden stehen den Bergbauverhältnissen im Allgemeinen nicht so nahe, wie den Gewerbeverhältnissen im Uebrigen. Deshalb besteht meist und namentlich in dem größten deutschen Staate neben der Ortspolizei eine besondere Bergpolizei und eine mit den Bezirken der Gemeinden, der weiteren Kommunalverbände und der allgemeinen politischen Verwaltung sich nicht deckende Verwaltungseintheilung. Außerdem handelt es sich beim Bergbau um Unternehmungen, welche vielfach nicht auf das Gebiet einer einzelnen Gemeinde beschränkt sind, häufig sogar die Grenzen der Kreise und selbst der Provinzen durchschneiden. Sollen die Gewerbegerichte für den Bergbau ihrem Zwecke entsprechen, so werden sie auf Grund des §. 4 (jetzt 6) Abs. 1 als für diesen ausschließlich zuständige errichtet und örtlich an die für die Bergverwaltung im Allgemeinen bestehende Bezirkseintheilung angeschlossen werden müssen. Eine zweckmäßige Eintheilung der Gewerbegerichtsbezirke wird dem-

nach nicht von lokalen Instanzen, sondern nur von der Landes-Zentralbehörde nach einem einheitlichen Plane getroffen werden können. Dieser wird daher die Errichtung der Gewerbegerichte für die Bergwerksbetriebe von vornherein und unabhängig von den Voraussetzungen des §. 1 Abs. 4 (jetzt 5) zu überlassen sein. Folgeweise werden aber auch die Kosten der Gewerbegerichte nicht den Gemeinden oder größeren Kommunalbezirken auferlegt werden können, sondern aus der Staatskasse bestritten werden müssen. Ebenso folgt aus der Errichtung der Gewerbegerichte durch die Landes-Zentralbehörden, daß diesen die Ernennung der Vorsitzenden zu übertragen ist. Letzteres wird auch schon deshalb nothwendig werden, weil es bei der Mehrzahl der für den Bergbau einzurichtenden Gewerbegerichte an einer für den ganzen Bezirk des Gerichts zuständigen Kommunalbehörde fehlen würde.

Bei der meist großen Ausdehnung der Bergwerksbetriebe und der folgeweise geringen Zahl von Unternehmern wird die Gleichstellung der im §. 13 (jetzt 14) bezeichneten Stellvertreter mit den Arbeitgebern auch für die bergbaulichen Gewerbegerichte nicht vermieden werden können, wenn die hinreichende Besetzung der Gewerbegerichte überall gesichert werden soll. Eine unmittelbare Anwendung der Vorschrift des §. 13 (jetzt 14) auf die für Bergwerksbetriebe errichteten Gewerbegerichte würde indessen nicht unter allen Umständen zweckmäßig sein und zu vielen Zweifeln führen. Wer als ein mit der Leitung eines bestimmten Zweiges betrauter Stellvertreter anzusehen ist, würde bei der Mannigfaltigkeit der von den einzelnen Bergwerksbesitzern in der Verwaltung ihres Bergwerkseigenthums begründeten Einrichtungen mehr oder weniger von Zufälligkeiten oder von der Willkür der Unternehmer abhängen. Dies könnte unter anderem dahin führen, daß einem einzelnen größeren Bergwerksunternehmen in Folge der Organisation seiner Betriebsleitung die Mehrheit der Stimmen für den ganzen Gewerbegerichtsbezirk zufiele. Um in diesen Beziehungen den Verhältnissen der einzelnen Bezirke Rechnung zu tragen, wird es zweckmäßig sein, die näheren Bestimmungen darüber, in wie weit die im §. 13 (jetzt 14) vorgesehene Gleichstellung Platz greifen soll, der Anordnung der Centralbehörde zu überlassen. Dadurch wird es ermöglicht werden, die Stellvertreter, welche den Arbeitgebern gleichstehen sollen, näher zu bestimmen oder unter Umständen diese Gleichstellung auf die Wählbarkeit zu beschränken, das aktive Wahlrecht dagegen den Unternehmern vorzubehalten.

Nach §. 57 (jetzt 63) Abs. 3 sollen die Beisitzer des Einigungsamts nicht zu den Betheiligten gehören. Da die für Bergbaubetriebe errichteten Schiedsgerichte in ihrer sachlichen Zuständigkeit regelmäßig auf Betriebe dieser Art beschränkt sein werden, und da ferner Ausstandsbewegungen unter den Bergleuten erfahrungsmäßig häufig sich über den ganzen Bezirk des Gewerbegerichts erstrecken werden, so wird es unter den Beisitzern eines solchen Schiedsgerichts Unbetheiligte der Regel nach nicht geben, und ebenso wird eine Ergänzung des Einigungsamts durch Zuziehung von Arbeitgebern und Arbeitern, welche zugleich unbetheiligt und sachkundig sind, nur selten möglich sein. Unter diesen Umständen wird es sich empfehlen, die Bestimmung, daß die Beisitzer nicht zu den Betheiligten gehören dürfen, auf die Gewerbegerichte für Bergbaubetriebe keine Anwendung finden zu lassen." Mot. S. 40—42.

Zu Abs. 1. Ueber den Begriff „Bergwerke ꝛc." vgl. v. Woedtke, Kommentar z. Unfallversicherungsges., 3. Aufl., Anm. 4 bis 7 zu §. 1, Wilhelmi u. Fürst S. 289 bis 296; oberirdisch betriebene Brüche und Gruben gehören nicht hierher.

Die Errichtung kann durch Anordnung der Landes-Zentralbehörde erfolgen. Solange und soweit eine solche

Anordnung nicht erfolgt ist, gehören die in Rede stehenden Streitigkeiten vor die etwa vorhandenen sonst zuständigen Gewerbegerichte. Diese gemeindlichen Gewerbegerichte können auch gemäß §. 6 Abs. 1 auf den Bergbau beschränkt sein. Ihre Zuständigkeit hört aber mit dem Inkrafttreten eines gemäß Abs. 1 errichteten Gewerbegerichts für dessen Bezirk hinsichtlich der in Rede stehenden Streitigkeiten auf, und ebenso wird die Zuständigkeit des gemäß Abs. 1 des §. 77 errichteten Gewerbegerichts durch das spätere Inkrafttreten eines anderen Gewerbegerichts in keiner Weise beschränkt (Abs. 2 Nr. 2) (Bachem S. 128) Schier S. 192, Wilhelmi u. Fürst S. 9, 300.)

Die auf Grund des Abs. 1 errichteten Berg-Gewerbegerichte sind nur für Streitigkeiten der Arbeiter mit ihren Arbeitgebern, nicht auch für Streitigkeiten unter Arbeitern desselben Arbeitsgebers (§. 3 Nr. 4) zuständig. Trotzdem wird nicht das etwa daneben bestehende gemeindliche Gewerbegericht für die Entscheidung letzterer Streitigkeiten zuständig sein, da Absatz 2 Nr. 2 des §. 77 neben einem nach Abs. 1 errichteten Berg-Gewerbegericht offenbar jede Zuständigkeit eines anderen Gewerbegerichts für die betr. Betriebe ausschließen will (Wilhelmi u. Fürst S. 308, theilweise mit anderer Begründung, a. M. Schier S. 191).

Vor der Errichtung eines Berg-Gewerbegerichts sind gemäß §. 1 Abs. 6 Arbeitgeber und Arbeiter zu hören.

„Landes-Zentralbehörde“ s. §. 83 Anm. 6.

3. Zu Abs. 2. Derselbe gilt nur für die gemäß Abs. 1 durch Anordnung der Zentralbehörde errichteten Gewerbegerichte.

Zu Nr. 1. Wenn die örtliche Zuständigkeit des Gerichts ausgedehnt wird, ist also die Anhörung der betheiligten Ortsbehörden nicht nothwendig (Wilhelmi u. Fürst S. 305).

Zu Nr. 3. Auch hier dürfen Vorsitzender und Stellvertreter weder Arbeitgeber noch Arbeitnehmer sein und müssen auf mindestens 1 Jahr ernannt werden (§. 11).

4. Arbeiter, welche vor einem gemäß Abs. 1 errichteten Gewerbegericht Recht nehmen müssen, sowie deren Arbeitgeber sind von der aktiven und passiven Theilnahme an den Wahlen für ein anderes Gewerbegericht ausgeschlossen.

5. Vgl. wegen einer Modifikation des §. 83 den Schlußsatz des Abs. 2 das.

6. In Preußen sind fünf Berg-Gewerbegerichte (mit dem Sitze in Beuthen O./S., Waldenburg i. Schl., Dortmund, Saarbrücken, Aachen) errichtet, die in 32 Kammern — in der Regel sogenannte detachirte Kammern am Amtssitze der Königlichen Bergrevierbeamten — eingetheilt sind.

§. 78.

Der §. 120a der Gewerbeordnung wird aufgehoben. 1.

Soweit auf denselben zur Bezeichnung der im Absatz 1 daselbst erwähnten Streitigkeiten in anderen Gesetzesstellen Bezug genommen wird, tritt der §. 3 Absatz 1 dieses Gesetzes an seine Stelle. 2.

Soweit nach den gesetzlichen Vorschriften über die Krankenversicherung der Arbeiter die Entscheidung von Streitigkeiten über die Berechnung und Anrechnung von Versicherungsbeiträgen in Gemässheit der Bestimmungen des §. 120a der Gewerbeordnung zu erfolgen hatte, finden die Vorschriften des gegenwärtigen Gesetzes über das Verfahren vor dem Gemeindevorsteher auch dann Anwendung, wenn es sich um Versicherungsbeiträge anderer, als der im 3.

§. 2 bezeichneten Arbeiter handelt. **Die Zuständigkeit des Gemeindevorstehers wird in diesem Falle nicht dadurch ausgeschlossen, daß ein Gewerbegericht für die Gemeinde errichtet ist.**

1. Zu Abs. 1, 2.: „Der §. 120a der Gewerbeordnung wird in allen seinen Theilen durch die Bestimmungen des Entwurfes ersetzt. Es empfiehlt sich, denselben auch formell aufzuheben. Soweit in anderen Gesetzesstellen auf die im Absatz 1 des §. 120a enthaltene Bezeichnung der Gewerbestreitigkeiten Bezug genommen wird (vgl. insbesondere §§. 97, 97a, 100e, 100i der Gewerbeordnung), müssen die Bestimmungen im §. 3 . . . an dessen Stelle treten". Mot. S. 42. In den entsprechenden §§. 81a, 81b der G.O. in der Fassung des R.G. v. 26. Juli 1897 ist die Bezugnahme auf §. 120a G.O. durch den Hinweis auf §. 3 des Gewerbegerichtsgesetzes und §. 53a des Krankenversicherungsgesetzes (s. Anm. 3 zu §. 3) ersetzt. Dadurch ist die Zuständigkeit der Innungen und Innungs-Schiedsgerichte insofern erweitert, als sie nunmehr auch über die im §. 3 Abs. 1 Nr. 2 a. E. (Konventionalstrafen) und Nr. 4 bezeichneten Streitigkeiten zu urtheilen haben.

2. Zu Abs. 3: „Eine besondere Vorschrift wird durch die Aufhebung des §. 120a mit Rücksicht auf die §§. 53, 65, 72 des Gesetzes, betreffend die Krankenversicherung der Arbeiter, vom 15. Juni 1883 erforderlich. Denn in diesen Paragraphen ist, soviel die Streitigkeiten über Berechnung und Anrechnung der Krankenversicherungsbeiträge betrifft, die Anwendung des §. 120a auch für diejenigen versicherungspflichtigen Arbeiter vorgesehen, welche, wie z. B. die der Land- und Forstwirthschaft angehörigen, nicht unter den VII. Titel der Gewerbeordnung und daher auch nicht unter den vorliegenden Gesetzentwurf fallen. Die Aufhebung des §. 120a würde daher mangels einer besonderen Bestimmung hier nur die Zuständigkeit

der ordentlichen Gerichte übrig lassen. Dem beugt der Absatz 3 . . . vor, indem er auch in Fällen der bezeichneten Art die Anrufung des Gemeindevorstehers gestattet. Die Zuständigkeit desselben kann hier auch durch das Bestehen eines Gewerbegerichts nicht ausgeschlossen werden, da das letztere für die fraglichen Streitigkeiten nicht kompetent sein würde." Mot. S. 42.

Der Satz 1 des Abs. 3 ist durch §. 53a K.V.G. in der Fassung des Ges. v. 10. April 1892 (s. Anm. 3 zu §. 3) insofern modifizirt, als hiernach die Streitigkeiten zwischen dem Arbeitgeber und den von ihm beschäftigten Personen über die Berechnung und Anrechnung der von diesen zu leistenden Beiträge und Eintrittsgelder nach den Vorschriften des vorliegenden Ges. zu entscheiden sind und §. 120a der Gewerbeordnung daher nicht mehr in Betracht kommt. Es gehören also hierher — wie auch schon bisher — alle Personen, welche nach dem K.V.G. gesetzlich oder auf Grund statutarischer Vorschrift (§. 2 a. a. O.) dem Versicherungszwange unterliegen; ihnen allen soll die Anrufung des Gemeindevorstehers freistehen. Hierzu gehören Handlungs-Gehülfen und -Lehrlinge (§. 1 Abs. 1 Nr. 2, Abs. 4, §. 2 Abs. 1 Nr. 5 K.V.G.), die Angestellten der Anwälte, Notare rc. (§. 1 Abs. 1 Nr. 2a a. a. O.), die nicht unter §. 2 d. Ges. fallenden, auf Grund des §. 2 Abs. 1 Nr. 2 und des §. 2a K.V.G. für versicherungspflichtig erklärten Angestellten des Reichs, des Staates oder einer Kommune, die Hausgewerbetreibenden (§. 2 Abs. 1 Nr. 4 a. a. O.), sofern sie nach §. 4 dieses Ges. nicht als Arbeiter im Sinne desselben gelten, die in der Land- und Forstwirthschaft beschäftigten Arbeiter und Betriebsbeamten (§. 2 Abs. 1 Nr. 6 a. a. O.), die Arbeiter der Heeres- und Marineverwaltung (§. 76 d. Ges., s. Haas S. 150, Hahn, Kommentar zum K.V.G. S. 116, v. Woedtke, K.V.G. [Textausg.], 5. Aufl., S. 163).

Durch die Vorschrift des Abs. 3 wird auch die Gemeinde, welche ein allgemeines Gewerbegericht besitzt, genöthigt, die zur Ausübung der Rechtsprechung des Gemeindevorstehers erforderlichen Vorkehrungen zu treffen.

§. 79.

1. Die Zuständigkeit der Innungen zur Entscheidung von Streitigkeiten zwischen Arbeitgebern und ihren Lehrlingen (Gewerbeordnung §. 97 Nr. 4 [§. 81a Nr. 4, in der Fassung des R.G. v. 26. Juli 1897] §. 100e Nr. 1 [aufgehoben], sowie die Zuständigkeit der Innungs-Schiedsgerichte (Gewerbeordnung §. 97a Nr. 6 [§ 81b Nr. 4, a. a. O.] §. 100i Absatz 2 [aufgehoben] erleiden durch dieses Gesetz keine Einschränkung.

2. Durch die Zuständigkeit einer Innung oder eines Innungs-Schiedsgerichts wird die Zuständigkeit eines für den Bezirk der Innung bestehenden oder später errichteten Gewerbegerichts ausgeschlossen.

3. *Gegen die Entscheidungen der Innungen und der Innungs-Schiedsgerichte steht binnen zehn Tagen die Berufung auf den Rechtsweg durch Erhebung der Klage bei dem ordentlichen Gerichte offen.*

1. Zu Abs. 2. Durch die gemäß Art. 5 des R.G. v. 26. Juli 1897 seit dem 1. April 1898 an die Stelle der §§. 97 Nr. 4, 97a Nr. 6 getretenen §§. 81a, 81b des Art. 1 das. ist die Zuständigkeit der Innungen und Innungs-Schiedsgerichte insoweit erweitert, als sie nunmehr über die in §. 3 dieses Ges. sowie §. 53a des Krankenversicherungsgesetzes bezeichneten Streitigkeiten zu entscheiden haben. Die Zuständigkeit der Innungs-Schiedsgerichte ist auf die Streitigkeiten zwischen Innungsmeistern und ungelernten Arbeitern ausgedehnt. Die

Zuständigkeit der sog. privilegirten Innungen gemäß §. 100e der G.O. (früherer Fassung) (Streitigkeiten zwischen Nichtinnungsmeistern und ihren Lehrlingen) wird nach Artikel 6 Nr. 2 des R.G. v. 26. Juli 1897 „mit dem Ablaufe einer Frist von sechs Monaten nach dem Inkrafttreten der §§. 81—99 des Art. 1 aufgehoben“. Da §§. 81—99 am 1. April 1898 in Kraft getreten sind, ist die Zuständigkeit am 1. Oktober 1898 erloschen. Die Zuständigkeit der Innungs-Schiedsgerichte gemäß §. 100i Abs. 2 (Streitigkeiten zwischen Nichtinnungsmeistern und deren Gesellen [Gehülfen]) ist mit dem 1. April 1898 außer Kraft getreten.

2. Die Fassung des Abs. 2 soll den — in Wirklichkeit nach Abs. 1 kaum vorhandenen — Zweifel darüber ausschließen, „ob Innungen, welche erst entstehen, nachdem Gewerbegerichte gebildet sind, in vollem Maße die Rechte derjenigen Innungen haben, welche früher bestanden oder an Orten errichtet werden, wo Gewerbegerichte nicht gebildet sind“. Komm.-Ber. S. 37.

3. Abs. 3 ist ersetzt durch den am 1. April 1898 in Kraft getretenen §. 91b G.O. in der Fassung des R.G. vom 26. Juli 1897: „Die Entscheidungen der Innungen (§. 81a Ziffer 4) und der Innungsschiedsgerichte (§. 81b Ziffer 4) sind schriftlich abzufassen; sie gehen in Rechtskraft über, wenn nicht binnen einer Nothfrist von einem Monat eine Partei Klage bei dem ordentlichen Gericht erhebt. Die Frist beginnt gegen eine bei der Verkündigung nicht anwesende Partei mit der Behändigung der Entscheidung.“ Die Frist ist von 10 Tagen auf einen Monat verlängert. Vgl. im übrigen Anm. 2—5 zu §. 72.

4. Ueber die Besetzung der Innungsschiedsgerichte und das Verfahren der Innungen und Innungsschiedsgerichte treffen die §§. 91, 83 Ziffer 11, 91a, 91b G.O. v. 26. Juli 1897 Bestimmung. Für die Zuständigkeit kommt in Betracht §. 91 Abs. 6: „Die Anberaumung

des ersten Termins soll innerhalb 8 Tagen nach Eingang der Klage erfolgen und die Entscheidung nach Möglichkeit beschleunigt werden. Wird die achttägige Frist nicht innegehalten, so kann der Kläger verlangen, daß statt des Innungsschiedsgerichts an den Orten, wo Gewerbegerichte bestehen, diese, und, wo solche nicht bestehen, die ordentlichen Gerichte entscheiden. Dies Verlangen ist dem darnach zuständigen Gewerbegerichte der ordentlichen Gerichte und dem Innungsschiedsgericht schriftlich mitzutheilen." Gemeint ist: der erste Termin soll innerhalb 8 Tagen nach Eingang der Klage anstehen.

5. Wegen der Betheiligung der Innungsmeister und ihrer Arbeiter an den Wahlen zum Gewerbegericht s. §. 13 Abs. 3.

§. 80.

1. **Die nach §. 14 Nr. 4 des Gerichtsverfassungsgesetzes zugelassenen, auf Grund der Landesgesetze zur Entscheidung gewerblicher Streitigkeiten berufenen Gewerbegerichte werden mit dem 1. April 1892 aufgehoben, sofern nicht bis zu diesem Zeitpunkte ihre Zusammensetzung den Bestimmungen des §. 12 Absatz 1 und 2 entspricht. Auf die Vertretung der Parteien vor den bezeichneten Gerichten finden die Bestimmungen des §. 29 Anwendung.**

2. **Sofern diese Gerichte den vorbezeichneten Erfordernissen entsprechen, erleidet ihre Zuständigkeit durch dieses Gesetz keine Einschränkung.**

1. Zu Abs. 1. §. 14 Nr. 4 G.V.G. läßt „Gewerbegerichte", welche auf Grund der Landesgesetzgebung eingerichtet sind, als besondere Gerichte neben den ordentlichen Gerichten zu und gestattet auch die weitere Einführung derartiger Gerichte (s. Prot. der Justizkommission

S. 125—127). Solche Einrichtungen bestehen z. B. in der preußischen Rheinprovinz, in Elsaß-Lothringen, Hamburg, Lübeck und im Kgr. Sachsen (s. Komm.-Ber. S. 37, 38, Mot. z. G.B.G. S. 38, 39).

Neue Gewerbegerichte können fortan nur noch auf Grund dieses Ges., nicht mehr auf Grund des §. 14 Nr. 4 G.V.G. und der Landesgesetzgebung errichtet werden (Levy bei Gruchot Bd. 35. S. 744, v. Wilmowski u. Levy, Anm. 5 zu §. 14 G.V.G., Wilhelmi u. Fürst, S. 321, theilw. Bachem S. 134; Haas S. 156, Schier S. 199).

Dagegen bleiben Organisation, Verfahren und Zuständigkeit der bestehenden Gerichte reichsgesetzlich unberührt. Nur müssen die am 1. April 1892 bestehenden Landes-Gewerbegerichte zu diesem Zeitpunkte den Anforderungen des §. 12 Abs. 1 und 2 genügen, d. h. die Beisitzer müssen zur Hälfte aus den Arbeitgebern, zur Hälfte aus den Arbeitern mittelst unmittelbarer und geheimer Wahl der Arbeitgeber, bez. Arbeitnehmer entnommen werden; entsprechen die Gerichte diesen Anforderungen nicht, so treten sie mit gedachtem Zeitpunkte außer Thätigkeit. Ein Antrag, auch §. 11 Abs. 1 unter die zu berücksichtigenden Bestimmungen aufzunehmen, wurde abgelehnt (Sten. Ber. S. 650); der Vorsitzende kann daher, wie dies bis zum 1. April 1892 bei den rheinischen Königlichen Gewerbegerichten der Fall war, Arbeitgeber ein. Die nothwendigen Abänderungen der Bestimmungen über die Zusammensetzung müssen in Gemäßheit der landesgesetzlichen Bestimmungen bewirkt werden, also wenn die bestehenden Vorschriften durch ein Landesgesetz eingeführt sind, durch ein neues Landesgesetz; eine Vollmacht für die Landes-Zentralbehörde, die nothwendigen Abänderungen vorzunehmen (§. 72a Abs. 2 der Beschlüsse 2. Lesung), ist nicht aufgenommen.

Die Vorschrift des §. 29 (Ausschluß der Rechtsanwälte 2c.) findet auf das Verfahren aller bestehenden oder neu errichteten Landesgewerbegerichte ohne Weiteres Anwendnng und zwar, da eine Sondervorschrift nicht existirt, nicht erst vom 1. April 1892, sondern schon vom 1. April 1891 ab (§. 84.)

Vgl. Preußisches Gesetz, betr. die Königlichen Gewerbegerichte in der Rheinprovinz, vom 11. Juli 1891 (G.S. S. 311), welches am 1. April 1892 in Kraft getreten ist und im Wesentlichen die Vorschriften des Reichsgesetzes für anwendbar erklärt.

2. Abs. 2. Den nach Abs. 1 zugelassenen Landes-Gewerbegerichten bleibt also — entgegen der Vorlage (§. 72 Absatz 2), den Beschlüssen der Kommission (Ber. S. 38) und des Reichstages in 2. Lesung (Sten. Ber. S. 525, 526) — die landesgesetzlich geregelte Zuständigkeit in vollem Umfange, so daß sie innerhalb ihrer örtlichen und sachlichen Zuständigkeit die Errichtung eines neuen Gewerbegerichts ausschließen (Wilhelmi u. Fürst S. 321).

3. Die auf Grund des §. 80 fortbestehenden Gewerbegerichte sind nach §. 58a Abs. 2 Satz 2 K.V.G. zur Entscheidung von Streitigkeiten zwischen dem Arbeitgeber und den ihrer beschäftigten Personen über die Berechnung und Anrechnung der Krankenkassenbeiträge und des Eintrittsgeldes zuständig.

4. „Ein besonderer Vorbehalt in Bezug auf die Zuständigkeit der auf Grund des §. 14 Nr. 3 des Gerichtsverfassungsgesetzes in einzelnen Bundesstaaten bestehenden Gemeindegerichte ist nicht erforderlich. Auch ohne einen solchen Vorbehalt versteht es sich, daß die Gemeindegerichte, soweit ihre Zuständigkeit nach den Vorschriften der Landesgesetze reicht, auch in Gewerbestreitsachen an Stelle der ordentlichen Gerichte zur Entscheidung berufen sind. Hieraus ergiebt sich, daß, wo ein zuständiges Gewerbegericht nicht vorhanden ist, die Betheiligten gegebenen Falls die Wahl haben werden, die Entscheidung des Gemeindevorstehers nach Maßgabe der §§. 64 (jetzt 71) ff.

oder diejenige des Gemeindegerichts nach Maßgabe der Landesgesetze anzurufen. Wird der Gemeindevorsteher angegangen, so kann der Rechtsweg gegen die Entscheidung desselben nicht etwa bei dem Gemeindegericht, sondern — wie sich aus der Bestimmung des §. 65 (jetzt 72) Abs. 1 ergiebt — nur bei dem ordentlichen Gerichte beschritten werden." Mot. S. 42, 43.

Derartige Gemeindegerichte bestehen z. B. in Württemberg und Baden.

§. 81.

Die auf Grund des §. 120a Absatz 3 der Gewerbeordnung errichteten Schiedsgerichte gelten als Gewerbegerichte im Sinne dieses Gesetzes. 1.

Die mit Rücksicht auf die Vorschriften desselben über die Zusammensetzung der Gewerbegerichte und das Verfahren erforderlichen Aenderungen der geltenden Ortsstatuten sind ohne Verzug vorzunehmen. Ist eine erforderliche Aenderung binnen zwei Monaten nach dem Inkrafttreten dieses Gesetzes nicht erfolgt, so ist sie durch die Landes-Zentralbehörde zu verfügen. 2.

Nachdem die erforderlichen Aenderungen getroffen sind, finden die Vorschriften dieses Gesetzes auch auf die vorher anhängig gewordenen Streitigkeiten Anwendung. 3.

1. Die zweimonatliche Frist ist mit dem 1. Juni 1891 abgelaufen.

§. 82.

Streitigkeiten, welche, bevor ein für dieselben ständiges Gewerbegericht bestand, anhängig geworden sind, werden von den bis dahin zuständig gewesenen Behörden erledigt.

„Wird ein Gewerbegericht neu errichtet, so kann es zweifelhaft sein, ob die Zuständigkeit desselben sich nicht auf die bereits vorher anhängig gewordenen Streitsachen der im §. 3 bezeichneten Art erstreckt. Dies wird im §. 74 (jetzt 82) verneint. Die bezeichneten Streitigkeiten sind von denjenigen Behörden, welche zur Zeit der Anhängigmachung zuständig waren, und, wie sich hieraus ergiebt, in dem für diese vorgeschriebenen Verfahren zu erledigen.“ Mot. S. 48.

§. 83.

1. Die Zentralbehörden der Bundesstaaten bestimmen, welche Verbände als weitere Kommunalverbände im Sinne dieses Gesetzes anzusehen, von welchen Organen der Gemeinden und weiteren Kommunalverbände die Statuten über Errichtung von Gewerbegerichten zu beschließen, und von welchen Staats- oder Gemeindeorganen die übrigen in diesem Gesetze den Staats- oder Gemeindebehörden, sowie den Vertretungen der Gemeinden und weiteren Kommunalverbände zugewiesenen Verrichtungen wahrzunehmen sind.

2. Mit den von der höheren Verwaltungsbehörde wahrzunehmenden Geschäften können jedoch nur diejenigen höheren Verwaltungsbehörden betraut werden, welche nach Landesrecht die Aufsicht oder Oberaufsicht in Gemeindeangelegenheiten wahrzunehmen haben; auf die in Gemäßheit des §. 77 errichteten Gewerbegerichte findet diese Bestimmung keine Anwendung.

1. Zu Abs. 1. „Der §. überläßt nach dem Vorbilde des §. 155 der Gewerbeordnung und anderer rechtsgesetzlicher Bestimmungen (vgl. z. B. §. 109 des Unfallversicherungsgesetzes vom 6. Juli 1884, §. 138 des Gesetzes, betreffend die Invaliditäts- und Altersversicherung, vom 22. Juni 1889), den Zentralbehörden der Bundesstaaten die zur Bezeichnung der zuständigen Organe und Behörden erforderlichen näheren Bestimmungen." Mot. S. 43.

„Zentralbehörde" oder „Landes-Zentralbehörde" ist gleichbedeutend mit „Landesregierung" im Gegensatz zur „Landesgesetzgebung"; eine Anordnung der zuständigen Fachministerien genügt. Wilhelmi u. Fürst S. 325.

2. Abs. 2 ist eine Konsequenz aus der Organisation der Gewerbegerichte als Gemeinde-Institute (Komm.-Ber. S. 38) und entspricht dem §. 84 Abs. 1 K.B.G. und §. 83 Abs. 1 des Ges. über die eingeschriebenen Hülfskassen vom $\frac{\text{7. April 1876}}{\text{1. Juni 1884}}$. Der Schlußsatz ergiebt sich aus der abweichenden Organisation der im §. 77 bezeichneten, lediglich durch einen Akt der Staatsbehörden ins Leben gerufenen Gerichte.

3. Für Preußen:

A. Erlaß der Minister für Handel und Gewerbe und des Innern v. 28. September 1890 (M.Bl. d. i. V. S. 206):

Zur Ausführung des Gesetzes, betreffend die Gewerbegerichte, vom 29. Juli 1890 (R.G.Bl. S. 141) wird auf Grund des §. 83 desselben bestimmt:

I. Unter der Bezeichnung „weiterer Kommunalverband" sind die Provinzial-Verbände und auch die kommunalständischen Verbände der Regierungsbezirke Cassel und Wiesbaden, sowie die Kreisverbände, in den Hohenzollernschen Landen der Landeskommunalverband und die Oberamtsbezirksverbände zu verstehen.

II. Die Beschlußfassung über die Statuten der zu errichtenden Gewerbegerichte steht zu:

a) in den Stadtgemeinden:
dem Gemeindevorstande und der Stadtverordnetenversammlung (Bürgerschaftskollegium u. s. w.) gemeinsam,

b) in den Landgemeinden:
der Gemeindeversammlung bezw. den die Befugnisse einer solchen wahrnehmenden anderen Gemeindevertretungskörpern,

c) in den Kreisen:
dem Kreistage,

d) in den Oberamtsbezirken:
der Amtsversammlung,

e) in den Provinzen:
dem Provinziallandtage,

f) in den kommunalständischen Verbänden der Regierungsbezirke Cassel und Wiesbaden und in dem Hohenzollernschen Landeskommunalverbande: dem Kommunallandtage.

III. Unter der Bezeichnung „höhere Verwaltungsbehörde" sind zu verstehen:

a) die Bezirksausschüsse in Bezug auf die Genehmigung der Ortsstatuten von Gemeinden (§. 1 Abs. 2 und 3), die Entscheidung über Beschwerden gegen die Rechtsgültigkeit der Wahlen zu Gewerbegerichten, welche von einer oder mehreren Gemeinden oder einem Kreis- bezw. Oberamtsbezirksverbande errichtet sind (§. 15 Abs. 1), und die Enthebung von Mitgliedern solcher Gewerbegerichte (§. 19 Absatz 1);

b) die Provinzialräthe in Bezug auf die Entscheidung über Beschwerden gegen die Rechtsgültigkeit von Wahlen zu Gewerbegerichten (§. 15 Abs. 1) und die Enthebung von Mitgliedern derselben (§. 19 Abs. 1) — sofern die in Frage kommenden Gewerbegerichte von einem Provinzialverbande oder von den kommunalständischen Verbänden der Regierungsbezirke Cassel und Wiesbaden errichtet sind —;

c) die Regierungs-Präsidenten in Bezug auf die Bestätigung der Wahl der Vorsitzenden und deren Stellvertreter (§. 15 Abs. 2), die Anordnung zur Vornahme von Wahlen nach Maßgabe des §. 16 Abs. a., die Ernennung von Mitgliedern der Gewerbegerichte im Falle des §. 16 Abs. b., die Zuständigkeit zu dem Antrage auf Erhebung der Klage auf Amtsentsetzung von Mitgliedern der Gewerbegerichte (§. 19 Abs. 2), die Bestellung desjenigen Beamten, welcher den Vorsitzenden und dessen Stellvertreter vor ihrem Amtsantritte eidlich zu verpflichten hat (§. 20) — sofern die in Betracht kommenden Gewerbegerichte von Gemeinden oder Kreis- bezw. Oberamtsbezirksverbänden errichtet sind —, und endlich die Ertheilung der Genehmigung zur Uebertragung der dem Gemeindevorsteher nach §§. 71 bis 73 obliegenden Geschäfte auf einen Stellvertreter;

d) die Ober-Präsidenten in Bezug auf die Bestätigung der Wahl des Vorsitzenden und dessen Stellvertreter (§. 15 Abs. 2), die Anordnung zur Vornahme der Wahlen nach Maßgabe des §. 16 Abs. a., die Ernennung der Mitglieder von Gewerbegerichten im Falle des §. 16 Abs. b., die Zuständigkeit zu dem Antrage auf Erhebung der Klage auf Amtsentsetzung von Mitgliedern der Gewerbegerichte (§. 19 Abs. 2), die Bestellung desjenigen Beamten, welcher den Vorsitzenden und dessen Stellvertreter vor ihrem Amtsantritte eidlich zu verpflichten hat (§. 20) — sofern die in Frage kommenden Gewerbegerichte von einem Provinzialverbande oder von einem der Kommunalverbände der Regierungsbezirke Cassel und Wiesbaden errichtet sind.

Für die Hohenzollernschen Lande tritt an die Stelle des Ober-Präsidenten und des Provinzialrathes der Minister des Innern.

Für den Stadtkreis Berlin werden alle durch das Gesetz der höheren Verwaltungsbehörde übertragenen Befugnisse von dem Ober-Präsidenten wahrgenommen.

IV. Die Wahl der Vorsitzenden und deren Stellvertreter erfolgt

für Gewerbegerichte, welche von Kreisen bezw. Oberamtsbezirken errichtet sind, durch die Kreis- bezw. Amtsausschüsse,

für Gewerbegerichte, welche von Provinzen oder von einem der kommunalständischen Verbände der Regierungsbezirke Cassel und Wiesbaden oder dem Hohenzollernschen Landeskommunalverbande errichtet sind, durch die Provinzialausschüsse, bezw. die Landesausschüsse, falls nicht durch das Statut die Mitwirkung der Kreistage, der Amtsversammlungen, der Provinziallandtage oder in den Regierungsbezirken Cassel und Wiesbaden, sowie in den Hohenzollernschen Landen die Mitwirkung des Kommunallandtages vorgesehen ist.

Berlin, den 23. September 1890.

Der Minister für Handel und Gewerbe.	Der Minister des Innern. In Vertretung:
Frhr. v. Berlepsch.	Braunbehrens.

B. Erlaß derselben Minister vom 9. Januar 1891 (R. 3 M. H., II 73 M. d. J.).

In Ergänzung der Bekanntmachung vom 23. September 1890 über die Ausführung des Gesetzes, betreffend die Gewerbegerichte vom 29. Juli 1890 (R.G.Bl. S. 141) wird auf Grund des §. 83 desselben bestimmt.

I. Unter der Bezeichnung „weiterer Kommunalverband" sind ferner zu verstehen:

1. die Bürgermeistereien in der Rheinprovinz,
2. die Aemter in der Provinz Westfalen.

II. Die Beschlußfassung über die Statuten, durch welche Gewerbegerichte für den Bezirk der Bürgermeistereien in der Rheinprovinz und der Aemter in der Provinz Westfalen errichtet werden, steht der Bürgermeisterei-Versammlung, bezw. der Amtsversammlung zu.

III. Bezüglich der für Bürgermeistereien oder Aemter errichteten Gewerbegerichte ist unter der Bezeichnung „höhere Verwaltungsbehörde" zu verstehen:

a) Die Bezirksausschüsse in Bezug auf die Entscheidung über Beschwerden gegen die Rechtsgültigkeit der Wahlen zu den Gewerbegerichten (§. 15 Abs. 1) und die Enthebung von Mitgliedern der Gewerbegerichte (§. 19 Abs. 1).

b) Die Regierungs-Präsidenten in Bezug auf die Bestätigung der Wahl der Vorsitzenden und deren Stellvertreter (§. 15 Abs. 2), die Anordnung zur Vornahme der Wahlen nach Maßgabe des §. 16 Abs. a., die Ernennung von Mitgliedern der Gewerbegerichte im Falle des §. 16 Abs. b., die Zuständigkeit zu dem Antrage auf Erhebung der Klage auf Amtsentsetzung von Mitgliedern der Gewerbegerichte (§. 19 Abs. 2), die Bestellung desjenigen Beamten, welcher den Vorsitzenden und dessen Stellvertreter vor ihrem Amtsantritt eidlich zu verpflichten hat (§. 20).

IV. Die Wahl der Vorsitzenden und deren Stellvertreter erfolgt

für Gewerbegerichte, welche von Bürgermeisterein errichtet werden, durch die Bürgermeisterei-Versammlung,

für Gewerbegerichte, welche von Aemtern errichtet werden, von der Amtsversammlung.

Berlin, den 9. Januar 1891.

Der Minister des Innern.	Der Minister für Handel und Gewerbe.
Herrfurth.	Frhr. v. Berlepsch.

§. 84.

1. Diejenigen Vorschriften dieses Gesetzes, welche sich auf die Herstellung der zur Durchführung desselben erforderlichen Einrichtungen beziehen, treten mit dem Tage der Verkündigung dieses Gesetzes, die übrigen Bestimmungen desselben am 1. April 1891 in Kraft.

2. Urkundlich unter Unserer Höchsteigenhändigen Unterschrift und beigedrucktem Kaiserlichen Insiegel.

Gegeben Wilhelmshafen, den 29. Juli 1890.

(L. S.) **Wilhelm.**

von Caprivi.

Anhang.

I.

Ortsstatut für die Stadt Berlin,

betreffend

das Gewerbegericht zu Berlin.

Inhalt.

Zweiter Abschnitt. Verfahren.

Ortsstatut

für die

Stadt Berlin, betreffend das Gewerbegericht zu Berlin.

Einleitung.

Für den Gemeindebezirk der Stadt Berlin wird hierdurch mit Zustimmung der Stadtverord=

neten-Versammlung auf Grund des §. 1 Abs. 1, 2 und 6 des Reichsgesetzes, betreffend die Gewerbegerichte, vom 29. Juli 1890, nach Anhörung betheiligter Arbeitgeber und Arbeiter nachstehendes Ortsstatut erlassen:

Erster Abschnitt.

Errichtung und Zusammensetzung des Gewerbegerichts.

§. 1.*)

Für die Entscheidung von gewerblichen Streitigkeiten:

§. 1, Abs. 1. §. 6, Abs. 1. I a. zwischen Arbeitern einerseits und ihren Arbeitgebern andererseits und

b. zwischen Arbeitern desselben Arbeitgebers,

§. 4, Abs. 1. §. 6, Abs. 1. II a. zwischen Personen, welche für bestimmte Gewerbetreibende außerhalb der Arbeitsstätte der letzteren mit Anfertigung gewerblicher Erzeugnisse beschäftigt sind (Heimarbeiter, Hausgewerbetreibende) und ihren Arbeitgebern,

§. 4, Abs. 2. auch wenn diese Personen die Rohstoffe oder Halbfabrikate, welche sie bearbeiten oder verarbeiten, selbst beschaffen,

§. 4, Abs. 1. letzt. Satz b. zwischen Hausgewerbetreibenden (Heimarbeitern) der vorbezeichneten Art unter einander, sofern sie von demselben Arbeitgeber beschäftigt werden,

wird ein Gewerbegericht errichtet, welches den Namen:

---

*) Die am Rande angeführten §§. sind, wenn nicht anders bezeichnet, §§. des Ges., betr. die Gewerbegerichte.

„Gewerbegericht zu Berlin“ Name.
führt.

Sein Sitz ist zu Berlin. Sitz.

Sein Bezirk umfaßt den Gemeindebezirk Berlin. Bezirk.

§. 2.

Als Arbeiter im Sinne dieses Ortsstatuts gelten diejenigen Gesellen, Gehülfen, Fabrikarbeiter und Lehrlinge, auf welche der siebente Titel der Gewerbe-Ordnung Anwendung findet. §. 2.

Ingleichen gelten als Arbeiter Betriebsbeamte, Werkmeister und mit höheren technischen Dienstleistungen betraute Angestellte, deren Jahres-Arbeitsverdienst an Lohn oder Gehalt zweitausend Mark nicht übersteigt.

§. 3.

Sachliche und örtliche Zuständigkeit.

Das Gewerbegericht ist ohne Rücksicht auf den Werth des Streitgegenstandes zuständig für Streitigkeiten:

1. über den Antritt, die Fortsetzung oder die Auflösung des Arbeitsverhältnisses, sowie über die Aushändigung oder den Inhalt des Arbeitsbuches oder Zeugnisses,
2. über die Leistungen und Entschädigungsansprüche aus dem Arbeitsverhältnisse, sowie über eine in Beziehung auf dasselbe bedungene Konventionalstrafe, §§. 3 u. 4.
3. über die Berechnung und Anrechnung der von den Arbeitern und Handgewerbetreibenden zu leistenden Krankenversicherungs-Beiträge (§. 2 Abs. 1 Ziffer 4, §§. 53a, 54, 65, 72, 73 des Krankenversicherungs-Gesetzes vom 10. April 1892),

4. über die Ansprüche, welche auf Grund der Uebernahme einer gemeinsamen Arbeit von Arbeitern oder Hausgewerbetreibenden desselben Arbeitgebers gegen einander erhoben werden.

§. 25. Das Gewerbegericht ist in den vorbezeichneten Streitigkeiten dann zuständig, wenn die streitige Verpflichtung in Berlin zu erfüllen ist.

§. 5. Durch die Zuständigkeit des Gewerbegerichts wird die Zuständigkeit der ordentlichen Gerichte ausgeschlossen.

§. 4.

Ausnahmen von der Zuständigkeit.

Ausgenommen von der Zuständigkeit des Gewerbegerichts sind:

§. 3. Abs. 2. I. Streitigkeiten über eine Konventionalstrafe, welche für den Fall bedungen ist, daß der Arbeiter oder Hausgewerbetreibende nach Beendigung des Arbeitsverhältnisses ein solches bei anderen Arbeitgebern eingeht oder ein eigenes Geschäft errichtet.

II. Streitigkeiten der in §. 3 Ziffer 1—4 bezeichneten Art zwischen:

§§. 79,78. §§. 73,53a d. R.-B.-G.

a) Mitgliedern der Innungen (§. 97 der Gewerbe-Ordnung*) und ihren Lehrlingen (§. 97 Abs. 1 Ziffer 4 ebenda.**)

b) Mitgliedern solcher Innungen, für welche ein Schiedsgericht in Gemäßheit des §. 97a Ziffer 6 und §. 100d der Gewerbeordnung***) errichtet ist, und ihren Arbeitern.

Außerdem ist die Zuständigkeit des Gewerbe-

*) §. 81 in der Fassung des R.G. vom 26. Juli 1897.
**) §. 81a Ziffer 4 a. a. O.
***) §. 81b Ziffer 4 und §. 91 a. a. O.

gerichts ausgeschlossen für solche Streitigkeiten zwischen Gewerbetreibenden und ihren Gesellen, Gehülfen und Lehrlingen, für welche auf Grund der §§. 100e Ziffer 1 und 100i Abs. 2 der Gewerbe-Ordnung durch einen der streitenden Theile die Entscheidung eines Innungs-Schiedsgerichts oder einer Innung angerufen wird.*)

Desgleichen ist die Zuständigkeit des Gewerbegerichts ausgeschlossen für Streitigkeiten der Gehülfen §. 70.
und Lehrlinge in Apotheken und Handelsgeschäften und der Arbeiter, welche in den unter der Militär- oder Marine-Verwaltung stehenden Betriebsanlagen beschäftigt sind.

§. 5.

Zusammensetzung.

Das Gewerbegericht besteht aus einem Vorsitzen- §. 9
den, einem oder mehreren Stellvertretern desselben und 420 Beisitzern. Die Zahl der Stellvertreter wird durch den Magistrat bestimmt, die Zahl der Beisitzer kann durch Beschluß der Gemeinde-Behörden anderweit festgestellt werden. Kammern.

Wird die Bildung mehrerer Kammern erforderlich, so können für dieselben mehrere Vorsitzende und Stellvertreter bestellt werden.

§. 6.

Allgemeine Erfordernisse bezüglich der Mitglieder.

Zum Mitgliede des Gewerbegerichts — einschließlich des Vorsitzenden und der Stellvertreter — soll nur berufen werden, wer das dreißigste Lebensjahr vollendet, in dem der Wahl vorangegangenen Jahre für sich oder seiner Familie Armenunterstützung auf Grund des Gesetzes über den

*) §. 100e und §. 100i sind aufgehoben, s. Anm 1 zu §. 73 des Ges.

Unterstützungswohnsitz vom 6. Juni 1870 (R.G.Bl. S. 360) und des Gesetzes, betreffend die Ausführung des Bundesgesetzes über den Unterstützungswohnsitz vom 8. März 1871 (Ges.S. S. 130), nicht empfangen oder die empfangene Armenunterstützung erstattet
§. 10. hat und in dem Bezirke des Gewerbegerichts seit mindestens zwei Jahren wohnt oder beschäftigt ist.

Desgleichen sollen zu Mitgliedern des Gewerbegerichts nicht berufen werden Personen, welche wegen geistiger oder körperlicher Gebrechen zu dem Amte nicht geeignet sind.*)

Personen, welche zum Amt eines Schöffen unfähig sind (Gerichtsverfassungs-Gesetz §§. 31, 32), können nicht berufen werden.

§. 7.

Vorsitzender und Stellvertreter.

§§ 11,15, Abs 2. Der Vorsitzende des Gewerbegerichts und die Stellvertreter desselben werden von dem Magistrat aus der Zahl derjenigen seiner Mitglieder,**) welche zum Richteramte oder zur Bekleidung von höheren Verwaltungsämtern befähigt sind, oder aus der Zahl der in gleicher Weise befähigten Gemeindebeamten, Magistrats-Assessoren oder juristischen Hülfsarbeiter auf mindestens ein und längstens drei Jahre, im Uebrigen für die Dauer des Hauptamtes gewählt; sie dürfen weder Arbeitgeber noch Arbeiter sein.

Die Wahl des Vorsitzenden und der Stellvertreter bedarf der Bestätigung des Königlichen Oberpräsidenten zu Potsdam. Diese Bestimmung findet auf Gemeindebeamte, welche ihr Amt kraft staatlicher Ernennung oder Bestätigung verwalten, keine Anwendung, so lange sie dieses Amt bekleiden.

---

*) Vergl. hierzu Anm. 1 Abs. 2 zu §. 10 d. Ges.
**) Vgl. Anm. 2 zu §. 11 d. Ges.

§. 8.

Beisitzer.

Die Beisitzer müssen zur Hälfte aus den Arbeitgebern, zur Hälfte aus den Arbeitern entnommen werden. §. 12.

Die Beisitzer aus dem Kreise der Arbeitgeber werden mittelst Wahl der Arbeitgeber, die Beisitzer aus dem Kreise der Arbeiter mittelst Wahl der Arbeiter auf die Dauer von sechs Jahren bestellt. Wiederwahl ist zuläßig.

Alle zwei Jahre scheidet ein Drittheil der Beisitzer jeder Kategorie aus und wird durch neue Wahlen ersetzt, wobei Wiederwahl zuläßig ist. Die das erste und zweite Mal Ausscheidenden werden durch eine von dem Vorsitzenden des Gewerbegerichts oder einem der Stellvertreter desselben in öffentlicher Sitzung vorzunehmende Ausloosung bestimmt.

Beisitzer, deren Amtsperiode abgelaufen ist, scheiden erst dann aus, wenn ihr Nachfolger in das Amt eingetreten ist.

§. 9.

Zur Theilnahme an den Wahlen sind nur berechtigt: §. 13.

a) solche Arbeitgeber, welche das fünfundzwanzigste Lebensjahr vollendet und seit mindestens einem Jahre im Bezirke des Gewerbegerichts Wohnung oder eine gewerbliche Niederlassung haben;

b) solche Arbeiter, welche das fünfundzwanzigste Lebensjahr vollendet haben und in dem Bezirke des Gewerbegerichts seit mindestens einem Jahre wohnen, oder, falls sie außerhalb dieses Bezirks wohnen, beschäftigt sind.*)

Die in §. 6 Abs. 3 dieses Statuts bezeichneten Personen sind nicht wahlberechtigt.

---

*) Vgl. Anm 1 zu §. 12 d. Ges.

Mitglieder einer Innung, für welche ein Schiedsgericht in Gemäßheit der §§. 97a, 100d der Gewerbe-Ordnung*) errichtet ist, und deren Arbeiter sind weder wählbar noch wahlberechtigt.

§. 10.

Das Reich, der Staat, die Gemeinden und sonstige öffentliche Verbände, sowie juristische Personen üben ihr Stimmrecht durch ihre gesetzlichen Vertreter aus.

Den Arbeitgebern stehen im Sinne der §§. 8 und 9 dieses Statuts die mit der Leitung eines Gewerbe-Betriebes oder eines bestimmten Zweiges desselben §. 14. Abs. 1. betrauten Stellvertreter der selbstständigen Gewerbetreibenden gleich, sofern ihr Jahres-Arbeitsverdienst an Lohn oder Gehalt zweitausend Mark übersteigt.

Die durch §. 1 Abs. 1 Ziffer II der Zuständigkeit §. 14. Abs. 2. des Gewerbegerichts unterstellten Hausgewerbetreibenden sind, sofern sie gemäß §. 14 der Gewerbe-Ordnung den selbstständigen Gewerbe-Betrieb angemeldet haben, als Arbeitgeber, anderenfalls als Arbeiter wahlberechtigt und wählbar.

§. 11.

Wahl der Beisitzer.

§§. 12 Abs. 2, 13 Abs. 4. Die Wahl der Beisitzer ist unmittelbar und geheim. Sie erfolgt im September nach Wahlbezirken, welche mit den zur Wahl der Stadtverordneten-Versammlung gebildeten Wahlbezirken der III. Abtheilung zusammenfallen, und zwar in getrennten Räumen für Arbeitgeber und Arbeiter, unter der Leitung je eines Wahlausschusses.

Der Magistrat bestimmt, wie viele Beisitzer in jedem Wahlbezirke von den Arbeitgebern und Arbeitern zu wählen sind.

---

*) §. 81b Ziffer 4 und §. 91 a. a. O.

Die Arbeitgeber haben ihr Wahlrecht in demjenigen Wahlbezirk auszuüben, in welchem sie zur Zeit der Anmeldung zur Aufnahme in die Wählerliste wohnen, oder, falls sie außerhalb des Stadtbezirks wohnen, eine gewerbliche Niederlassung haben, die Arbeiter in demjenigen Wahlbezirke in welchem sie zur Zeit der Anmeldung zur Aufnahme in die Wählerliste wohnen, oder, falls sie außerhalb des Gerichtsbezirks wohnen, beschäftigt sind.*)

§. 12.

Wahlausschuß.

Die Wahl findet unter Leitung bezw. Aufsicht eines Wahlausschusses statt.

Derselbe besteht aus:

a) dem Wahlvorsteher, bezw. dessen Stellvertreter, welche von dem Magistrat berufen werden,

b) einem Protokollführer und dessen Stellvertreter,

c) nach der Bestimmung des Magistrats 3 bis 6 Beisitzern.

Die Mitglieder zu b und c werden aus der Zahl der stimmberechtigten Wähler jeder Kategorie von dem Wahlvorsteher ernannt und sind spätestens zwei Tage vor dem Wahltermin einzuladen. Ist die erforderliche Zahl von Beisitzern nicht erschienen, so hat der Wahlvorsteher für die fehlenden andere aus den anwesenden Wahlberechtigten zu ernennen.

§. 13.

Wahllisten.

Zum Zwecke der Wahlen sind für jeden Wahlbezirk von dem Magistrat besondere Listen für

*) Vgl. Anm 1 zu §. 12 d. Ges.

Arbeitgeber und Arbeiter anzulegen, in welche alle Wähler einzutragen sind, deren Stimmberechtigung unter Beifügung der erforderlichen Bescheinigungen innerhalb zweier Wochen, nachdem der Wahltag erstmalig bekannt gemacht ist, bei den von dem Magistrat zu bezeichnenden Anmeldestellen mündlich oder schriftlich angemeldet ist. Bei unterlassener rechtzeitiger Anmeldung ruht das Stimmrecht. Als Ausweis genügt für die Arbeitgeber die Bescheinigung über die nach §. 14 der Gewerbe-Ordnung erfolgte Anmeldung des Gewerbe-Betriebes oder die letzte Quittung über Zahlung der Gewerbesteuer, für die Arbeiter ein Zeugniß ihres Arbeitgebers oder der Polizei-Behörde, durch welches bestätigt wird, daß der Arbeiter seit mindestens einem Jahre innerhalb des Gewerbegerichts-Bezirks in Arbeit steht oder wohnt. Formulare zu diesen Zeugnissen werden von dem Magistrat oder anderen, gemäß §. 14 bekannt zu machenden Stellen verabfolgt.

Nach Ablauf der Anmeldefrist werden die Listen in einem oder mehreren zur öffentlichen Kenntniß gebrachten Lokalen während der Dauer einer Woche offen ausgelegt. Einsprüche gegen die Richtigkeit der Wählerlisten sind während der Dauer der Auslegung derselben bei dem Magistrat zu erheben, der darüber innerhalb zweier Wochen nach Ablauf der Einspruchsfrist endgültig Entscheidung trifft.

§. 14.

Wahlort und Wahltermin.

Tag, Ort und Stunden der Wahl bestimmt der Magistrat; sie sind unter Mittheilung der für die Wählbarkeit und Wahlberechtigung gesetzlich vorgeschriebenen Bedingungen, der Abgrenzung der Bezirke und der Zahl der von jeder Kategorie zu wählenden Beisitzer, mindestens zweimal in den zu amtlichen Anzeigen der Gemeinde-Behörden bestimmten Blättern und durch Anschlag bekannt zu machen, dergestalt, daß zwischen der ersten Bekanntmachung und dem Wahltage eine Frist von mindestens sechs Wochen liegt.

§. 15.

Wahlhandlung.

Die Wahl ist öffentlich und findet von Mittags 12 bis Abend 9 Uhr statt.

Die an der Wahl sich betheiligenden Personen haben sich vor dem Wahlausschusse, insoweit demselben ihre Persönlichkeit nicht bekannt ist, auf Erfordern über dieselbe auszuweisen.

Personen, welche in die Wahllisten (§. 13) nicht eingetragen sind, sind von der Wahl zurückzuweisen.

§. 16.

Das Wahlrecht ist nur in Person und durch Stimmzettel auszuüben, welche handschriftlich oder im Wege der Vervielfältigung herzustellen sind und nicht mehr Namen enthalten sollen, als Beisitzer in der betreffenden Wahlhandlung zu wählen sind.

In den vorher aufgestellten Wählerlisten ist durch einen in besonderer Spalte einzutragenden Vermerk ersichtlich zu machen, welche der in derselben verzeichneten Personen ihr Wahlrecht thatsächlich ausgeübt haben.

Zur Aufnahme der Stimmzettel ist eine Wahlurne aufzustellen, in welche der Wahlvorsteher die verdeckt abgegebenen Stimmzettel hineingelegt.

Die Listen sind von den Mitgliedern des Wahlausschusses am Schlusse zu unterschreiben; dieselben haben dabei ausdrücklich zu bezeugen, daß sich in der für die Wahl bestimmten Zeit Niemand weiter zur Ausübung seines Wahlrechts angemeldet hat.

§. 17.

Nach Ablauf der zur Vornahme der Wahl festgesetzten Zeit sind nur noch diejenigen Personen, welche bereits im Wahllokale anwesend sind, zur Wahl zuzulassen.

Sodann sind die Stimmzettel aus den Wahlurnen zu nehmen und zu zählen. Eine sich hierbei etwa ergebende Verschiedenheit von der in den Listen festgestellten Zahl der erschienenen Wähler ist nebst dem zur Aufklärung Dienlichen in dem Wahlprotokolle zu vermerken.

Demnächst erfolgt die Eröffnung der Stimmzettel. Enthält ein Stimmzettel die Namen von mehr Personen als Beisitzer zu wählen sind, so kommen nur die der Reihe nach zuerst aufgeführten in Betracht. Ist aus einem Stimmzettel die Person des Gewählten nicht mit Sicherheit zu entnehmen, oder ist eine Person benannt, welche nicht wählbar ist, so ist die für diese Person abgegebene Stimme ungültig, unbeschadet jedoch der Gültigkeit der auf dem Wahlzettel sonst noch befindlichen Namen.

Das Ergebniß der Stimmenzählung ist in das Wahlprotokoll aufzunehmen, welchem die Stimmzettel in versiegelten Päckchen beizufügen sind.

Meinungsverschiedenheiten, welche im Wahlausschusse über die Stimmberechtigung, die Wählbarkeit oder die Gültigkeit der Stimmzettel entstehen, werden nach Stimmenmehrheit entschieden; bei Stimmengleichheit entscheidet der Wahlvorsteher. Grund und Ergebniß dieser Abstimmung sind im Wahlprotokolle zu verzeichnen.

Als gewählt sind vorbehaltlich der Bestimmungen des §. 21 dieses Statuts in jeder Kategorie bis zur

Erreichung der vorgeschriebenen Zahl diejenigen Personen zu erachten, welche die meisten Stimmen erhalten haben; bei Stimmengleichheit entscheidet das vom Wahlvorsteher zu ziehende Loos.

Die Feststellung des Wahlergebnisses (Abs. 2 bis 6) kann durch den Wahlausschuß getrennt von der Wahlhandlung und außerhalb des Wahllokals vorgenommen werden.

Der Wahlausschuß hat das Ergebniß der Wahl innerhalb einer Woche nach dem Wahltage dem Magistrat (Wahlbureau) unter Beifügung des Wahlprotokolls und der Stimmzettel bekannt zu geben.

§. 18.

Das Ergebniß der Wahl ist von dem Magistrat alsbald in den zu seinen amtlichen Anzeigen bestimmten Blättern mit dem Hinweise darauf bekannt zu machen, daß Beschwerden gegen die Rechtsgültigkeit der Wahl binnen einer Ausschlußfrist von einem Monat nach der Wahl bei ihm oder bei dem Oberpräsidenten zu Potsdam anzubringen sind (siehe §. 20).

Gleichzeitig ist jeder Gewählte von seiner Berufung zum Mitgliede des Gewerbegerichts unter Hinweis auf die gesetzlichen Ablehnungsgründe mi der Aufforderung schriftlich in Kenntniß zu setzen etwaige Ablehnungsgründe bei dem Magistra geltend zu machen.

§. 19.

Ablehnung der Wahl.

Das Amt der Beisitzer ist ein Ehrenamt. Die Uebernahme desselben kann nur aus solchen Gründen verweigert, die Niederlegung nur auf solche Grüne gestützt werden, welche zur Ablehnung eines unbe- § 18.
soldeten Gemeinde-Amts berechtigen (§. 74 der Städte-Ordnung vom 30. Mai 1853).

Doch kann derjenige, welcher das Amt eines Beisitzers sechs Jahre versehen hat, während der nächsten sechs Jahre die Uebernahme des Amts ablehnen.

Ablehnungsgründe gewählter Beisitzer sind nur zu berücksichtigen, wenn dieselben, nachdem der betheiligte Beisitzer von seiner Wahl in Kenntniß gesetzt ist, schriftlich binnen einer Woche geltend gemacht werden.

Ueber die Gründe für die Ablehnung oder Niederlegung entscheidet die Stadtverordneten-Versammlung.

§. 20.

Beschwerden gegen die Wahl.

Beschwerden gegen die Rechtsgültigkeit der Wahlen sind nur binnen eines Monats nach der Wahl zulässig. Sie sind bei dem Magistrat oder
§. 15. bei dem Oberpräsidenten zu Potsdam anzubringen und von dem letzteren zu entscheiden. Der Oberpräsident hat auf erhobene Beschwerde Wahlen, welche gegen das Gesetz oder die auf Grund des Gesetzes erlassenen Wahlvorschriften verstoßen, für ungültig zu erklären.

§. 21.

An Stelle der die Wahl mit Erfolg ablehnenden oder solcher Personen, deren Wahl für ungültig erklärt ist, gelten diejenigen, welche bei der Wahl nach dem Gewählten die meisten Stimmen erhalten haben, unter entsprechender Anwendung der Bestimmungen des §. 17 Abs. 3, als gewählt.

§. 22.

Sind Wahlen nicht zu Stande gekommen oder

wiederholt für ungültig erklärt, so ist der Königliche Oberpräsident zu Potsdam befugt:

a) die Wahlen, soweit sie durch Arbeitgeber oder Arbeiter vorzunehmen waren, durch die Stadtverordneten-Versammlung vornehmen zu lassen; §. 16.

b) soweit die Wahlen vom Magistrat oder von der Stadtverordneten-Versammlung vorzunehmen waren, die Mitglieder selbst zu ernennen.

§. 23.

Bekanntmachung über die endgültige Zusammensetzung des Gerichts.

Die endgültige Zusammensetzung des Gewerbegerichts ist von dem Magistrat unter Angabe der §. 17. Namen und Wohnorte der Mitglieder und der Art und Weise, in welcher dieselben auf die einzelnen Kammern vertheilt sind, durch die zu den amtlichen Anzeigen der Gemeinde-Verwaltung bestimmten Blätter bekannt zu machen.

§. 24.

Vereidigung der Mitglieder.

Der Vorsitzende des Gewerbegerichts und dessen Stellvertreter sind vor ihrem Amtsantritt durch einen von dem Königlichen Oberpräsidenten zu Potsdam beauftragten Beamten, die Beisitzer vor §. 20. der ersten Dienstleistung durch den Vorsitzenden oder dessen Stellvertreter auf die Erfüllung der Obliegenheiten des ihnen übertragenen Amts eidlich zu verpflichten.

Behufs Vereidigung derjenigen Mitglieder, welche Bek. v. den Staatsdienereid abgelegt haben oder als Mit- 17./2. 91. glieder eines Gewerbegerichts bereits vereidigt worden sind, genügt der Hinweis auf den früher geleisteten Eid. Die Vereidigung der übrigen Mitglieder hat in folgender Weise zu geschehen: Der mit der Vereidigung beauftragte Beamte oder Vorsitzende des Gewerbegerichts richtet an die zu Vereidigenden die Worte: „Sie schwören bei Gott dem Allmächtigen und Allwissenden, die Pflichten eines Vorsitzenden (Beisitzers) des Gewerbegerichts getreulich zu erfüllen und Ihre Stimme nach bestem Wissen und Gewissen abzugeben." Die zu Vereidigenden leisten alsdann den Eid, indem Jeder unter Erheben der rechten Hand die Worte spricht: „ich schwöre es, so wahr mir Gott helfe." Dem Schwörenden bleibt es dabei überlassen, diesen Eidesworten die seinem religiösen Bekenntnisse entsprechende Bekräftigungsformel hinzuzufügen. Ist der zu Vereidigende Mitglied einer Religionsgesellschaft, welcher das Gesetz den Gebrauch gewisser Betheuerungsformeln an Stelle des Eides gestattet, so wird die Abgabe einer Erklärung unter der Betheuerungsformel dieser Religionsgesellschaft der Eidesleistung gleich geachtet.

Ueber die Vereidigung wird ein Protokoll aufgenommen.

§. 25.

Enthebung, Entsetzung der Mitglieder.

Ein Mitglied des Gewerbegerichts, hinsichtlich dessen Umstände eintreten oder bekannt werden, welche die Wählbarkeit zu dem von ihm bekleideten Amt nach Maßgabe dieses Statuts ausschließen, ist
§. 19. des Amts zu entheben. Die Enthebung erfolgt durch den Oberpräsidenten zu Potsdam nach Anhörung des Betheiligten.

Ein Mitglied des Gewerbegerichts, welches sich einer groben Verletzung seiner Amtspflicht schuldig macht, kann seines Amts entsetzt werden. Die Entsetzung erfolgt durch das Königliche Landgericht I zu Berlin.

Hinsichtlich des Verfahrens und der Rechtsmittel finden die Vorschriften entsprechende Anwendung, welche für die zur Zuständigkeit der Landgerichte gehörigen Strafsachen gelten. Die Klage wird von der Königlichen Staatsanwaltschaft auf Antrag des Königlichen Oberpräsidenten zu Potsdam erhoben.

Falls hierdurch oder aus anderen Gründen im Laufe einer Wahlperiode mehr als ein Viertel der Beisitzer einer Kategorie bei dem Gewerbegericht oder einer seiner Kammern ausscheiden, so hat der Magistrat Ersatzwahlen für den Rest der Wahlperiode anzuordnen, auf welche die vorstehenden Vorschriften mit der Einschränkung entsprechende Anwendung finden, daß die bei der letzten regelmäßigen Wahl aufgestellten Wahllisten auch hier maßgebend sind.

§. 26.

Vertheilung der Beisitzer.

Die Bildung von Kammern erfolgt je nach Bedürfniß und thunlichst unter Berücksichtigung der verschiedenen Berufszweige oder Berufsgruppen. Ueber die Bildung derselben und über die Zuweisung der einzelnen Beisitzer an die betreffende Kammer trifft der Magistrat alljährlich Bestimmung.

Die Reihenfolge, in welcher die Beisitzer an den Sitzungen des Gewerbegerichts, bezw. derjenigen Kammer desselben, welcher sie zugewiesen sind, Theil zu nehmen haben, wird durch Ausloosung festgestellt. Das Loos zieht der Vorsitzende des Gewerbegerichts event. der einzelnen Kammer.

§. 27.

Der Vorsitzende des Gewerbegerichts, eventuell der einzelnen Kammer, setzt die Beisitzer von ihrer Zuweisung zu der einzelnen Kammer und den Sitzungstagen, an welchen sie in Thätigkeit zu treten haben, unter Hinweis auf die Folgen des Ausbleibens schriftlich in Kenntniß.

Eine Aenderung in der bestimmten Reihenfolge kann auf überstimmenden Antrag der betheiligten Beisitzer von dem Vorsitzenden bewilligt werden, sofern die in den betreffenden Sitzungen zu verhandelnden Sachen noch nicht bestimmt sind.

Der Antrag und die Bewilligung sind aktenkundig zu machen.

§. 28.

Ausbleiben der Beisitzer.

Die Beisitzer sind verpflichtet, im Falle der Verhinderung ihre Entschuldigungsgründe rechtzeitig dem Vorsitzenden anzuzeigen.

Beisitzer, welche ohne genügende Entschuldigung zu den Sitzungen nicht rechtzeitig sich einfinden oder ihren Obliegenheiten in anderer Weise sich entziehen,
§. 21. sind zu einer Ordnungsstrafe bis zu 300 Mark, sowie in die verursachten Kosten zu verurtheilen. Die Verurtheilung wird durch den Vorsitzenden des Gewerbegerichts, eventuell der einzelnen Kammern ausgesprochen. Erfolgt nachträglich genügende Entschuldigung, so kann die Verurtheilung ganz oder theilweise zurückgenommen werden.

Gegen die Entscheidung findet Beschwerde an das Königliche Landgericht I zu Berlin statt. Das Verfahren richtet sich nach den Vorschriften der Strafprozeßordnung.

Die Beisitzer haben jeden Wechsel ihrer Wohnung

binnen drei Tagen dem Vorsitzenden des Gewerbegerichts, eventuell der einzelnen Kammer bei Vermeidung einer Ordnungsstrafe von fünf Mark anzuzeigen.

§. 29.

Besetzung des Gerichts in der einzelnen Sitzung.

Für jede Spruchsitzung des Gewerbegerichts, eventuell der einzelnen Kammer sind vier Beisitzer, zwei Arbeitgeber und zwei Arbeiter einzuladen.

Zur Beschlußfassung genügt die Anwesenheit des §. 22
Vorsitzenden und zweier Beisitzer, von denen der eine Arbeitgeber, der andere Arbeiter ist.

Wenn drei Beisitzer erscheinen, wird der eine der doppelt besetzten Kategorie entlassen.

Der Vorsitzende hat darauf zu sehen, daß thunlichst mindestens ein Arbeitgeber und ein Arbeiter demselben oder einem verwandten Berufszweige angehören, wie die streitenden Parteien, und kann, wenn es ihm zu diesem Zwecke erforderlich erscheint, von der festgesetzten Reihenfolge abweichen.

§. 30.

Entschädigung der Beisitzer.

Die Beisitzer erhalten für jede Sitzung, welcher sie beigewohnt haben, als Entschädigung für Zeitversäumniß sechs Mark. Im Falle des §. 29 Abs. 3 §. 18. Abs. 2.
erhält der entlassene Beisitzer die Hälfte dieser Entschädigung.

Außerdem erhalten die Beisitzer Vergütung etwaiger Reisekosten.

Die Entschädigungen werden in der Regel vierteljährlich, auf Wunsch auch sofort ausgezahlt; eine Zurückweisung derselben ist nicht statthaft.

§. 31.

Gerichtsschreiberei u. s. w.

§. 23. Bei dem Gewerbegericht wird eine Gerichtsschreiberei eingerichtet.

Die erforderlichen Bureau- und Schreibkräfte, Unterbeamten und Geschäftsräume überweist der Magistrat dem Gewerbegericht. Der Magistrat bestimmt auch diejenige Kasse, welche als Kasse des Gewerbegerichts dient.

Die von dem Magistrat zu ernennenden Gerichtsschreiber und diejenigen ihrer Gehülfen, welche an den Spruchsitzungen des Gewerbegerichts als Protokollführer Theil nehmen sollen, sind durch den Vorsitzenden des Gewerbegerichts zu vereidigen.

Bek. v. 17./2. 91. Auf die Vereidigung finden die Vorschriften des §. 24 Abs. 2 und 3 mit der Maßgabe entsprechende Anwendung, daß in der Eidesformel an die Stelle des Wortes „Vorsitzenden (Beisitzers)" das Wort „Gerichtsschreibers" tritt und die Worte „und Ihre Stimme nach bestem Willen und Gewissen abzugeben" in Fortfall kommen.

Für die Bewirkung von Zustellungen in dem Verfahren vor dem Gewerbegericht werden innerhalb des Stadtbezirks Berlin an Stelle der Gerichtsvollzieher die städtischen Briefboten verwendet, sofern der Vorsitzende nichts anderes anordnet.

§. 32.

Unterhaltungskosten.

Die Kosten der Einrichtung und Erhaltung des
§. 8. Gewerbegerichts sind, soweit sie nicht in dessen Einnahmen ihre Deckung finden, von der Stadtgemeinde Berlin zu tragen.

Der Vorsitzende des Gewerbegerichts hat alljährlich einen Bericht über die gesammte Geschäftsthätigkeit des Gewerbegerichts in dem abgelaufenen Jahre an den Magistrat zu erstatten.

Zweiter Abschnitt.

Verfahren. *)

§. 33	=	§. 24	des	Gesetzes.
§. 34	=	§. 26	„	„
§. 35	=	§. 27	„	„
§. 36	=	§. 28	„	„
§. 37	=	§. 29	„	„
§. 38	=	§. 30	„	„
§. 39	=	§. 31	„	„
§. 40	=	§. 32	„	„
§. 41	=	§. 33	„	„
§. 42	=	§. 34	„	„
§. 43	=	§. 35	„	„
§. 44	=	§. 36	„	„
§. 45	=	§. 37	„	„
§. 46	=	§. 38	„	„
§. 47	=	§. 39	„	„
§. 48	=	§. 40	„	„
§. 49	=	§. 41	„	„
§. 50	=	§. 42	„	„
§. 51	=	§. 43	„	„
§. 52	=	§. 44	„	„
§. 53	=	§. 45	„	„
§. 54	=	§. 46	„	„
§. 55	=	§. 47	„	„
§. 56	=	§. 48	„	„

*) Soweit die §§. des Ortsstatuts mit denen des Gesetzes wörtlich übereinstimmen, ist der Abdruck unterblieben.

§. 57.*)

§. 49. Aus dem Urtheil müssen ersichtlich sein:

1. die Mitglieder des Gerichts, welche bei der Entscheidung mitgewirkt haben,
2. die Parteien,
3. das Sach- und Streitverhältniß in gedrängter Darstellung nebst den wesentlichen Entscheidungsgründen,
4. der Spruch des Gerichts in der Hauptsache und in Betreff der Kosten. Der Betrag der letzteren soll, soweit er sofort zu ermitteln ist, im Urtheil festgesetzt werden.

Das Urtheil ist von dem Vorsitzenden zu unterzeichnen.

Das Urtheil muß die Belehrung enthalten, daß bei Werthgegenständen über 100 Mark die Berufung an das Landgericht I Berlin zulässig sei, sowie die Belehrung über die einzuhaltenden Fristen und Förmlichkeiten.

Diese Belehrung ist bei der Publikation des Urtheils außerdem mündlich zu verkünden.

§. 58 = §. 50 des Gesetzes.
§. 59 = §. 51 " "
§. 60 = §. 52 " "
§. 61 = §. 53 " "
§. 62 = §. 54 " "

§. 63.**)

Rechtsmittel.

In den vor das Gewerbegericht gehörigen Rechts-

*) Die fettgedruckten Worte sind ein Zusatz des Ortsstatuts; s. hierüber Anm. 3 zu §. 49 Ges. Statt „Werthgegenständen" müßte es nach §. 55 Abs. 1 „Streitgegenständen" heißen.

**) Die fettgedruckten Worte sind eine Abänderung durch das Ortsstatut.

streitigkeiten finden die Rechtsmittel statt, welche in den zur Zuständigkeit der Amtsgerichte gehörigen bürgerlichen Rechtsstreitigkeiten zulässig sind. Die Berufung ist jedoch nur zulässig, wenn der Werth des Streitgegenstandes den Betrag von einhundert Mark übersteigt. Entscheidungen über die Festsetzung der Kosten einschließlich der gemäß §. 60 ergangenen sind nicht anfechtbar. §. 55

Als Berufungs- und Beschwerdegericht ist das **Königliche Landgericht I zu Berlin** zuständig.

Ist für das Rechtsmittel gegen eine Entscheidung des Gewerbegerichts eine Nothfrist bestimmt, so beginnt diese für jede Partei mit der an sie bewirkten Zustellung und, sofern auf die Zustellung verzichtet war (§. 38 Absatz 2), mit der Verkündung der Entscheidung. Im Uebrigen richtet sich die Einlegung des Rechtsmittels und das Verfahren in der Rechtsmittelinstanz nach den Vorschriften der Civilprozeßordnung. Die Bestimmung in §. 532 Absatz 2 der Civilprozeßordnung über die Einlegung der Beschwerde in den bei einem Amtsgericht anhängigen, oder anhängig gewesenen Sachen findet entsprechende Anwendung.

§. 64 = §. 56 des Gesetzes.

§. 65.

Gebühren.

Für die Verhandlung des Rechtsstreits vor den Gewerbegerichten wird eine einmalige Gebühr nach dem Werthe des Streitgegenstandes erhoben. §. 57

Dieselbe beträgt bei einem Gegenstande im Werthe bis 20 ℳ einschließlich . . . . 1,00 ℳ
von mehr als 20 ℳ bis 50 ℳ einschließlich 1,50 ℳ
von mehr als 50 ℳ bis 100 ℳ einschließlich 3,00 ℳ

Die ferneren Werthklassen steigen um je 100 ℳ, die Gebühren um je 3 ℳ, die höchste Gebühr beträgt 30 ℳ.

Wird der Rechtsstreit durch Versäumnißurtheil oder durch eine auf Grund eines Anerkenntnisses oder unter Zurücknahme der Klage erlassene Entscheidung erledigt, ohne daß eine kontradiktorische Verhandlung vorhergegangen war, so wird eine Gebühr in Höhe der Hälfte der oben bezeichneten Sätze erhoben.

Wird ein zur Beilegung des Rechsstreits abgeschlossener Vergleich aufgenommen, so wird eine Gebühr nicht erhoben, auch wenn eine kontradiktorische Verhandlung vorausgegangen war.

Schreibgebühren kommen nicht in Ansatz. Ebenso werden für Zustellungen baare Auslagen nicht erhoben. Im Uebrigen findet die Erhebung der Auslagen nach Maßgabe des §. 79 des Gerichtskostengesetzes statt. Der §. 2 desselben findet Anwendung.

§. 66 = §. 58 des Gesetzes
§. 67 = §. 59 Absatz 1 " "
§. 68 = §. 59 Absatz 2 " "
§. 69 = §. 60 " "

Dritter Abschnitt.

Thätigkeit des Gewerbegerichts als Einigungsamt.

§. 70.

Einigungsamt.

Das Gewerbegericht kann in Fällen von Streitig-

keiten, welche zwischen Arbeitgebern und Arbeitern über die Bedingungen der Fortsetzung oder Wieder- §. 61
aufnahme des Arbeitsverhältnisses entstehen, als Einigungsamt angerufen werden.

§. 71.

Der Anrufung ist Folge zu geben, wenn sie von beiden Theilen erfolgt und die betheiligten Arbeiter und Arbeitgeber — letztere, sofern ihre Zahl mehr als drei beträgt — Vertreter bestellen, welche mit der Verhandlung vor dem Einigungsamt beauftragt werden.

Als Vertreter können nur Betheiligte bestellt §. 62
werden, welche das fünfundzwanzigste Lebensjahr vollendet haben, sich im Besitze der bürgerlichen Ehrenrechte befinden und nicht durch gerichtliche Anordnung in der Verfügung über ihr Vermögen beschränkt sind.

Soweit Arbeiter in diesem Alter nicht, oder nicht in genügender Anzahl vorhanden sind, können jüngere Vertreter zugelassen werden.

Die Zahl der Vertreter jedes Theiles soll in der Regel nicht mehr als drei betragen. Das Einigungsamt kann eine größere Zahl von Vertretern zulassen.

Ob die Vertreter für genügend legitimirt zu erachten sind, entscheidet das Einigungsamt nach freiem Ermessen, jedoch werden der Regel nach diejenigen Personen als genügend legitimirte Vertreter zu gelten haben, welche von dem anderen Theile als solche ausdrücklich oder stillschweigend anerkannt werden.

Erfolgt die Anrufung nur von Seiten einer Partei, so hat der Vorsitzende hiervon einer oder mehreren der ihm als Vertrauensmänner der anderen Partei bekannten Persönlichkeiten Kenntniß zu geben und zugleich geeignet erscheinenden Falles persönlich nach Möglichkeit darauf hinzuwirken, daß auch die andere Partei sich zur Anrufung des Einigungsamts bereit findet.

Auch in anderen Fällen soll der Vorsitzende bei Streitigkeiten der im §. 70 bezeichneten Art auf die Anrufung des Einigungsamts hinzuwirken suchen und dieselbe den Parteien bei geeigneter Veranlassung nahelegen.

Die Verhandlungen des Einigungsamts sind öffentlich, falls dies von beiden Theilen beantragt wird.

§. 72.

Das Gewerbegericht, welches als Einigungsamt thätig wird, soll neben dem Vorsitzenden mit vier Beisitzern, Arbeitgeber und Arbeiter in gleicher Zahl, besetzt sein.

Den Vorsitz führt einer der Vorsitzenden oder Vorsitzenden-Stellvertreter des Gewerbegerichts und zwar die aus dieser Zahl von den Parteien übereinstimmend gewählte Person.

Mangels Uebereinstimmung der Parteien ernennt der Oberbürgermeister bezw. dessen Stellvertreter den Vorsitzenden.

Die Zuziehung der Beisitzer erfolgt durch den Vorsitzenden.

Beantragen beide Parteien, oder eine für ihren Theil gesondert die Zuziehung bestimmter namhaft gemachter Persönlichkeiten aus der Zahl der Beisitzer des Gewerbegerichts, so ist diesem Antrage stattzugeben.

Das Einigungsamt kann sich durch Zuziehung von Vertrauensmännern der Arbeitgeber und Arbeiter in gleicher Zahl ergänzen. Dies muß geschehen, wenn es von den Vertretern beider Theile unter Bezeichnung der zuzuziehenden Vertrauensmänner beantragt wird.

Die Beisitzer und Vertrauensmänner dürfen nicht zu den Betheiligten, die letzteren nicht zu den im §. 6 Abs. 3 dieses Statuts bezeichneten Personen gehören. Befinden sich unter den Beisitzern unbetheiligte Arbeitgeber und Arbeiter nicht in genügender Zahl, so werden die fehlenden durch Vertrauensmänner ersetzt, welche von den Vertretern der Arbeitgeber beziehungsweise der Arbeiter zu wählen sind.

§. 73.

Das Einigungsamt hat durch Vernehmung der §. 64.
Vertreter beider Theile die Streitpunkte und die für die Beurtheilung derselben in Betracht kommenden Verhältnisse festzustellen. Es ist befugt, zur Aufklärung der letzteren Auskunftspersonen vorzuladen und zu vernehmen.

Jedem Beisitzer und Vertrauensmann steht das Recht zu, durch den Vorsitzenden Fragen an die Vertreter und Auskunftspersonen zu richten.

§. 74.

Nach erfolgter Klarstellung der Verhältnisse ist §. 65.
in gemeinsamer Verhandlung jedem Theile Gelegenheit zu geben, sich über das Vorbringen des anderen Theiles, sowie über die vorliegenden Aussagen der Auskunftspersonen zu äußern. Demnächst findet ein Einigungsversuch zwischen den streitenden Theilen statt.

§. 75.

Kommt eine Vereinbarung zu Stande, so ist §. 66
der Inhalt derselben durch eine von sämmtlichen

Mitgliedern des Einigungsamts und von den Vertretern beider Theile zu unterzeichnende Bekanntmachung zu veröffentlichen Die Art der Veröffentlichung bestimmt das Einigungsamt.

§. 76.

Kommt eine Vereinbarung nicht zu Stande, so hat das Einigungsamt einen Schiedsspruch abzugeben, welcher sich auf alle zwischen den Parteien streitigen Fragen zu erstrecken hat.

§. 67. Die Beschlußfassung über den Schiedsspruch erfolgt mit einfacher Stimmenmehrheit. Stehen bei der Beschlußfassung über den Schiedsspruch die Stimmen sämmtlicher für die Arbeitgeber zugezogenen Beisitzer und Vertrauensmänner denjenigen sämmtlicher für die Arbeiter zugezogenen gegenüber, so kann der Vorsitzende sich seiner Stimme enthalten und feststellen, daß ein Schiedsspruch nicht zu Stande gekommen ist.

§. 77.

Ist ein Schiedsspruch zu Stande gekommen, so ist derselbe den Vertretern beider Theile mit der Aufforderung mündlich oder schriftlich zu eröffnen, sich binnen einer zu bestimmenden Frist darüber zu
§. 68. erklären, ob sie sich dem Schiedsspruche unterwerfen. Die Nichtabgabe der Erklärung binnen der bestimmten Frist gilt als Ablehnung der Unterwerfung.

Nach Ablauf der Frist hat das Einigungsamt eine von sämmtlichen Mitgliedern desselben unterzeichnete öffentliche Bekanntmachung zu erlassen, welche den abgegebenen Schiedsspruch und die darauf abgegebenen Erklärungen der Parteien enthält. Die Art der Bekanntmachung bestimmt das Einigungsamt.

§. 78.

Ist weder eine Vereinbarung noch ein Schiedsspruch zu Stande gekommen, so ist dies von dem Vorsitzenden des Einigungsamts in gleicher Weise, wie dies in §. 77 vorgesehen ist, öffentlich bekannt zu machen. §. 69.

§. 79.

Die Vertrauensmänner (§. 72 Abs. 6) erhalten auf ihren Antrag Entschädigung für Zeitversäumniß und Reisekosten gemäß §. 30 des Statuts, die Auskunftspersonen (§. 73 Abs. 1) eine Vergütung nach Maßgabe der Gebührenordnung für Zeugen und Sachverständige.

Vierter Abschnitt.

Gutachten und Anträge des Gewerbegerichts.

§. 80.

Gutachten und Anträge bezüglich gewerblicher Fragen.

Gutachten über gewerbliche Fragen, welche von Staatsbehörden oder von dem Magistrat erfordert werden, sowie Anträge an Behörden und an Vertretungen von Kommunalverbänden in gewerblichen Fragen, welche die der Gerichtsbarkeit des Gewerbegerichts unterstehenden Betriebe berühren, sind unter Leitung des Vorsitzenden von einem Ausschusse des Gewerbegerichts zu berathen und zu beschließen. §. 70.

§. 81.

Der Ausschuß besteht aus zehn Arbeitgebern und zehn Arbeitern, welche auf die Dauer von zwei

Jahren von sämmtlichen Beisitzern getrennt nach Arbeitgebern und Arbeitern aus ihrer Mitte unter Leitung des Vorsitzenden gewählt werden. Der Vorsitzende beruft die Wahlversammlung durch eine mindestens eine Woche vor dem Wahltermine in den im §. 23 bezeichneten Blättern zu erlassende Bekanntmachung.

Scheidet ein Mitglied vor Ablauf der zweijährigen Wahlperiode aus, so findet für die übrige Zeit eine Neuwahl statt.

§. 82.

Die Wahl erfolgt, falls keiner der Beisitzer Widerspruch erhebt, durch Zuruf, anderenfalls getrennt von Arbeitgebern und Arbeitern durch verschlossene Stimmzettel in der Weise, daß jeder Stimmberechtigte so viele Namen auf einen Stimmzettel schreibt, wie Ausschußmitglieder gewählt werden sollen. Gewählt sind diejenigen, auf welche die meisten Stimmen gefallen sind. Bei Stimmengleichheit entscheidet das durch den Vorsitzenden zu ziehende Loos.

§. 83.

Der Vorsitzende beruft den Ausschuß und leitet seine Verhandlungen.

Beschlüsse werden von dem Ausschusse einschließlich des Vorsitzenden mit einfacher Stimmenmehrheit gefaßt. Ein Antrag, für welchen nur die Hälfte der Stimmen abgegeben ist, gilt als abgelehnt.

§. 84.

Der Vorsitzende (§§. 80 bis 83) und sein Stellvertreter werden vom Magistrat aus der Zahl der vorhandenen Vorsitzenden und Stellvertreter auf mindestens 1 Jahr ernannt.

Die etwa vorhandenen übrigen Vorsitzenden und Stellvertreter können an den Berathungen mit berathender Stimme Theil nehmen.

Der Ausschuß kann zu einzelnen Sitzungen Beisitzer des Gewerbegerichts, welchen besondere Sachkunde an den zur Erörterung stehenden Gegenständen zukommt, mit berathender Stimme zuziehen; dieselben müssen zu gleichen Theilen den Arbeitgebern und Arbeitern entnommen sein.

§. 85.

Der Ausschuß muß berufen werden,

1. wenn über die Abgabe eines Gutachtens der in §. 70 Abs. 1 des Gesetzes bezeichneten Art zu berathen oder zu beschließen ist,
2. wenn von mindestens 30 Beisitzern des Gewerbegerichts beantragt wird, daß ein von ihnen bezeichnete Frage zum Gegenstande eines Antrages der in §. 70 Abs. 3 des Gesetzes bezeichneten Art gemacht werde.

   Fragen, welche die der Gerichtsbarkeit des Gewerbegerichts unterstehenden Betriebe nicht berühren, sind vom Vorsitzenden nicht zur Verhandlung zu bringen.

§. 86.

Ueber die Verhandlungen des Ausschusses ist ein Protokoll aufzunehmen, welches bei hervortretenden Meinungsverschiedenheiten ersichtlich machen muß, welche Meinungen von den Arbeitgebern und welche von den Arbeitern vertreten worden sind.

Etwaige Abstimmungen sind so vorzunehmen und zu protokolliren, daß das Ergebniß derselben bezüglich der Arbeitgeber und bezüglich der Arbeiter getrennt ersichtlich ist.

§. 87.

Mit dem von dem Ausschusse des Gewerbegerichts beschlossenen Gutachten oder Antrage ist eine Abschrift des über die Verhandlungen aufgenommenen Protokolls einzureichen.

Ist über ein vom Gewerbegericht erfordertes Gutachten ein Beschluß nicht zu Stande gekommen, so ist eine Abschrift des über die Verhandlung aufgenommenen Protokolls einzureichen.

Fünfter Abschnitt.

Schlußbestimmungen.

§. 88.

§. 76. Die Bestimmungen dieses Ortsstatuts finden keine Anwendung auf Gehülfen und Lehrlinge in Apotheken und Handelsgeschäften, sowie auf Arbeiter, welche in den unter der Militär- oder Marine-Verwaltung stehenden Betriebsanlagen beschäftigt sind.

§. 89.

Dieses Ortsstatut tritt an den vom Magistrat bei der Publikation bekannt zu machenden Tage in Kraft.*) Die Maßnahmen, welche erforderlich sind, um die Wirksamkeit des Gewerbegerichts von diesem Zeitpunkt ab zu ermöglichen, können bereits vorher getroffen werden.

Falls der Tag des Inkrafttretens nicht mit dem Beginne eines Kalenderjahres zusammenfällt, so

*) Das ist der 10. April 1893.

werden die sechs Jahre, auf deren Dauer die Beisitzer gewählt werden, das erste Mal vom Beginn des Kalenderjahres an berechnet, innerhalb dessen das Ortsstatut in Kraft tritt. In diesem Falle können die erstmaligen Wahlen zu einer anderen Zeit, als der im §. 11 Abs. 1 festgesetzten vorgenommen werden.

§. 90.

Die am Tage des Inkrafttretens dieses Statuts bei den zuständigen Behörden bereits anhängigen Streitigkeiten sind bei denselben auch zur Erledigung zu bringen. §. 82.

Urkundlich unter dem Stadtsiegel.

Berlin, den 26. Oktober 1892.

L. S.

Magistrat hiesiger Königl. Haupt- und Residenzstadt.
Zelle.

Vorstehendes Ortsstatut wird hiermit genehmigt.

Potsdam, den 2. November 1892.

L. S.

Der Ober-Präsident, Staatsminister
Achenbach.

O. P. 13819.

II.

Beschluß des Magistrats zu Berlin über die Bildung von Kammern des Gewerbegerichts und die Vertheilung der Beisitzer.

Für das am 10. April cr. auf Grund des Ortsstatuts vom $\frac{\text{26. Oktober}}{\text{2. November}}$ 1892 in Kraft tretende Gewerbegericht zu Berlin ist folgendes beschlossen worden:

I. In Gemäßheit des §. 26 des Ortsstatuts werden folgende 8 beruflich gegliederte Kammern gebildet:

Kammer I. Schneiderei und Näherei.

Schneiderei und Näherei, Modisten, Stepperei — Wäsche, weibliche Handarbeiten, Plätterei — Waschanstalten.

Kammer II. Textil-, Leder- und Putzindustrie.

Textilindustrie, Gewebe, Geflechte, Bleichereien, Färbereien, Appretur und Dekatur, Posamenten, Seilerei, Netze, Häkel-, Strick- und Stickwaaren, Languettirarbeiten — Leder-Gerberei, Wachstuch, Riemer, Sattler, Gummiwaaren, Handschuhe, Schuhmacher — Putzmacherei, Blumen, Federn, Hut-, Mützenmacher, Pelzwaarenzurichtung, Kürschnerei, Hosenträger, Kravatten, Korsets, Krinolinen, Velvetfabriken, Tricotagen, Wollspinner, Baumwollenwaaren, Filzschuhfabriken, Kurbelstepper.

Kammer III. Baugewerbe.

Baumeister, Bauunternehmer, Feldmesser, Geometer, Markscheider, Draintechniker, Maurer, Putzer, Ofensetzer, Zimmerer, Brunnenmacher, Glaser, Stuckateure, Stubenbohner, Dachdecker, Steinsetzer, Asphaltirer, Schornsteinfeger, Bauanschläger — Industrie der Steine und Erden: Marmor, Steine, Kies, Sand, Kalk, Gyps, Lehm, Thongräberei, Ziegeleien, Thonröhrenfabrikation, feine Thonwaaren, Töpfer, Marmorarbeiten — Tapezierer, mit Ausnahme der Meublestapezierer — Leiter-Gerüst-Verleihinstitute — Maler, Staker, Steinmetz, Gas- und Wasseranlagen, Rohrleger, Bauwächter, Steinträger.

Kammer IV. Holz- und Schnitzstoffe.

Parquet, Tischlerei, Böttcherei, Flecht- und Korbwaaren, Dreh- und Schnitzwaaren, Korkschneiderei, Kämme, Schirme, Stöcke, Federposen, Bürstenmacher, Knopfwaarenfabriken, Kistenmacher, Schneidemühlen, Einsetzer, Lackirer. Vergolder — Wagenbauer, Stellmacher, Holzbildhauer, Elfenbeinschnitzer, Pianofortefabrikation — Fußbodenleger, Parquetbodenleger.

Kammer V. Metalle.

Maschinen, Instrumente, Gold, Silber, Bijouterie, Zinn, Blei, Zink, Metalllegirungen, Kupfer, grobe Schmiedearbeiten, sonstige Bearbeitung von Eisen, Stahl, Hau- und Stichwaffen, Schiffbau, Schußwaffen, physikalische und chirurgische Instrumente, Uhren, Musikinstrumente, Lampen, Mechaniker, Harmonikafabrikation — Klempner, Blechwaaren, Schwarz- und Weißblech, Gürtler — Schlosserei,

Geldschrankfabrikation, Electricität, Telephon, Telegraphenbauanstalten, Bronzewaarenfabrikation.

Kammer VI. Nahrungsmittel. Beherbergung und Erquickung.

Getreidemühlen, Bäckereien, Konditoreien, Zucker, Chokolade, Konserven, Schlächtereien, Butter, Käsefabrik, Fischsalzerei, Wasser, Mineralwasser, Eis, Mälzerei, Brauerei, Branntwein, Essig, Wein — Cigarren und Tabak — Haarpflege — Beherbergung und Erquickung, Badeanstalten, Musiker.

Kammer VII. Handel und Verkehrsgewerbe.

Waarenhandel, Geld- und Kredithandel, Buch-, Kunst- und Musikalienhandel, Verlags-, Speditions- und Kommissionsgeschäfte, Handelsvermittelung, Hülfsgewerbe des Handels, Versteigerung, Verleihung, Stellenvermittelung, Hausirgewerbe, Bierverleger, Butterhandel, überhaupt Handel mit Nahrungsmitteln — Landstraßen- und Stadtverkehr, Botendienst, Rhederei, Schifffahrt, Flößerei, Kranzbinder in Gärtnereien.

Kammer VIII. Allgemein.

Porzellan, Steingut, Fayence, Glas, Glasbilderfabrikation — Chemikalien, Heiz- und Leuchtstoffe, Abfälle, Apotheken, Farben, künstliche Düngstoffe, Köhlereien, Theer, Harz, Lack, Oele, Seifen, Fette, Firnisse, Leime, Parfümerie — Papier, Pappe, Buchbinder, Kartonnage — Schriftgießer, Holzschnitt, Buch- und Kunstdruckerei, Steindruckerei, Schriftsetzer, Dütenfabrikation — Photographie, Ciseleure, Graveure, Musterzeichner, Zeichner, Kalligraphen, Glas- und Porzellanmaler, Formenfabrikanten, Gypsfigurenfabrikanten, Galanteriewaarenfabrikation, Eisbahnpächter, Ingenieure, Reinigungsinstitute, Zahnärzte, Privatwächter, Auskunftsbüreaus, Verbandstofffabrikation, Zeitungsredaction, Dampf-Bettfedern-Reinigungs-Institute.

II. Die Vertheilung der nach §. 5 des vorerwähnten Ortsstatuts zu wählenden 420 Beisitzer auf die einzelnen Kammern findet wie folgt statt:

Kammer	I	je 47	Arbeitgeber	und	Arbeitnehmer
"	II	" 19	"	"	"
"	III	" 43	"	"	"
"	IV	" 23	"	"	"
"	V	" 24	"	"	"
"	VI	" 24	"	"	"
"	VII	" 15	"	"	"
"	VIII	" 15	"	"	"

Berlin, den 28. Januar 1893.

Magistrat hiesiger Königl. Haupt- und Residenzstadt.
Zelle.

Sachregister.

(Die Zahlen bedeuten die Seiten.)

A.

B.

F.

G.

H.

W.

Z.

Druck von A. W. Hayn's Erben, Potsdam

Kolibri 360 GmbH
Ferdinand-Jühlke-Straße 7
99095 Erfurt, Deutschland
produktsicherheit@kolibri360.de